编委会名单

顾　问　陈春声　陈平原　林　岗
主　编　张培忠　肖玉华
副主编　孔令彬

编　委（以姓氏笔画排序）
江中孝　李　彬　李伟雄　吴亚南
余海鹰　张　超　林　茵　林洁伟
赵松元　段平山　黄景忠　曹亚明

韩山师范学院2017年省市共建中国语言文学
重点学科经费资助

广东省普通高校人文社科重点研究基地
岭东人文创新应用研究中心阶段性成果

张竞生集

第二卷

主　　编　张培忠　肖玉华
副 主 编　孔令彬
本卷主编　林　茵

生活・讀書・新知 三联书店

Copyright © 2021 by SDX Joint Publishing Company.
All Rights Reserved.
本作品版权由生活·读书·新知三联书店所有。
未经许可，不得翻印。

图书在版编目（CIP）数据

张竞生集/张竞生著． —北京：生活·读书·新知三联书店，2021.1
ISBN 978 – 7 – 108 – 06928 – 3

Ⅰ．①张…　Ⅱ．①张…　Ⅲ．①社会科学－文集　Ⅳ．①C53

中国版本图书馆 CIP 数据核字（2020）第 145000 号

1930年《良友》杂志所载张竞生像

《爱情定则讨论集》封面

褚问鹃 1953 年摄于台湾屏东

《时事新报·青光》所刊《食经》第一期与《大光报》所刊《新食经》单行本广告

本卷说明

本卷包括《爱情定则》及其相关文章和《食经》《新食经》两个部分。

《爱情定则》主要收集了1923年《晨报副刊》上关于现代爱情大讨论的文章，即1923年4月张竞生发表在《晨报副刊》的《爱情的定则与陈淑君女士事的研究》，1923年5月、6月《晨报副刊》讨论栏关于"爱情定则的讨论"文章24篇，通信栏"关于爱情定则讨论的来信"信函11篇，以及张竞生的答复"爱情定则的讨论"的文章。1928年4月张竞生以《爱情定则讨论集》为名，出版了这次讨论的文章，由美的书店出版发行，作为"爱术丛书"之一种。张竞生为之写作了序文，但是该讨论集收录文章不全，还删除了记者按语，并将谭鸿熙和陈淑君用A先生和B女士代替。该书与原文对照错漏较多。《爱情定则讨论集》1929年由上海好青年图书馆再版过两次。此后不久，社会上即出现盗版，如上海明星书店冠以"社会香艳小说"并改名《如此恋爱》印行，文华书局则以《新杏花天》为名印行。2011年三联书店出版了《爱情定则：现代中国第一次爱情大讨论》一书，除补全了所有讨论和来信、记者按语等文字外，还增加了1923年1月沈厚培、陈淑君投书《晨报》的信件，使读者能对这次爱情讨论的缘由有更好的了解。本书所收的《爱情定则》除了在三联版的基础上重新校订外，还在附录中收录了新发现的张竞生讨论"爱情定则"相关文章。此外本书还收录了张竞生与褚松雪情变前后相关文章，力所能及地呈现张竞生的爱情实践与这次爱情定则讨论的后续影响。这些分手后的文字由于愤恨，难免过于刻薄，请读者以批判性的眼光阅读。

《食经》《新食经》是张竞生关于饮食的一系列文章。自1934年5月起，张竞生在上海《时事新报》的副刊《青光》上将《食经》分为150天连载，每天500字，共约五个月。当时正值张竞生第二次欧游归来，受到城市生活的洗礼，又受到法国自然主义运动的启示，他以最先进的科学成果指导研究饮食问题，提出要进行饮食革命，第一次较为系统地提出了饮食的现代理念和科学饮食的具体方法。十四年后，张竞生又以《新食经》为名对饮食问题作了系统深入的进一步阐述。《新食经》是1948年6月至7月，蛰居饶平乡下旧寨园的张竞生在汕头《大光报》上连载的一系列文章。其内容经报纸连载后，还出版了单行本公开发行。此书比《食经》更进一步，不仅强调维生素在营养学方面的不可或缺，更阐明它的发现对于医学界的革命性贡献。总之，《食经》《新食经》站在当时科学的前沿，提出了科学饮食的主张，这些主张至今仍具有强烈的现实意义。作为一个杰出的美学家，张竞生不仅从实用的角度来揭示饮食，更从审美的层面来评鉴饮食。

为尊重作者本人的写作风格和行文习惯，同时也最大程度地保留那一时期的文体风貌，本书编校时在字词、语句等方面尽量保持原貌，只对典型讹误进行了修改。原文文字漫漶不清之处，据实注出。此外，为便于读者阅读，本卷对文章出处及相关名词、事件等作了简单注解。《食经》连载期数齐全，故按作者章节排版；《新食经》缺少数期，特别是第一期，故按连载期号排版，标题夹杂其中。其中《爱情定则》及其相关文章由林茵编注，《食经》《新食经》由曹亚明编注，全卷由林茵统稿。

目　录

爱情定则　3

序文　3

缘起　谭仲逵丧妻得妻，沈厚培有妇无妇　6

谭仲逵与陈淑君结婚之经过　8

爱情的定则与陈淑君女士事的研究　10

爱情定则的讨论　14

关于爱情定则讨论的来信　87

答复　101

驳张竞生君《爱情的定则与陈淑君女士事的研究》　125

"驳张竞生君《爱情的定则……》"的反驳　130

再驳张竞生君关于"爱情底定则底反驳"　133

张竞生特刊启事一　139

关于《新文化》上的广告　142

打倒假装派　148

周作人君真面目的讨论 150

美的情感——恨 157

与张竞生君脱离关系的经过 166

又一个《情波记》的著者 173

食经 177

导言 179

第一章 生素 181

第二章 论抵抗衰老的方法 191

第三章 素食与肉食的比较 202

第四章 水食与饮料 213

第五章 盐、铁、铣的重要 218

第六章 美的食法 223

第七章 食与刺激 239

第八章 食物与运动 249

第九章 食与新灵魂 259

第十章 结论 264

  附录一 我的食史 267

  附录二 我的食史 270

  附录三 自然派免病法 275

  附录四 自然主义的宣传 283

附录五　饿的利益　288

附录六　卫生食合作社的组织　293

新食经　297

新食经（二）　299

新食经（三）　303

新食经（四）　306

新食经（五）　309

新食经（六）　312

新食经（七）　315

新食经（八）　318

新食经（九）　321

新食经（十）　324

新食经（十一）　327

新食经（十二）　330

新食经（十三）　333

新食经（十四）　336

新食经（十五）　339

新食经（十六）　342

新食经（十七）　345

新食经（十八）　348

新食经（十九）　*351*

新食经（廿一）　*354*

新食经（廿二）　*357*

新食经（廿三）　*360*

新食经（廿七）　*363*

爱情定则

序　文[1]

张竞生

这是民国十二年在北京轰动一时的讨论集！倡始的我，曾受一面非常的赞誉至以为我是"中国唯一的爱的创造者"；而一方面则以我是"名教的罪人"。

尤不幸者，我因此文而得到一个凶狠的伴侣，也因此事而使前誉我者转而骂我为旧文化的祸首。实则，我依然故我耳，而前后的毁誉不同若此，使我知道以文字而不按诸实际者去批评人为靠不住。由此也使我知道以文字得人的毁誉为不足顾念：应当再进一步以求实际的行为，为我做人的根据。

悲哉，那"憾"背我已年余矣！于痛定思痛之余，而使我有叙述恶姻缘的始末，以为此爱情定则的证明的必要，也聊以此为"现世报"的自供。

追忆此文发表后，有名褚松雪[2]女士者与我通信，说她极赞成我的"爱情定则"。这使我不免于惊喜交集了。投机如彼，而情感如我，由此遂由月余的通讯，进而为伴侣的结合。殊知此憾所望于我的条件者，仅在（势利）而全忘却爱情真正的条件为感情、人格、才能、名誉等项。那憾与我相识愈久，愈觉得我非滑头之流，不能由此猎取功

---

[1] 本文原载1928年美的书店发行的《爱情定则讨论集》。
[2] 褚松雪（1896—1994），又名褚问鹃，浙江嘉兴人，毕业于北京大学国学研究所，1949年赴台，后病逝于台湾，著有自传体小说《花落春犹在》等。1924年与张竞生结婚，1927年分手，二人育有一子名张应杰，后改名黄嘉。

名以为妻子的光宠,遂使她离背我而就前年在武汉正得势力的假冒共产党徒屈凌汉矣(详情请看拙著《恨》的一书)。

说者以我对此憾的攻击,为我言行的矛盾。甲说:"我是主张情人制者,今褚某与我既无情感,理当离异,不应退有后言。"不错,正因我是主张情人制者遂使我恨此憾的离合条件全不以"情人"为标准。她离我时,说她与我三年同居,并无对我有丝毫的情感。她既对我无情感,何必住至三年之久?她也承认我对她有真正的情感矣,又何必如此戴假面具虚与我委蛇,至于三年之久?她与屈某也无情感,不过因势利而交结,希望"夫贵妻荣"而已!乙说:"我是主张爱情有条件而可变迁者,今对褚某的变迁何必仇恨如此!"爱情有条件而可变迁,这是理智的分析,但亲当其冲以对方的变迁而施行攻击者,乃个人的情感。我对阴险的褚某确实不能忘情。凡横逆之来,顺受之固是达者,但反报之,也为人情所容许。而况褚某所变迁的条件,全以下流为依归,使我觉得为拥护情人制及爱情定则起见,更不得不向她大行攻击矣!

但使我勇气不衰而再来发表此篇讨论集者,因我经过此次打击失败之后,而愈使我觉得"爱情定则"的确切,与愈有拥护及提倡它的必要。我年来有二个经验,即第一,两性的爱情能否不失败,不在向对方人表示"我如何爱你",而在自己的条件能否满足对方的需要。例如要使褚松雪长久爱你者,只要你能长久作官及能使她作官,则你虽如何下流卑鄙,她总跟随你到底不变迁。推而言之,凡有女子以名誉才能为重者,你如能以名誉才能满足她,当然爱情不至于失败。其第二项,则凡爱情的条件愈不齐备者,其结合愈不坚固。近有一女子向我求婚。我问她对我有何条件?她说因我无"老婆",仅要我与她"结婚"就好。我答我不肯即时"结婚"。仅此项"不肯结婚"的条件,已使她不久就与他人结婚去了。可知凡爱情的条件愈少与愈粗浅者,其爱情也愈少与愈粗浅。反而言之,爱情条件愈多与愈精深者,其爱情也愈多与愈精深。

在此又当有特别声明者："爱情是可变迁的"，但并不是它可变迁而就误会爱情为不能专一与持久。这因是凡变迁者必有变迁的理由，遇到不必变迁时，自然不至于变迁了。故愈深知变迁者，愈能专一与持久。不知变迁的理由与目的者，当然不善于变迁，惜乎，褚松雪等正不知此中的道理！

十七，三月，上海

缘起　谭仲逵丧妻得妻，沈厚培有妇无妇[1]

沈厚培

《晨报》编者按语：

> 北大教授谭仲逵[2]于去夏丧妻之后，其妻妹陈某女士，因粤中事变，所入学校，陷于停顿，不得已来京转学。陈在粤时，与广州公立法政学生沈厚培[3]相爱，缔结婚约。陈到京后，即寄居于谭宅。相处日久，谭竟时有不当之处，陈屡欲迁居，均因强留不果。其后陈获重病，谭服侍异常殷勤。日久，遂得达与陈结婚之目的。沈得此消息后，乃来京访陈。相见之后，陈即恸哭。昨日沈致函本社，述其经过，嘱代为发表。本社以其于社会道德颇有关系，特为披露于后。

编辑先生大鉴：

素昧平生，未应函牍。然久仰贵报为言论泰斗，为改造社会中心，为文化前驱，且是书又关于社会风化，故敢直述鄙怀，希诸示教。更请

---

〔1〕本文原载 1923 年 1 月 16 日《晨报》。
〔2〕谭仲逵（1891—1956），名熙鸿，字仲逵，祖籍江苏吴县，出生于上海，现代生物学家，北京大学生物学系首任系主任。1927 年离开北大，担任浙江大学农学院首任院长。早年投身反清革命，为南京临时总统府秘书，与张竞生同为民国首批稽勋留法学生。
〔3〕沈厚培（1901—1927），出生于广东番禺的一个知识分子家庭，1919 年参加了五四运动，1920 年参加社会主义青年团，1922 年加入中国共产党，改名"春雨"。中共三大后，沈春雨以个人身份参加了国民党，帮助国民党改组。1926 年被补选为国民党广东省党部执委书记长。1927 年因蒋介石叛变革命而被害。

登于报端,以待公评,幸甚。雨在粤时,曾与执信学校[1]陈某女史订下婚约,经双方家庭承认。去年夏,粤局突变,该校大受损失,陈女史遂来京转学北大。同时雨毕业于广东公立法政专门学校[2],亦拟明年升学北大。特以试期已过,以筹备不及,遂待来年。彼去我留,相差不过数月。且彼此自信,爱情坚定,当无意外事也。陈女史到京,别无亲故,人地生疏,只得寄居其姐丈谭仲逵之家。谭为北大教授,其前亡妻[3],即陈女史之姐,而以为陈女史转学事,得其关照,正可自慰。当时书信往还,其爱情浓厚,仍不减于昔。且往往于书中述谭种种不庄重及种种逾闲举动,久欲避免,特以其强留,不便遽去,致失亲谊。其后谭竟向之表示婚意,复被陈女史拒却者数次,且责谭妻死,骨肉未寒,而迁爱曷足以言爱情,直色欲耳。我今既与沈君有约,汝不应时时离间。且以名分论,汝尤不当以逾闲待遇待我等语。其后来书便绝,去书质问者数十次,均无一复。雨知有故,由是来京视察。到港后一日,突由舍弟交来陈女史一书云,近日不知何故,大病猝发,谭竟不避嫌疑,以手扶吾腰,骂之不去。其后病益剧,不省人事,于蒙昧之中,谭竟与吾结了婚。吾今已决东流,不作西归水矣。吾今作了负心人矣。然此非出我愿,爱我如史,正不必以是伤心。此后仍可为兄妹、朋友,幸毋以陌路人相看耳等语。吾阅毕是信,本无前来之必要,特以余爱未阑,来作最后之话别。迨晤时她已哭不成声矣。嗟夫,道德沦丧人欲如流,吾方期置身教育界者,有以正之,不谓竟自蹈之也。谭此种结婚,其为任何主义许可乎,新旧道德许可乎?雨不敏,敢请教于高明者。专此并颂著安。

春雨沈厚培启

---

[1] 1921年孙中山先生为纪念朱执信而创办的一所学校,现为广州市执信中学。
[2] 广东公立法政专门学校,原为广东法政学堂,创立于1906年。1924年与广东高等师范学校、广东农业专门学校合并为广东大学,1926年改称中山大学。
[3] 指陈纬君(1896—1922),留法学习美术,1916年在法与谭仲逵结婚,因患猩红热症病逝。其同父异母的姐姐陈璧君为汪精卫之妻。

谭仲逵与陈淑君结婚之经过[1]

陈淑君

编辑先生大鉴：

本月十六日贵报载有"谭仲逵丧妻得妻"一节，阅之深为惊异。盖所载内容与事实不符，且与我等人格名誉有关，容特声明，请为更正，以明事实为幸。淑去年夏在广州以非宗教学生同盟问题[2]，故始与沈君相遇。然以校中功课忙迫，绝少相叙，仅时以书信往还，互相砥砺而已。当时沈君曾屡有求婚之表示，而淑则以彼此交识，为日尚浅，终未应允。及粤局突变，淑即避兵香港时，沈君亦在港，虽常与相叙，然实无婚约也。嗣后淑以粤局不宁，学校虽能继续开办，亦无相甚之维持方法，故即来京转学北大，居仲逵家中，仲逵本先姐之夫也。彼此相处，以相敬相爱之程度日增，并志意相投，故遂自主结婚。今贵报所载沈君之函，其所说与原有事实相背之处，显然可见矣。窃以婚姻一事，纯属自由，何能勉强。今淑与沈君既无婚约之预定，与仲逵结婚，又纯出双方之志愿，而沈君竟以要求不遂，捏造事实[3]，并伪作书信，希图破坏他人名誉，此种行为，淑所不取。且贵报竟据一面之词，不详究事实，为之披露，并加按语，似非忠厚谨慎

---

[1] 本文原载 1923 年 1 月 17 日《晨报》。
[2] 20 世纪 20 年代初，中国多地学生发起反对"世界基督教同盟"提倡的学校生活基督化运动，抵抗教会教育的文化侵略。
[3] 张培忠在《现代中国第一次爱情大讨论始末》（《读书》2011 年第 2 期）一文中说，据孙伏园称，捏造事实系陈淑君姐姐陈璧君所为，因陈璧君与谭仲逵不和，陈璧君不愿谭成为陈家的双料女婿，故导演了沈君投书一幕。

之道。淑今切实声明，淑与仲逵结婚，纯本乎个人自由，双方志愿，第三者实无置喙之余地。此后如有此类之函件，及关于此事之无理之批评，淑认为侵犯淑个人之自由，自有法律为之维持，淑则一概不屑为之置辩。此颂台安。

陈淑君谨白

爱情的定则与陈淑君女士事的研究[1]

张竞生

现时青年男女喜讲爱情。究竟,实在知道爱情的人甚少;知道了,能去实行主义的人更少。所以我先从爱情的理论方面说一说,然后再取陈女士的事实作为证助的材料。或者于爱情知与行二面上均有些少的贡献也未可知。

爱情的定则,有由于生理的、心理的及社会的不同,原是一种极繁杂的现象。节要说来,约可分为下列的四项:

(一)有条件的。

(二)是比较的。

(三)可变迁的。

(四)夫妻为朋友的一种。

(一)爱情是有条件的。——什么是爱情?我一面承认它是神圣不可侵犯,一面又承认它是由许多条件所组成。这些条件举其要的:为感情、人格、状貌、才能、名誉、财产等项。凡用爱或被爱的人,都是对于这些条件,或明较,或暗算,看做一种爱情的交换品。那么,条件愈完全的,爱情愈浓厚。条件全无的,断不能得有些少爱情的发生。

(二)爱情是可比较的。——爱情既是有条件的,所以同时就是可比较的东西。凡在社交公开及婚姻自由的社会,男女结合,不独以

---

[1] 本文原载 1923 年 4 月 29 日《晨报副刊》。

纯粹的爱情为主要，并且以组合这个爱情的条件多少浓薄为标准。例如甲乙丙三人同爱一女，以谁有最优胜的条件为中选。男子对于女人的选择也是如此的。因为人情对于所欢，谁不希望得到一个极广大的爱情呢？所以把爱情条件来较，作为选择的标准，这是人类心理中必然的定则。

（三）爱情是可变迁的。——因为有比较自然有选择，有选择自然时时有希望善益求善的念头，所以爱情是变迁的，不是固定的。大凡被爱的人愈有价值，用爱的人必然愈多。假使在许多用爱中，被爱的暂是择得一人，而后来又遇了一个比此人更好的，难保不舍前人而择后的了。在欧美社会上，常有许多男女挑择所欢，至于若干年，改变若干次。已订婚的则至解约，成夫妻的或至离婚。若就我辈顽固头脑看去好似多事，但就爱情可变迁的定则说来，实在是很正常的事情。

（四）夫妻为朋友的一种。——"夫妻为朋友的一种"这个定则与上说的三个定则有互相关系。爱情既是有条件的、可比较的、可变迁的，那么，夫妻的关系，自然与朋友的结合有相似的性质。所不同的，夫妻是比密切的朋友更密切。所以他们的爱情，应比浓厚的友情更加浓厚。故夫妻的生活，比普通朋友的越加困难。因为朋友可以泛泛交，夫妻的关系若无浓厚的爱情就不免于解散了。欧美离婚案的众多即是这个道理。（别一方面，夫妻的关系在社会上、家庭上、子女上及经济上有种种的缪辖，也是不能做朋友的关系一样看的。但这些乃为夫妻结合后所生出的问题，与我所说的定则是二件事不相同。）

依上的四个定则说来，凡要讲真正完全爱情的人，不可不对于所欢的——或在初交，或已定约，或经成婚——时时刻刻改善提高彼此相爱的条件。一可得了爱情上时时进化的快感，一可杜绝敌手的竞争。同时，夫妻的生活上、道德上，也极有巨大的影响。试看欧美人的夫妻不得不相敬如宾，彼此不得不互相勉励竭力向上。因为他们知道爱情是可变迁的，夫妻似朋友是可离开的。知道彼此二人中有一感情不好或人格堕落，虽前此所爱的匹偶，也不肯宽恕姑容，必至反目离婚，于他的幸福及名誉上必受莫大的损失呢。若在夫妻结合无爱情的条件，无比较与无变迁的地方，男女仅是一种性欲的交换品，夫妻不过为一种家庭的不动产。在这样可怜的恶劣社会和家庭，女的则守"嫁狗随狗"的训言，男的则存"得过且过"的观念，以至为夫的，则想无论如何对待他的妇人，她必不能或不敢琵琶别抱。所以男威日恣，养成家主的虐风。为妻的，则想一失足成千古恨，一夜床已百年恩，所以忍气吞声造就婢妾的恶习。

我们既然处在这个恶劣的中国社会，不人道的家庭，完全违背爱情定则的人群里，当然一见陈淑君女士弃沈就谭的事，就生了一部分人的大惊小怪了。他们说陈已与沈约，义无反顾。以旧式眼光看，六礼将成，烧猪一送（广州风俗）[1]，陈女士生为沈家人，死为沈家鬼，再不能有他变了。现在我们应当明白的，陈沈定交，全是新式。主婚既凭自己，解约安待他人！凭一己的自由，要定婚即定婚，要改约即改约。若人以她的解婚为骇异，应当骇异她从前的定约了。若人以她就谭为迫胁，怎么不说她先前爱沈也有同样的嫌疑呢？无论陈与沈的定约，仅是口头文字上的表示，即使为夫妇，也可离婚从别人，于情于理原无违背。因为夫妻原是朋友的一种。爱情原是有条件的，比较的，可变迁的东西。夫妻相守如能永久，或已定婚必要守约，这个或许是一种好事。倘若夫妻不能长久，或定婚至于解约，乃为个人主观与环境及爱情条件的变化，断不能就说他是一定不好了。明白此理，我人对于陈女士不独要大大原谅她，并且要赞许她。

陈女士是一个新式的，喜欢自由的女子，是一个能了解爱情，及实行主义的妇人。她的爱情所以变迁，全受条件的支配。据她所说，见了谭宅亡姊的幼孩弱息，不忍忘情于抚养。据我所知，谭的性情温

---

[1] 烧猪在广州的旧式婚俗中具有非常重要的意义。旧时广州婚礼，女方于成礼后三日返父母家，必以烧猪随行，其猪数之多寡，视夫家之丰瘠；若无之，则妇为不贞矣。

和也是使她好似向火消化的雪狮子的一个理由。他如谭的学问、才能、地位也不是沈生所能及。这些条件均足左右陈女士对于沈谭的爱情。可是她虽改旧择新，究竟并未薄幸忘旧。她虽则与谭偶，终视沈为朋友，贻书劝勉。足见她是一个有情谊的人。

就理而论，陈女士年已二十余，已有自由择人的权利。无论她所改选的或好或歹，他人原无置喙的余地。只缘处在这个新旧观念互相冲突的社会，批评的人，一眼看她的新式上好处，一眼又看她不守旧式规矩的不好处，以致误会丛生，指摘频至。遂使可怜弱女，心迹难明。或者她竟为这个无情的社会牺牲品也未可知。凡人具有同情心，我不忍见陈女士的受屈太深。我更不愿爱情定则的永久遭殃。我尤不愿沈君及一般人的终久误会不解。所以郑重写出此篇，使人知道爱情的变迁，自有变迁的理由。使人知道夫妻是一种的朋友，可离可合，可亲可疏，不是一人可专利可永久可占有的。希望此后，用爱或被爱的人，时时把造成爱情的条件力求改善，力求进化。那么，用爱的不怕被爱的有所变迁，被爱的也不怕用爱的有改志了。

爱情定则的讨论[1]

本刊登载张竞生君《爱情的定则与陈淑君女士事的研究》一文以后，本希望青年读者出来讨论。直至今日为止，已收到以下许多篇。不过很使我们失望，里面有大半是代表旧礼教说话，可见现在青年并不用功读书，也不用心思想，所凭借的只是从街头巷尾听来的一般人的传统见解。中有错误及必须解释的地方，当于登完以后由张竞生君撰文答复。记者。

一

梁国常

近年来社会上，关于婚姻问题，发生不道德的事情甚多；但是一般热心改良社会的人，因为中国有一个婚姻不自由的坏习惯，就往往存着一个"矫枉过正"的偏见，遇着这一类的事，总不肯说这是道德堕落，总说这是知识开通，使得社会上这种不道德的行为，日见其多，真是危险的很！最近更有一件骇人听闻的事情发生，就是北京大学教授谭熙鸿关于他的续婚，演出一个很不道德的行为。两个月以前，他们当局的两方，很在北京《晨报》上登了不少的新闻，想来大

---

[1] 本部分按语及讨论一原载1923年5月18日《晨报副刊》。

家都还能记得。自从这件事发生以后,第三者的议论,固然都是骂不绝口,很替学界抱羞;但是从未有关系这件事,在报纸上发表过什么议论的。这个缘故,一则因为这件事太背乎道理,只有痛骂,没有议论的价值;二则因为现在中国这样魑魅鬼怪的事情太多,使得人民的感觉,都麻木不仁,懒去多管闲事。昨天忽然看见有一位张竞生(听说他是北京大学哲学教授)在《晨报副刊》登出一篇文章,讲了一大套爱情原则,并且解释陈女士和谭结婚,是合乎爱情原则的。现在既然有了第三者赞成谭的议论发出来,那我们的反对议论,就不能缄默了。

谭熙鸿的婚姻实情,第三者不能得其真确,不过据其两方的宣言作批评:沈君说强奸胁迫,陈女士说她自己恋爱,揆其两方言,沈君既处在一个捏造事实的嫌疑,陈女士亦处在一个受人胁迫的地位,他们双方宣言的不足凭信的程度,可以说是一样;所以第三者若是没有真确的调查和证据,决不能仅就其一方面的宣言,就发出偏激的议论。我因为这个缘故,现在姑就大家所公认的事实发议论;大家公认的事实如下:

谭熙鸿北京大学教授,年三十余岁,丧妻不久就续婚。陈淑君一个广东女学生,年二十岁,同一个广东男学生沈君已有婚约;陈为谭的小姨,因到北京就学,住在谭家里,仅有月余,就同谭结了婚,使得沈来京吵闹。

谭熙鸿为北京大学校教授,既自身受过高等教育,又为全国最高学府的师表,处在全国的一个模范领袖人物的地位,他的一举一动,对于世道人心,都很有些影响,所以他受道德的制裁,应该比普通一般人严紧的几倍。我以下所说的,就有超乎法律和习惯以外,用高尚道德的制裁去责备他。

男子死妻不再娶,女子丧夫不再嫁,这确是爱情纯洁,宗旨贞一,不能不承认这是人类的高尚道德。从前中国所讲的贞节问题,因其只限于女子,而不及男子,沿袭日久,成为一种男子奴隶女子的工具，而女子因此受了无限的痛苦，所以它是很可痛恨的，很该改革的，并不是贞节的原义不高尚的；现在谭妻死未久就续婚，真是毫没有高尚道德的观念了！

夫妻处于平等地位，彼此的知识、年龄、情形，最贵相当，今谭是个教员，陈是个学生，此知识不相当；谭三十余岁，陈仅廿岁，此年龄不相当；谭是有子女的续婚，陈是初婚，此情形不相当。这种不相当的婚姻，不但是新式婚姻所不容的，就是旧式最腐败的婚姻，也是大家所不赞成的，而谭竟自行之，试问他还有甚么道德？

夫妻的结合，是人生最大的一件事，无论旧式婚姻和新式婚姻，没有不是慎重从事；今陈来京不过月余，谭就匆匆和她结起婚了，这其中的疑窦，真教人不堪设想；说谭不是用手段迫陈结婚，使人万不敢信的。

陈女士既然与沈君已有婚约，谭与之同居，如有强奸胁迫的行为，固然应受法律的制裁；即有意诱婚，这也是居心不正，想夺人家已有婚约的妻子，谭还配讲甚么人格吗？若是沈君因失恋而自杀，或疯癫，则谭之罪，更当若何？如说这件事，不是出于谭的意思，完全是出于陈女士景仰谭之道德学问，使她的爱情迁动，而谭受陈的要求，不得不结婚，这真是不通极了；结婚这件事，是双方的，不是一方的，只有一方的意思，决不能成为事实；假设就有了这样不通的情形，谭亦不能说无罪，盖陈与沈订婚后，彼此并无发生伤感情的事情，现在陈要求与谭结婚，不过因为她发出一种教员比学生好的观念，就把爱情移动，喜新厌旧，这足可说是陈女士年轻浮动，知识弱薄的一种不道德行为（在张竞生眼光看起来，她是能实行爱情的）。谭的年纪既比陈长，学问又比陈高，且属亲戚，又系同居，并其不道德的意思，是由谭身上发起。则谭应该尽其纠正劝导的责任，才配有大学教授的程度；而谭不照这样办，反成全之，是"助桀为虐"，哪能说无罪。

总之谭熙鸿的婚姻问题，无论什么情形，无论怎样说法，总是不能为他原谅的；而张竞生竟作出一篇荒谬的文章，直接解释陈的爱情是合理的，间接就是说谭的婚姻是正当的；称赞一个人为恶的行为，就是奖励社会去作恶，这种议论发出来，对于世道人心有莫大的危险，所以张的这种议论，是不得不痛驳之。

张所说的爱情，是有条件的，是比较的，是可变迁的；凡未定婚的，已定婚的，或已成婚的，都可以依照以上的三项任意自由，并且把状貌、财产，都包在条件以内。这好像一个人讲自由，不受法律的束缚和道德的制裁，这岂不是荒谬绝伦吗？

未定婚的青年，爱情无定止的，当然是可以不受束缚的变迁；既定婚的，或已成婚的，爱情已有定止，若是还随意的变迁，这是爱情不贞，行为无信，在道德上当然生缺憾；如张君所说的，则夫妻之间，那就只有爱情自由，就不讲道德问题了；那些或以色衰见弃，以财尽情疏，都是夫妻之间的正当行为了！我想世间上随着状貌财产变迁其爱情，速率最快，灵度最敏的，莫若妓女和嫖客，张君当一定要承认他们都是最能实行爱情主义的一些人了！

但是我对于已定婚的，或已成婚的爱情，并不是绝对的认为不能变迁的，若是夫妇之间，发生了变常的事情，如人格堕落，感情伤败，死亡残疾，彼此都不相容，当然可以分离；这就是道德不是呆板的，是有经有权的，中国旧式婚姻之坏，就是因为那班腐儒，把道德看成呆板了，知有经，而不知有权，所以愈弄愈糟，以至于演成现在那样的恶劣状况来。

现在中国人民，道心日衰，物欲日盛；张君居一个大学教授的地位，为袒护一个大学教授为恶的行为发出这种荒谬的议论，摇惑青年，真是对于社会前途有莫大的危险，请张君其细思之！

一[1]

陈兆畴　梁国常　张泽熙　陈兆畦

记者先生：

我们读了张竞生先生的《爱情的定则与陈淑君女士事的研究》，很发生了几个疑问要请教张先生，务请记者先生代为发表：

（一）张先生说爱情是有条件的，重要的条件如感情、人格、状貌、才能、名誉、财产等项是。爱情是有条件的，这话我们承认。白痴疯癫的女子绝不会使人恋爱，这是谁也不能否认的。但我们要请教张先生的是：感情、人格、才能，固可算为爱情的条件，状貌、财产、名誉，也可算得爱情的条件吗？如果一个女子因为她的丈夫生得丑陋，转嫁别人，张先生以为这种行为是合理的吗？如果一个女子因丈夫家穷而另嫁一有钱的夫婿，张先生以为这种举动不算得弃贫重富吗？又如果一个大学教授的妻子因大学教授虽有名誉而究不及一官僚或军官，于是遂弃了那位大学教授而另嫁一官僚或军官，张先生以为这种女子也不应该受社会的鄙贱吗？这是我们要请教张先生的第一件。

（二）张先生说爱情是可比较的，所以凡在社交公开及婚姻自由的社会，男女结合不独以纯粹的爱情为主要，并且以组合这个爱情的条件的多少浓薄为标准。张先生这话若是就未订婚或未结婚的女子而说，我们极端的认为合理。但若包含已订婚或已结婚的女子，则我们便要请教：如果一个女子于既定婚或既结婚之后还存着比较爱情条件的念头，这个女子的人格还算得正当吗？宗旨还算得坚定吗？在社会方面说，如果我们承认这种女子的人格为正当，则夫妻的关系，家庭的关系，亲子的关系，还不会时时刻刻发生危险吗？我们食饭要是"吃着碗里瞧着锅里"，已逃不了贪饕二字的讥诮，然在男女关系上，

---

[1] 本文原载 1923 年 5 月 19 日《晨报副刊》。

这种"吃着碗里瞧着锅里"的态度是正当的态度？这是我们要请教张先生的第二件。

（三）张先生又说，因为有比较自然有选择，所以爱情是变迁的。爱情是变迁的，这话我们不敢否定。我们要请教张先生的是：爱情虽可变迁，但爱情的变迁是不是应该加以限制？女子在未定婚或未结婚以前，慎重其事，严格择人，这种态度自然是极应佩服的。但如果既与人定婚或结婚，而其后只因遇着了条件更合适的人，于是不管自己的夫婿有罪无罪，有人格没人格，对待自己的感情如何，随随便便的便把爱情变更，这种女子难道配受人的原谅吗？这种行为难道还算得正当吗？古人说"糟糠之妻不下堂，贫贱之交不可忘"。这种心地无论谁人也不能不认为美德，现在的人纵然不能如此，而以一大学教授而提倡女子随便可把爱情变更，这岂是仁人的用心吗？这是我们要请教张先生的第三件。

（四）张先生又说，"夫妻如朋友的一种"。张先生这话，自己也知道难以自完其说，所以其后又说："别一方面，夫妻的关系在社会上、家庭上、子女上及经济上有种种的缪辖，也是不能做朋友的关系一样看的。"其实根据这话便可把夫妻如朋友的一种这条不取消，不意他下文又说道："但这些乃为夫妻结合后所生出的问题，与我所说的定则是二件事不相同。"这话我们百思不得其解，希望张先生有更详细的解释。

至于我们对于陈淑君女士的事，因为还未十分明白其中的内容，所以不能批评谁是谁非。但是我们也有一个信仰。我们以为女子在未定婚或未结婚以前，爱情是随便可以变迁的，爱情的条件之多少浓薄是随便可以选择比较的。但既已定婚或既结婚，则对于爱情的变迁便要极端的审慎，不能无故而弃旧从新。如果无故而弃旧从新，则所从的若为比较的状貌漂亮，我们可以说那女子是"水性杨花"；所从的若为比较的财产富厚，我们可以说那女子是"弃贫重富"；所从的若为比较的出风头，我们可以说那女子是"虚荣心盛"。这种种都不能算是美德。如果社会里面有正谊，这种女子都是应该受社会的制裁的。

张先生那篇文字大略都是替陈女士辩护的。但照情理而论，陈女士的对面便是谭熙鸿先生。陈女士的问题是：女子既已与人定婚，爱情是不是应该随便变迁？在谭先生方面，我们以为也应该发生一个问题，这个问题就是：一个丧妻未久的男子，对于他已与人定婚的小姨，是否应该承受她的爱情？我们以为这个问题也是极应该讨论的，所以我们希望张先生对于这个问题也要发表点意见。

陈兆畴　梁国常　张泽熙　陈兆畦同启
四月三十日，草于砺群学院

三[1]

世　良

前天在《晨报副刊》上读竞生君的《爱情的定则与陈淑君女士事的研究》一文，我的意思与竞生君有点不同，所以费了两钟的工夫，写成此篇。

在未写此篇之前，有两事要向阅者声明的，就是：

一、抱研究的态度，讨论爱情定则的适用。

二、我对于谭陈沈的事，未曾过问，不过竞生君要取来作研究的材料，所以我也不妨来谈一谈陈女士的事，可是我说出来的话，毫无情感参杂其中。

阅者知道我这两项了，然后才免得有许多偏见与误会。

在竞生君的文中，列举爱情的定则四项后，接着下的判断是："无论陈与沈的定约，仅是口头文字上的表示，即成为夫妇，也可离

---

[1] 本文原载1923年5月19日《晨报副刊》。

婚从别人。"退一步说，我完全承认竞生君的话了，那末，当沈在《晨报》发表谭陈事件的时候，陈女士是不是应该根据爱情定则的原理，正大光明的声明她所以弃沈就谭的原因？为什么还不承认与沈已经订了婚约的呢？——陈女士不认与沈有婚约的谈话，载《晨报》，记不清是哪一天的《晨报》了。——凭一己的自由，要定婚即定婚，要改约即改约——竞生君的原文——何等正大呀！何等光明呀！乃计不出此，陈女士对于爱情定则的原理，曾否有充分的了解，是一个问题外，还不免有不说实话的嫌疑。

本来人类的欲望，是常常不满足现在的地位，更想较优越于现在的地位。求更好的配偶的欲望，当然也逃不出这个法则。若是在未定婚约以前，爱情变迁，难保不舍前的而取后的，诚然不错。若在既定婚约之后，再选择较好于已订婚约者而变迁其爱情，则好中有更好的，今天见好的，爱情变迁了，因而至于爱好的，明天见更好的，爱情变迁了，又去爱更好的。好，是由比较而无止境的。人们的配偶也必定常常在变迁。那末，与其如竞生君说是受爱情定则的支配，倒不如说是自由恋爱还亲切些。自由恋爱的好坏，我们暂且不说，中国现在是否宜于自由恋爱，却是容易解决的问题了。

在此，我对于竞生君的"爱情的定则"的适用，要加一点限制，就是："爱情的定则，多半适用于未订婚约之前。"却是我要声明一句，我不是主张既订婚约后就不能完全适用爱情的定则而不能改约。——改约自有其积极的重大原因，爱情的定则的不消极的原因罢了。——我是主张在虐待、失德、犯罪、酗酒……种种改约重要原因未发现以前，而在订婚约时所认定的"好"的范围以内。用不着爱情的定则了，因为爱是相互的关系。换一句话说，就是A爱B，B才爱A。两人既累次受爱情的支配而至于爱，因爱而至于订婚约，在既定婚约之后，又复另爱他人，这是少有的事。所以在欧美各国中女子绝不能为男子的假殷勤所骗而发生爱。常常以那男子"有学问有权力貌又美却不配当我的丈夫"的严厉目光加在男子头上，而用爱情的定则去寻适当的配偶。竞生君也说过："在欧美社会上，常有许多男女挑选所欢，至于若干年，若干次。"的确是不错的。不过在因发生爱而订婚约以后，又无重大的事故，则不至于改约。竞生君说的"已定婚约则至解约"恐不是受爱情定则所支配，还有别的原因罢。

一九二三，五，二，在北京

这篇稿子写好了过后，忘记寄给《副刊》了。今天把《副刊》取来看，觉得所取的材料比前更好，喜欢得很，我同时想起我这篇未寄的稿子，倒不如不寄去，一来是：倘若登载了，就把好材料的地位占去了，我是不愿意的。二来是：因爱情定则所支配的已订婚约者，后来无故变易的很少，用不着十分注意、讨论。接着我的朋友幼安君在中央公园向我说："北京近来有一位已结婚的心理学家，骗娶了一个已订婚约的女子，后来这女子的未婚夫——将毕业于日本帝国大学——知道了，竟至气愤而死。这位心理学家的已婚妻——也是在日本留学——听着这个消息，也回北京来，逼得这个女子几次寻死，听说现在已成残疾人了。"这个消息果然是真的，那么，我这篇未寄的稿子，就不能不寄给《副刊》了。

五，三，在北京

四[1]

丁文安

四月二十九日，张竞生先生在《晨报副刊》上发表一篇《爱情的定则与陈淑君女士事的研究》。当时我读了，脑子里很不安宁，

---

〔1〕 本文原载 1923 年 5 月 20 日《晨报副刊》。

想来想去，总觉得这篇文章有点不好！但是我的学识，极为浅陋。想欲与张先生讨论一下，又恐闹出"班门弄斧"的笑话来；若默而不言，又觉得"技痒难搔"！这或许是我"非关己事，偏替人忧"的态度，亦未可知？于今请把我生平所得的经验，及个人的见解，述之如下。但是我未述之先，有两句话要切实申明：即是我与谭沈两君，皆无何项关系；并未受何方面的暗示或明使。完全是本着自己的直觉，滴出这一篇墨汁来，要请读者加以注意，并予以相当之指导！

（一）爱情的起源

爱情是一件极神秘不可思议的东西。无论男女，一堕其彀中，就不知不觉发生一种极不安宁的情感。此种情感，能使当局者时而喜，时而忧，时而哭，时而笑，甚至于自言自语，若痴若狂，行也不好，坐也不好。日中如此，夜夜做梦。……此种现象，完全是受情感上的冲动，或精神上的驱使。吾人就因之抽象的加他一个名词，叫做爱情，或一种精神生活。

（二）爱情与迷恋

大凡一种真正的爱情发生以后，绝对的不能容第三者离间；若能容第三者离间，便不算真正爱情。盖真正爱情发生，是彼此经过长时间的观察或考虑而成的。决不会一见就倾心，再见就生爱。若一见就倾心，再见就生爱，而对于彼此的个性、才能、学识等等，毫不加以观察，而茫然爱之，是即所谓"迷恋"，或滥用情。"迷恋"或"滥用情"，是一时的，是不理性的，是不坚固的（迷恋的人，他的理智已为情感所蔽，或为肉欲所冲动）。所以一到迷醒，证明不合理性，或第三者的离间，这种爱情，就要发生瓦解或冰释的危险。这种危险发生时,若一方面尚未觉悟,他便觉得自己失了恋,精神上很不好过;甚至于有"情场失意,尚何生为"之感。究竟此种现象,谁叫你是这样的?当初谁叫你不加详细的考察,而茫然去恋爱?所以真正的爱情,必须经过爱情的循序,然后可以免"乍合乍离"的危险。(附注)迷恋的人,多半为肉欲所冲动。

(三)爱情的循序是怎样

(1)认识

(2)考察

(3)谅解

(4)恋爱

大凡两性结合,断不能不先经过"认识"的阶级。既经过这层阶级以后,那么彼此都要做"考察"的功夫。考察而后,彼此对于对方的才能学识个性等等,都很互相投洽,互相爱慕。这就是到了"谅解"的程度。还再加以长时间的考虑,就可以发生"恋爱"的关系。发生这层关系以后,就不能如谅解以前的情形了,谅解以前的情形,还是一种朋友的生活,随在皆可以进退。"恋爱"则是婚姻的初步,或夫妻生活的进阶。质言之即是到了一种极快感的时期,这种极快感的时期,既经过许多的波折得来的。当然久已互相谅解,互相爱慕,决不会有离异的问题发生了。若还有离异的问题发生,就是两方尚未到谅解的程度;或是当初犯着迷恋的毛病,而为第三者所乘了。所以我们不讲爱情则已,如欲讲爱情,必先重慎的又重慎,考察的又考察,然后我们可以得到最优越的乐趣,与永久的结合。讲到此处,我们可以拿两句话来归总:

(甲)未发生爱情以前,不容易发生爱情。

(乙)既发生爱情以后,不容易弃掉爱情。知乎此,然后可以言情矣。

（四）爱情的职务及其保障

爱情是两性互相和好的结晶体（和好中包括互相勉励、互相谅解、互相援助等），质言之，即是一把两性永远结合的铁枷锁。因这把锁的关系，就发生社会起源的夫妻，再因夫妻就发生父母与子女的关系，再由此挨次蕃衍，然后构造社会的人类，才继续不断。由此看来，爱情实是创造人类，或创造世界的唯一利器。它的职务何等重大呢！唯其它的职务这么大，所以我们须特别的保障它，才能使它完全行使它的职务。保障的方法是怎样？那么，我们可以这样说：凡真正的爱情，既是由彼此经过长时间的考虑而成的，当然久已互相谅解，互相爱好，还用着甚么方法来保障？诚然，不错！我们用的方法，并不另求方法。就是继续或永久保存这种"互相爱好"的态度为方法。何以呢？譬如甲君与乙女，由一定的循序，而发生爱情，而结为终身的伴侣。那么他们当初构成爱情的条件，当然久已互相承认了（心满意足的承认），但是这种条件，因空间时间变迁的关系，有时也容易变迁。即如甲君当初的性格本好，后来因环境的关系，就把他变坏了，而乙女当初不本着互相爱好的原则，去劝诫他，一直到坏了事，才要与之离婚，这岂是事理之平？又如甲君的财产当初本多，后来因天灾人祸或其他的关系，把原有财产的位置变更了。而乙女不去原谅他，硬要与之离婚。这岂是互相爱好的道理吗？（其他可类推，至于甲君对于乙女条件的变迁，也要本着互相爱好的原则去原谅她，痛念她……）胡适之先生说的好："爱情的代价是痛苦，爱情的方法，是要忍得住痛苦。"[1] 所以我们对于互相爱好互相谅解的态度，无论外界

---

[1] 此话最初是胡适在朋友张慰慈的扇子上题的句子。后来，陈独秀在《每周评论》第25号里引用了这句话，并加了一句评语："我看不但爱情如此，爱国爱公理也都如此。"过了几天，陈独秀被北京军警抓进警察厅，胡适即发表随录《爱情与痛苦》，其中写道："我们要对独秀说的话是：'爱国爱公理的报酬是痛苦，爱国爱公理的条件是要忍得住痛苦。'"

影响如何刺激，内部条件如何变迁，总要结续或永久的保存，才可以使爱情巩固，这种继续性或永久性，只要当初发生的爱情是真，并不要勉强一点。盖天下之事，唯互相爱好，然后能互相谅解，互相勉励，互相援助……爱好的程度愈深，这种态度愈坚。这是一定的道理。父母之爱子也，"唯恐其疾之忧"。到了功的爱情，差不多硬有这个样子。这就是"精诚所至，金石为开"的道理。所以我敢说：真正的爱情，是绝不会容易变迁的；容易变迁的爱情，绝不是真正的爱情。这就是爱情神圣不可侵犯的地方。

（五）真正的爱情，不能因条件有比较而变迁

夫妻的结合，按照现代文明进化的原理，本不是谁依靠谁而生成的，是彼此通力合作的。如果要谁依靠谁而生存，那么那依靠人的人，早已将自主权取消，把自己当作一种寄生虫或附属品了。还配讲爱情吗？所以能靠讲爱情的人，必先尊重自己以尊重人，然后可作爱情的事业，过爱情的生活，并可得爱情永久的乐趣。否则徒徒里以条件的优劣，为爱情的转移。那么他原来的目的，不是为爱情而讲爱情。完全是为得物质上的驱使，或欲望上的冲动而讲爱情。这种爱情，还算爱情吗？吾人仅可以命之曰"沽价式的卖身主义"。这种"沽价式的卖身主义"，试问是不是我们青年男女所愿为的？吾知其我们青年男女，一闻到此名，就唯恐避之不及。所以这种"沽价式的卖身主义"，简直是爱情中间的"洪水猛兽"。吾人应"同心协力"的排之使去。

（六）因条件有比较而变迁的爱情所发生的问题

如上所述，真正的爱情，既是经过长时间的考虑而成的，那么当初构成爱情的条件，当然久已心满意足，互相谅解，互相爱好了，如果尚未心满意足，互相谅解，互相爱好，便不能构成真正的爱情。纵

令暂时相合,"我我卿卿",只能算一种"迷恋",或"滥用情"。这种迷恋或滥用情,诚然可以因条件有比较的优劣,而时常变迁;但是因此所发生的问题,亦复不少。今举之如下:

(1)道德上的问题

(2)伦理上的问题

(3)妨碍个人事业

何以言之?如果讲爱情的人,不经过一定的循序,或长时间的考虑,而徒凭着"爱情因条件比较有优劣而可以时常变迁的原则"去讲爱情,那么人人都可以凭着主观的条件的改善,今天可以恋爱甲,明天可以恋爱乙,后天可以恋爱丙……同时又或乙与丙,己与戊发生恋爱,那么爱者势非多方设法将丁戊排去不可,而被恋爱者,若已被爱者条件比较的改善所感动,又势非弃去丁戊不可。于是而彼此相互间的纠葛发生,而失恋的人,若尚未觉悟,或不能作达观,精神上物质上,必因之受莫大打击,甚至于发精神病或轻生,亦未可知。沙玉琴一类的事实(见《晨报》上月份附镌)[1],即可以证明,这岂不是发生道德的问题吗?其次已有了儿女的夫妻,若因第三者条件的改善,而变迁他的爱情,以至于离异,则眼巴巴的儿女,看着他们演这号惨剧,使他们无所依靠,顿失怙恃,又何以为情?继之者来,则因"非其所出",又怎能尽心的抚育?若携之与去,又焉能容于不相关之对方(新恋爱者)?家庭离异,骨肉解体。这岂不是发生伦理的问题吗?复次爱情不过是人生职务之一部分,若讲恋爱的人,于未发生爱情之前,不重慎的又重慎,考察的又考察,只凭着"爱情因条件有比较的改善而可以时常变迁的原则"去讲爱情。那么今天恋爱的甲,不如明天恋爱的乙;明天恋爱的乙,不如后天恋爱的丙。……空间时间的变迁太速,而人类的欲望无已。一生差不多只能为"迷恋"的牺牲,而不能做社会上旁的生活了。这岂不是妨碍个人事业吗?至其他

---

[1] 指女校教员沙玉琴逃婚事。

枝节上的问题，尤不一而足。所以"迷恋"是讲不得的；因"条件有比较的改善而变迁爱情的原则"，是不可信的。

总　结

　　世界上的东西，唯爱情的魔力最大，古今来多少英雄豪杰，窘困于此，或因此败名坏事的，很见得不少。所以我希望我们讲爱情的青年男女们，对于上列数款，加以注意，庶可免"迷恋"或"滥用情"的毛病，则又作者之本意焉。

一九二三，五，六，于北大东斋

五[1]

冯士造

　　昨天我见了张君的这篇论文之后，引起了我无限的情绪和趣味，想说几句话，因为怕人家误会，只得忍耐住了，今天又拿起再看一遍，见后面有研究二字，既是提出来研究，或者还有我说话的余地，就此拉杂的写了一些，来发表我个人的意思。

　　张君我不认识，沈君我更不认识，陈谭二君我虽认识，也没说过话。我的文字完全是研究的性质，无丝毫感情作用存于其间。阅者诸君，幸勿误会！

　　我认定世界没有确定的真理——尤其在思想发达的人们——不过各人主观的假设就是从安斯坦[2]相对论起，并以前所有科学定律，一扫而空，我还可以武断的说一句，百十年后，继安氏而起者，定大有

---

〔1〕 本文原载1923年5月21日《晨报副刊》。
〔2〕 今译爱因斯坦。

人在。科学的定律，尚不可靠，关于抽象的理性上的就更不消说了。

张君以个人主观的假设来作人们共同的定律，未免太笼统专制。别人不论，只我个人与张君的主张，就大有出入，试论于下。

在张君四定则内的第四项，我很赞成，恋爱的婚姻，本是由友谊进步来的。两性认识之后，经过多少时日，得彼此的谅解，都认为有结合之必要，再经一种婚姻的仪式，就成了夫妻。这种仪式完全是社会的习惯可以随时代而变更。仪式自然不是固定的，也许有废除的时候；仪式废除，夫妻可以说是浓厚的朋友了。

中国旧式的婚姻，原由家长的包办，也可以说是受古代人们把夫妇作王化之原、朋友为男人的专利的影响。现社交已经公开，婚姻的情形当然随之而变。对于第四项，我与张君大意不差，至于一二三项，就迥然不同了。

张君所云爱情可以随条件，比较，而变迁的主张，我极力反对。爱本是抽象、整个的，不能用科学的方法来分析，也不能直接的去形容，真是神秘的呵！

我曾经爱过人，也曾受过人爱，在爱情极诚挚热烈的时候，我们同时发生了一个问题，就是："你为什么爱我？"彼此想了许久，终究没确的答复，只得一笑罢了。

我认定爱是对称的、相等的，爱之增减，由双方互爱的程度而定。有人常问我："你爱我到什么程度？""你知我爱你到什么程度？"第一问我不能拿具体形容字如深浅、厚薄、红黄蓝白黑等来表明；第二问又不能直接的来证明，正如一个橘子我觉得是红的，你也觉得是红的，但你感到的红与我感到的红，是否相同，无从证明的一样。这两个问题，与前面"你为什么爱我？"的话感同一的困难。我不忍重拂其意，只得勉强作一个答复："以心观心，你爱我到什么程度，就知我爱你到什么程度；我爱你到什么程度，就知你爱我到什么程度。"

张君所云"爱情为许多条件的组合，如状貌、才能、财产、人格、名誉等等"。试问人互相爱是为什么？爱人是爱条件？爱的是人，那末我觉得一个人万不能拿这几项简单的条件来包括。爱的是条件，那中国古语说的"以金交人者，金尽则交绝；以色交人者，色弛则爱衰"，未尝不可以说是真正的恋爱。这句话谁肯相信！

我觉得爱字，包含有两种意义：一，性；二，情。在初识的时期，因性不同，好尚亦异，或者彼此注意在条件选择；结识既久，受了情化，甚至达了神秘境地，连什么都忘了，何暇问及条件！

张君又云："条件愈完全，爱情愈浓厚。"这简直是贵族式恋爱，照此以说，贫者、丑者、愚者、无人格者，就没有恋爱的希望了。纵然世界文明，到了人人工作、人人读书的时代，但才能还是不能平等，才能不同，名誉人格也就不同，至于自然的状貌更不消说。若据张君的定则，世界人类至少要有百分之九十九的失望。有这样定则，当然有以"年轻家富"作征求婚姻的条件的广告。

张君所谓条件，不知以什么作标准？若是由比较来的，那末，完备的更有完备的，如果遇着比较完备的就要变迁，我可以决定具有条件的人，一定应接不暇，没有条件的人，就无人承教了。在婚姻制未废除之前，岂非极大纷扰？

爱情本有变迁的可能。既已变迁，本可自由离异；但离异是万不得已的事，也是人生极痛苦的事，非彼此有意见和性情的冲突，万不能出此。若依张君的定则，为爱条件的虚荣，去受精神的实痛，未免太不值得了。

陈女士是受过高等教育而强有意志的女子，主观上一定直觉的观察和审定，决不会受人的胁迫或欺骗。既属自动，她当然有极端的自由。沈君已经失恋，可以不问，其余更不配问了。张君多事，偏说陈女士是受条件的支配才变迁她的爱情。谭君的条件固属比沈君完备，但谭君是否现世第一条件完备的人？这句话谁也不敢断定，既不能定，那陈女士若遇着比较谭君条件更完备的人，又将如何？张君这简直是对于陈女士的人格，下无情的总攻击，张君又何苦来！

社会的讪笑，本不算什么，得张一说，反给说坏了，张君的真意，我不知道，有人说他是谭君的暗示，我独说他是替沈君出气。不然，他为什么用这样明褒暗贬的法子来侮辱陈女士？

是非原无一定，"此亦一是非，彼亦一是非"。人之以为是，我以为非；将我为是的，人家或又以为非了。但是箭在弦上，不得不发，至于是是非非，就非我之所问了！

冯士造于北大，五月一号

六[1]

丁勒生

陈淑君女士的事件，在初发生时，我便很想出来说几句话。后来就正如张竞生君说的，"无论她所选的，或好或歹，他人原无置喙的余地"，就含默下去了。

前月底看到张君《爱情的定则与陈淑君女士事的研究》的大文，最近又见着梁国常君对于此事件的议论，及《晨报副刊》记者的申明："……已收到以下这许多篇"，知道讨论这个事件的人，着实不少，我也痒得忍不住，加入来说几句。

在未说以前，我有二事申明：

一、我绝不代表旧礼教说话，也不是想挽救"世道人心"，提倡"高尚道德"，只是说我心里所要说的罢了。

二、关于陈淑君女士事件，确是，我不想多说，只愿对于张君提出的"爱情的定则"，来讨论讨论。

张君对于爱情所下的四项定则是：

（一）有条件的；

---

[1] 本文原载 1923 年 5 月 22 日《晨报副刊》。

（二）是比较的；

（三）可变迁的；

（四）夫妻为朋友的一种。

因为他的基本定则（一）与我的意见不相符合，所以其余的定则，也约略有点出入，以下详细言之。

所谓"亲子的爱"、"姊妹的爱"、"兄弟的爱"、"朋友的爱"（普通称"感情"，又称"友谊"）、"浪漫的爱"、"血族的爱"、"夫妻的爱"（普通称"恋爱"，又称"爱情"），都是属于"人间爱"的这个大帽子之下的。

夫妻的爱，虽为一切人间爱中，最高尚、最亲昵、最密切、最浓厚、最窄狭之一种，然其结合的性质，与朋友相同，而且正规的夫妻结合，均应经历朋友这一阶段，我们就认为朋友之一种，是不能算为过分的。所以对于张君的第（四）项，我完全同意。

张君主张，爱情是神圣不可侵犯的，这一点，我表示十分敬从的意思。不过他又说爱情是由感情、人格、状貌、才能、名誉、财产……条件所组成的，我便不敢赞成了。

我的意见是：爱情就是爱情，恋爱就是恋爱，绝不应掺入旁的一丝条件，不然，便不能算真正爱情，纯正恋爱。

我以为在已具备了极高度、最浓厚、无可复加、无人可比的感情的两个异性朋友之间，再加上双方的性的感觉，或更加上性的行为，这便算是爱情或恋爱。

性的感觉，是谁都有的；性的行为，是谁都能的。在互相施与的时候，便全看双方的感情之如何了。假如不过一种泛泛的感情，或竟没有感情，而生性的感觉，或施性的行为，便与嫖客娼妓无异了；哪能说到纯正的恋爱？

换言之：夫妻在最初开始作夫妻生活的时候，必须具有无上、无比（不是与别对夫妻相比，是与别个任何朋友相比）、极高度、极浓厚的感情；成了唯一无二的密切良好的朋友；不可分离的、亲昵知己的伴侣，然后才可以。然亦不过如此罢了，绝不能再看对手其他一切条件，是否优美，或超于自己。

爱情可以比较，可以变迁，我全承认；然我正因爱情是可以比较，可以变迁，所以我根本就怀疑有条件的恋爱。

我们知道：要使感情得到最高最浓，无比无上的地步，假如个性不同，观察不细，相处不久，了解不深，并且没有亲切的同情，相等的学识，是绝对不能的，这样，在恋爱的结合上，固然比较的难点；在爱情的发生上，固然比较的不易些，然它的永续性，不易变迁的性质，确要浓厚得多多，我们即使承认它，可以变迁，但既有这个比较完善的方法，何必不采择这完善的方法呢！

假如我们标出美貌为条件而找求恋爱的对手，然到对手的年老而色衰了又如何办呢？就照张君所指示的方法。"竭力向上"，然又向哪里找"返老还童"的方法呢？还有，世界上的男男，女女，也绝不能一个样的美丽，说这个美丽吧，还有比这个更美丽的，还有比更美丽而尤更美丽的人，结果，只好一个个的舍弃，而追求最后一个比较美的了。

在地位、资望、名誉上说：有学士，还有博士；有教授，还有校长，有大总统，现在还有太上大总统；有小区区的学者，还有大名鼎鼎的学者。其他还多得很，我们举不胜举。究竟还是抱着张君的原则，比较了再择其位高的、资望大的、名誉盛的为恋爱的对手，而抛弃其原来的对手呢，还是如何？

其他财产、才能、门阀……都是有高有低，有大有小的，如果都抱定这原则，爱情的基础，实在太不稳固。这世界上十六万万人，恐怕每天只好去作比较，移易对手的工作，而且恐怕还做不过来，这是可以断言的。

我们如果想杜绝敌人的竞争，而且勉解对手的欲望，然大多数的人，连"吃饭"的问题，还每天忙碌得不能解决，能长日作此"情战"吗？

在这里，我再总括一句：爱情就是爱情，不容掺入其他条件，它的成分是：至上无比的感情，加性的感觉或更加入性的行为。它既不是性欲的交换品，也不是条件的交换品。

我更须申明的：我不反对比较，变迁对手；但比较，变迁，只能依感情为标准，夫妻或未婚夫妻，应互相勉励，提高感情，勿为物质……所诱惑，所左右。

以下再把陈淑君女士事件，略说一说。

我们批评陈淑君女士的事件，本来，只须考查她和谭是否是纯正感情的结合，其他道德或不道德，强奸或不强奸，年龄大小，续婚久暂，都是毫无关系的。

然而张君已然代陈淑君女士和谭熙鸿教授，打开了窗子说亮话，"爱情乃是条件的交换品"，"她的爱情的变迁，全受条件的支配"，"他如谭的学问，才能，地位，也是沈生所不能及。这些条件，均足以左右陈女士对于沈谭的爱情"，已经显然表示：她之悔弃与沈订的婚约，并不为与沈没有感情；与谭结婚，也不是感情特别浓厚，只不过迷恋着谭是一个大学教授罢了。

诚然不错，这大学教授，要比大学生的资格、地位，超过一点儿；但是超过那大学教授的资格、地位的尽多呢！我们"新式的，喜欢自由的，了解爱情的，实行主义的"的陈淑君女士，怎么办呢？我更顺便对于谭熙鸿教授，进一诚恳的忠告：防备点儿做朱买臣，唱马前泼水吧。

梁国常君对于谭君，很表示愤激的态度，我不很表同意，谭君至多只有一个强奸、胁迫、诱惑的嫌疑。而破坏沈之婚约的，乃陈淑君女士自己，如果不是张君有《爱情的定则与陈淑君女士事的研究》一文，我们不明了个中实情，对于陈女士，至少有相当的谅解。我们既经看了那篇文章，知道了陈女士纯系迷恋谭君的地位、资望、才能……我们为拥护纯洁高尚，清白无瑕的爱情起见，虽然她是一个"可怜弱女"，不能不有相当的攻击。中国社会，虽是很恶劣、无情，这个事件，实在不能深怪中国社会。我更还希望真正"觉悟""新式""喜欢自由""了解爱情""实行主义"的女同胞，对于陈女士，应有相当的表示。因她以自己的身体，为地位的交换品，与娼妓以自己的身体，交换金钱，同为污辱女界人格的事。这样的女子，还能原谅她，赞许她吗！

一九二三，五，十八，北京

记者先生：

这篇文章，我当然负有责任。如有质问，请转告质者来骑河楼第十二号，这便是我的住处。

丁勒生

七[1]

子　略

读了张竞生的《爱情的定则与……的研究》后，我就起了一点意见：

他说，爱情是有条件的，爱情是可比较的。这两项固然不错！要在正生爱情的时候有这两项，才可。若是既与他人生了爱情以后，断断不可再生这种眼光。因为他（指张）说，既有条件，不能不生比较，既生比较，自然有选择而生变迁，既生变迁，难保不舍前择后。那末，我有一例：如知事[2]的太太可以再嫁道尹[3]，既当了道尹太太之后，又可以嫁给省长；既当了……又可以嫁给……这是张君以沈君不及谭君，是以陈嫁给谭，就是这个例的意思。依这

---

[1] 本文原载 1923 年 5 月 23 日《晨报副刊》。
[2] 知事是中华民国初期对县一级最高行政官的称呼。
[3] 道尹是民国时期的官名。1914 年 5 月，袁世凯公布省、道、县官制，分一省为数道，全国共 93 道，改各省观察使为道尹，管理所辖各县行政事务，隶属省长。1924 年 6 月，北洋政府内务部通令废道制，裁撤道尹。

样看来，则陈女士不知何日才能嫁妥一个丈夫！谭比沈，我承认谭当然比沈的才能、地位要高一点。因为谭撒屎都要比沈多撒几大桶。就依张君这样说法，我可说是男子终身不能娶一妇人，女子终身不能嫁一丈夫。试问一问张君：你有妇人了吧？恐怕不是你的妇人吧！你信不信？况且依你这样说法，完全谈不上爱情。爱情二字里要含有个"专"字，才说得上。若是这样朝秦暮楚的，等于娼妓从良人，配不配说的上爱情？现在中国社交公开和男女恋爱不过才起点点萌芽，就出这些怪头怪脑的事。一说不上社交，二说不上恋爱。发生这种不好的事，希望遮掩都无法，而张君公然说是爱情。未免把爱情二字，太看易了，是我辈青年男女最不幸的事！而张君不唯不勉励我辈青年，希望将来有良善的结果。而反说我辈青年学问、才能地位不够，无怪乎只是听着某教授与某女士结婚，并未闻我辈青年和某女士结婚。才知道是……不及你们吧！恐怕是手段吧！那末，既是要讲才能、学问、地位、势力才说得上爱情浓厚。今天我找有几位：

才能如梁启超。

学问如胡适。

地位如黎元洪。

势力如吴佩孚。

要想爱情浓厚，可以找上面这几位，据我想，谁也承认这几位是对的，无须乎费了些精力去比较，去选择，费种种的麻烦。本来陈嫁给谭，可以说是她的自由，不可说是她有爱情。爱情只有始终如一，不能说是有变迁。既生变迁，简直说不配谈爱情。陈谭一事，不值申辩。不过张君既谈到爱情，在爱情里又产生了几项，又以他俩的事做证，是现时很注意的，所以不能不研究，不能不讨论。张君又在条件内举有人格一项，我颇赞同若使只讲爱情，不取有人格，那末，所发生的是暧昧，所发的性欲，是兽性欲，并不是爱情。所以在生爱情的时候，男女就要互相调查有无 lover，若使有了 lover，又有生爱情的机会，那要郑重拒绝。若是利己而损害人,则人格何在?既无人格,则他们所发生的不过苟且事,又配谈得上爱情吗?中国现时讲爱情的,我没有见到。不过是些可怜的男子和可怜的女子往还罢了。而张君又说,夫妻是一种的朋友,可离可合,可亲可疏,不是一人可专利可永久可占有的。我又问一问张君,你的妇人不是你专利、永久、占有的。有人欲向你借,可否?你又承认爱情是神圣不可侵犯的,岂有说是受支配的道理吗?讲爱情的,我辈只希望他们向光明的路线上走去。而张君以陈……的事来作证,公然说陈嫁与谭,是陈看上谭的地位……未免把陈女士的人格扫尽了。据我想谭君未见得以地位……引诱她吧。而张君费了二千多字的时光,以势利来做爱情的基本,我怕果真讲爱情的未必赞成吧!

附:因读了张《爱情……》,我就起了许多感想,中国现时完全讲解不了爱情二字,并且以爱情和社交弄得个混杂不清。例如有男女同路,本是社交,而旁的人偏说他们是恋爱。以两件东西,看作一件东西。所以女的最怕与男的相交,就是这原故。我虽乱道,我还希望表同情的,出来讨论讨论。

八[1]

孙治兴

自从张竞生先生的《爱情的定则与陈淑君女士事的研究》一文发表以后,我极望关心于两性问题的学者,多多来讨论这个问题,对于一知半解,彷徨于歧路的男女青年们,在恋爱问题上,或者可以得一点教训。等待了半个多月,忽而有"爱情原则的讨论"文章出现,读了之后,诚然也觉得"记者"所说的"不过很使我们失望"。我现在

---

[1] 本文原载 1923 年 5 月 23 日《晨报副刊》。

把我对于张先生的文章中不同的意见,写在后面,如果说得不对,希望张先生诚恳的为我解释。

张先生的"爱情的四原则"我都承认,但是张先生把人类的真感情看得太忽略了。自然我绝对不赞成现在女子,永远跟着一个荒唐的男子而牺牲一生幸福。但是,我同时希望已恋爱、已成婚的男女们,如果他们的恋爱对手不是荒唐,不是无赖,那末似乎不必依照张先生的"原则"而实行此种恋爱主义。因为我承认恋爱的基础,完全是感情,感情之发生,固亦有条件(如色、性情、才,及其他,但不必样样都全),然感情之运行,大半为盲目的。譬如中国之糟,糟到极点了,试问中国人现在不愿做中国人的有几人?自然也一定有人愿入籍美国,或英国,或俄国,或日本,然而我敢武断一下,大多数的中国人仍然情愿做被世人所蔑视的中国人的,这便是我所认的人类的真感情,它的运行,全是盲目的。如果以张先生"爱情原则"推演出来,入美国或英国——国籍的人的行为,当然无可非难,更无所谓道德不道德。我承认张先生的"爱情定则"可以成立,也在这一点上。我承认陈女士的行为无可非难,更无所谓道德不道德,也在这一点上。不过我意张先生的"爱情原则"只可说明陈女士相类事件的道德不道德的问题,或可非难不可非难的问题,却不必人人实行原则而才可谓合乎"原则"!换句话说,如果不照此原则而实行,便是不懂爱情的真义,便是旧礼教的代表者,这未免也是笑话!

还有一层,我以为人类的爱——男女之爱——只有相互的整个的占据,不爱则已,要爱,不但要他(或她)的身,还要他(或她)的心。所以女子不愿她丈夫爱别个女子,男子不愿他妻子爱别个男子,这是一个道理。王尔特(O. Wilde)[1]在他剧本 *Lady Windermere's Fan*[2] 里说:"男女之间,没有友谊。只有情欲、仇恨、钦仰、恋爱,

---

[1] 今译奥斯卡·王尔德(1854—1900),爱尔兰作家、诗人。
[2] 即《温德梅尔夫人的扇子》,也译为《少奶奶的扇子》或《遗扇记》,王尔德所作喜剧。

独独没有友谊……"自然,男女之间,独独没有友谊,我是不相信的,然而在这句话里,也可证明男女既要爱,便要整个的占据。谭先生在极短的时间内和陈女士结了婚,也是无可非难的。那末沈先生想爱陈女士,当然也想整个的占据,这是同样的不能非难。两个同样的占据,我们似乎不能轻此重彼。

张先生说陈女士懂得爱情,是能够实行主义的新女子,但是我觉得陈女士或则还不了解张先生的"爱情原则"。陈女士应该明白"结婚"是占据的标记;如果陈女士永远是实行张先生的"原则"的人,她便不应急急允许谭先生的结婚的要求。陈女士肯和谭先生结婚,便是表示陈女士在那结婚的时候有永爱谭先生的决心和意义,在另一方面陈女士对于张先生的"原则"便是不忠了。

陈女士不肯自认和沈先生曾订婚约,陈女士要用法律来禁止他人对于这事件有无理的批评,这也可证明陈女士不能了解张先生的"原则"。那末,张先生说陈女士是能够实行主义的新女子,是不可信的。

我有一种偏见:以为年轻男女们不要把"恋爱"看得太轻忽,那末"离婚""解约"的惨痛也可减少一些。我不相信"恋爱行为"是关于道德问题的!"恋爱的行为"只能使人"嫌恶或喜欢"!

一九二三,五,十八夜

九[1]

钟冠英

我素抱"不理闲是,不理闲非""各人自扫门前雪,休管他人瓦上霜"的主义。读了四月十九号《晨报副刊》上登载着张竞生先生作

---

[1] 本文原载 1923 年 5 月 24 日《晨报副刊》。

的《爱情的定则与陈淑君女士事的研究》一节，才把我从前的宗旨改变了，不得不出来和大家讨论一下……

张先生说："爱情是——有条件的——是比较的——可变迁的——夫妻是朋友的一种。"这话我是很承认的，是不错的。可是有些不敢赞同的地方。略述我见如下：

张先生所举的定则，只能适用于未定婚以前；不能适用于已定婚或已结婚以后。是什么道理？现在青年男女，大都醉心"自由恋爱"的。这也是社交公开的一种好现象。虽然如此，"自由"二字，是有限制的，不是没范围的。例如男子求妻，或女子求夫，一定要慎审从事，拣之又拣，择之又择，必以能满足自己的欲望的，才算合格。至低限度，虽不能满足自己的欲望，亦要对于所欢有一部分或多数自己的愿意。要是不能满足欲望或自己愿意，当然不能就定起婚来了。已定婚或已结婚以后，亦不能随随便便糊糊涂涂的——退婚——离婚。张先生说："在欧美社会上，常有许多男女挑择所欢，至于若干年，改变若干次。"就是这个道理。这是有限制的"自由恋爱"，这是真正的"自由恋爱"。

张先生又说："主婚已凭自己，解约安待他人！凭一己的自由，要定婚即定婚，要改约即改约。"旁的话先不要说：假使陈女士系张先生的未婚妻，今被谭先生夺去了。先生深明爱情的定则是如此，一定是自想自解的不敢作声。但是后来的未婚妻，见他人的条件上比较上更胜于先生，又和他人结婚了，一而再，再而三，而至于无底止，吾知张先生虽然说爱情的定则原来如此，心里恐怕有些不耐烦吧？反过来说：张先生假使对于你的未婚妻，亦忽弃此而爱彼，时时变更其被爱者，在女子一方面，固系难受；即张先生自己，良心上恐怕有些过不去吧？我从前在中和园观溜溜旦演《马前泼水》一剧："……咱们自由结婚，亦可以自由离婚……"张先生的主张，和溜溜旦的主张不约而同的，可算得后先辉映了。唉！溜溜旦身为优伶，不知"自由"为何物，原不足怪，至身为最高学府的教授，又自信为一个极新式的社交大家如张先生，犹不能明白了解"自由"二字的真义，且更穿凿附会，以煽惑青年男女，我实在为社交前途危！我不禁为社交前途哭！

张先生又说："若人以她的解婚为骇异，应当骇异她从前的定约了。"这两句话，简直不通。她解婚的理由正当——感情不好——人格堕落。我们不能说她不对。张先生说："她虽则与谭为偶，终视沈为朋友，贻书劝勉，足见她是一个有情谊的人。"照这样看起来，沈君与陈女士感情不能算坏。沈君的人格亦并未闻陈女士有所指摘。并且未与谭结婚以先，并未闻陈女士有提出和沈退婚的理由。糊糊涂涂的，喜新厌故的嫁了别人，像这种的人，配得上说自由恋爱吗？不是应该骇异斥骂的吗？至以应当骇异她从前的定约，则请张先生详为解答罢了。

陈淑君女士一方面，本无研究的价值。我今责备陈女士一句话："当初不加慎审。"谅亦陈女士所愿承认的。我希些我青年的兄弟姊妹们，对于"恋爱"二字，多加留意才好。

十二，五，二十，草于朝阳大学

十[1]

维　心[2]

前些日子在副刊上登载张竞生君的《爱情的定则与陈淑君女士事的研究》一篇文。

张君的大作里，前大半都是说爱情原则，大约分为有条件的，是比较的，可变更的，夫妻为朋友的一种，末了讨论到陈女士的事，就

---

[1] 本文原载1923年5月25日《晨报副刊》。
[2] 本文作者为许广平，当时就读于北京女子高等师范学校国文系。

归纳在原则内，而其最重要的，就是：她爱情的变迁，全受条件的支配，谭的学问、才能、地位，不是沈所能及，这就是陈对于沈谭条件比较的决赛。

爱情原则，是我欲研究的，也是近来一般青年所急需的教训，然而张君的文，把陈女士事放在原则内作引证，陈的事，恐怕除北大一部，或和他们有认识的人外，一般人是不得其详的，看了张君的文，必有怀疑或莫名其妙，不敢加以讨论的。

十八日副刊内，忽然登有爱情原则的讨论，而且希望青年读者讨论，我也是青年之一，怎敢放弃呢？在我未讨论以前，有两种向读者声明的：

（1）我注意讨论的是爱情原则，附带论及谭陈沈君的事。

（2）我的讨论完全是本着公平的心，研究一切，对于以上三人是漠不相识，未曾带有色彩的。

以外的要求就是：我的话也许是代表旧礼教说话，也许是不用心思，不用功读书的人，对陈沈谭的事，因为不认识，无从调查，所凭借的也不过是间接得来的话，好在登完以后由张君撰答，我求张君撰答时明白我讨论的目的，并求张君答话时也拿出最公平的态度，不要讳饰事实迁就学理才好。

现在我先谈爱情原则：一般动物的情，多半为生理的冲动。人是进化的动物，人们的情，有时虽不能抛弃生理上的冲动，然终究有高尚的情感，为优进于他动物的，这高尚的情感，除两性外，推广之有亲子、父母、国家、社会、职业等等的爱，这广大无垠的爱，浸润在阳光里，它的滋生是漠漠混混、不知不觉的，那时它的自身是不晓得有什么爱的条件和比较的，经过很长久的时间，正如丁君所说有认识、考察、谅解、恋爱的循序。

现在稍为留心社会事情的人，都知道很有些叫人奇怪发叹的，他已娶了，现在又娶她了！他和她离或退，现又和伊订或娶了！她订了他，现又退了另订他了！她嫁了已娶的他了！……这些都是从事实上发生出来的，固然他们离或娶，各自有其原因，不能牵强两性已熄灭了爱的同在一起。然而爱究竟是怎么一回事呢？我也无的确的经验解释它。

不过我以为人始初认识的时候，是很泛泛的，无可无不可的。这时对方或有什么才能、地位……或者也许生一点欣佩的心，但绝不能决定就生了爱恋的心，即或被欣佩的是男是女，而欣佩的是女或男，因从认识而走入恋爱路程，那种爱情是未经过考察、谅解的。所以：未发生爱情以前，容易发生爱情，既发生爱情以后，容易弃掉爱情。今日青年的朋友，陷入深渊的爱情，尝着苦恼之果，很多很多，可怜呀！就因为未注意着考察和谅解。我有一位朋友，她和他是很认识，而且性情学问很投合的。他们的交情很深厚，但她知得他是已有一位很深交的朋友。所以她和他虽然很谅解，认识，但到底未有发生恋爱。然而他们承认两方是有爱情的。从上面的实例，所以我以为恋爱是爱情的末一着。但有情的，但不是最初动物本能、生理冲动的情，那其间就容留着许多给人们考虑的理智判断。世间尽有亲兄妹的学问、性情、才能、品貌，条件很比较优胜的，然而兄妹——除不禁血族婚的地方，——中间不致发生恋爱的，为什么呢？固为他们用理智的判断，有考虑在里头。所以兄妹只管是爱而不恋，由兄妹的理由推之，如果发生恋爱地方的情节，是经过理智的判断，考虑过一切，和对方俱是觉悟有种种关系，不便恋爱的，我想两方如果都是明白的人，必不致发生恋爱。这种经过理智考虑的行为，我以为如果不是任性的人，必定能达得到的，可惜讲究爱情的人，——认识了，就想着恋爱，并不经过考虑。所以趋于新的人，愈弄愈新，趋于旧的人，愈看愈不顺眼，两方背道而驰，伏着莫大的危机。提倡新的人，有心改革社会，何苦不替大多数想想呢？唉！

现在我更谈谭陈沈君的事。据十八日副刊梁君的话，陈在谭家里住，仅月余就同谭结了婚。陈以小姨关系，当然认识谭了！但谭从前是有妻子的，而陈从前已和沈订婚，是出于自动的（见张君文）。那么，两方在陈未来京以前当然没有长久的考虑、谅解的交际。谭是陈的姊夫，谭的学问、才能、地位，固然非沈生所能及，这是陈早知得的，她在她姊未死以前，何以就没有比较这条件变迁起来呢？使她姊居离婚的地位呢？或者她那时并未想着这是自由无可议的，是能了解爱情的，是新式的，是实行主义的，而有点恐怕实事上不妥当，或者那时的陈女士学问程度未有现在的高深，还没了解到这里。又如谭陈仅月余的同住就结婚，恐怕不算得彻底下功夫加一番考虑。他们双方如果一方有理智的判断在里头，则断不至有条件的比较而变迁。张君更称陈是能了解爱情，实行主义的，在这里我就有点疑惑：陈爱情变迁，何以不在一月以前（在粤）而在来京以后呢？广东尽很多条件丰富的人，何以陈未选着一个？偏偏到京就选着呢？难道因为广东有沈在旁不便选择吗？那么，陈是不能算得喜欢自由的人。

因此，我个人的论断，以为陈选择条件在来京以后，又在很短的时间里——月余——又在孑然一身处在谭的家里，那其间有没有情势的诱导，或迫压，旁人是不敢知的，陈虽是自己表白是出于自己恋爱，但她是否因为事已如此，也只可说得好听一点，为谭君和自己丢脸，旁人是不敢知的。不过从心理上考察，大概男子的情是活动的，女子是保守的。而在事实上，如男子没有一种爱情的表示，女子是很不易表现出来，何况是已经订婚的女子，要她忽然改变她的情志，向别人表示爱恋呢？即或她果然有这种爱的表示，那大学教授的人，何以不替她的地位想想，替自己的地位想想，加一种理智的判断呢？

总之，张君爱情定则如果拿大学教授的资格，提出来教训青年，是很佩服的。如果因为解释事实，不惜迁就学理，因为作爱情原则，那讲的学理是很靠不住的，不敢领教。归纳一句，我以为爱情起首是漠漠泛泛的，能经过理智的判断，才发生恋爱，比较的要善一点。经过理智的判断，才离弃恋爱，也比较的妥善一点。而且更据我个人理想，以为爱情是最真挚，不屈于一切的。彼此如果有深厚爱情，双方的人格化臻于上，以忘我忘他，舍生舍死，心中目中，只有一人，那时尚容得着比较吗？尚有可以变迁的吗？这都是我对于爱情原则所欲谈的话，如果《晨报》记者谓为有讨论的价值，就请一次登在副刊上。

十一[1]

彭拔勋

张竞生先生每次到这里讲实验哲学的时候，总喜欢谈点爱情，有时手舞足蹈，形容得真使我们不打瞌睡，仿佛觉得其味无穷。不料他在《晨报副刊》所发表的爱情的定则和陈淑君女士婚姻的研究，竟令人大失所望。爱情既有许多的条件，又要千变万化，在老年人看来，或者不关紧要，至于我们这班还不知道爱人在哪里的青年，就不得不惶然大起恐慌了。这虽然是笑话，其实抱此感想的人，恐怕不少。我于是很想请教于张先生，看爱情到底是怎样的东西。不想张先生因为要预备作东三省的游历，不得空来，我只好就感想所及，写成一篇，借《晨报》刊登出，恳张先生纠正。

无论什么事，一经发现，就有许多人就多方面的见解去详论，因此是非颇不一定，其实事实还是依然如故，并不因此变动丝毫。我们对于陈淑君女士的婚姻，只当求真相之所在，无信口空谈的可能。不过张先生既因为社会上的人对于此事，颇多非议，想代为解释一下，便独出心裁，创造一个与大家有关的爱情定则，去证实它，以致要辩论爱情定则的我，遂不免连着说到陈谭的婚姻，这是应当先抱歉的。总之我毫无学识经验，只因有了一种意见，非请人教导不可，并非想打笔墨官司，自以为是，而要驳倒他人，尤其不是想借此以出风头，关于这一点，万望读者明白。

据现在的事实，爱情是一件事，婚姻是一件事，其间只有点连带

---

[1] 本文原载1923年5月26日《晨报副刊》。

为关系，并非必然的因果。换言之，爱情到了极度，可进而结为夫妇，但若不适合婚姻的条件，也是不可能的。不过今日要定婚或结婚的人，总首先留心于爱情，而后注意到别的东西。由此看来只可以说爱情是婚姻条件之一，婚姻却不是爱情的究竟，乃是由许多结婚所必需的条件成功的。所以爱情有爱情的定则，婚姻有婚姻的定则，万不可并为一谈。若以爱情的定则去评论婚姻之是非，或因婚姻的当否，而推论其爱情之有无，都得不着好的结果，甚至流于武断，亦未可知。故我们不管这类的事情便罢，否则应当分别讨论。

爱情的定则怎样？据张先生说，是有条件的因比较而变迁的。我的意见，却与此不同，以为爱情是对人而起的，并不是对某人之物质而起的。固然有条件，但不如张先生所说的一样包括物质的精神的在内。却有所限制，只重在精神方面。所谓性情、知识、人格等等就是，并且要相交日久，相知日深，才可以验证此种条件彼此相当与否，有效与否，决非无缘无故一朝一夕之间，就有爱情发生的。当局的人容或不知道此种条件之存在，也许未曾留心及此，所能表示，而恰类于有条件的，就是在许多男女里面。两个独比较性情相近，非相依为命不可。这样的爱情，其来由并非偶然，其成立也不容易。一经成立，便十分坚定。因为里面没有别的用意，只出于真情的不能自已，非理性所可抑制，非外物所能变迁。其始只在求精神生活的满足和愉快，结果或结为夫妇。但因婚姻条件不合，势不能结婚的亦复不少。只是，真正的恋爱，往往想打破婚姻条件。或共同制造婚姻条件以为结合，即或为环境所迫，以致改偶他人。他们的爱情，却不断绝。彼此同深系念，终身悲郁无聊，甚至即时自杀，以谢情人。关于这类爱情坚固的事实，即在爱情结合为名，买卖婚姻其实的中国，也很不少。本来，纯挚的恋爱，并不因顾到将来不能结婚，就马上不爱，也不因当时不能结婚，从此便中断其爱。两性的心情一为爱所缠住，两性的精神便结合为一，永远无间断，即或对于此被迫而改偶之人十分不恶，我们也只可认为是夫妇关系上，或婚姻条件上，应有的义务，与爱情无关。且其履行此义务，是出于诚心或出于假意，尚是一问题。至于爱情因比较而有所变迁的话，我也极端赞成，不过只限于恋爱未成婚约未立之前。迨爱情确定以后，如果对方没有人格堕落性质变化疯狂死亡等等事实发生，不会因比较而变迁的。若是因第三者的财产地位，较胜于所爱之人，便去迁爱，则所爱的，只是属于所迁爱之人的附属物质，并非其人。这是物欲的诱惑不配说是爱情。若是因第三者知识人格性情比较好些便去迁爱，则不仅仅表示对于原先的爱人的爱情不真不坚，而对于所迁爱之人的爱情，是否真实久远，尚属可疑。因为既挟着因比较而迁爱的成见，而比较的工作又无止境，则必定是逢人即暂与周旋，口是而心非，朝秦而暮楚。关于这样的事实可算是一时的冲动不配说是爱情，其动机，或是要适合婚姻的条件，断乎不是爱情上的变化。总之：

爱情的条件属于精神。

爱情难于成立，难于断绝。

爱情的条件不崩溃时，爱情不会变迁。

婚姻的原则，夫妇制度不破灭，婚姻一事，是免不了的。婚姻怎样结法，也一样有条件，不过范围比较广一点，包括物质的精神的在内。如爱情所有的条件以及财产资格职业等等就是有物质的条件缺乏精神的条件所结的婚姻，不论是旧式，即是新式，都成为今日极普通的现象。以精神物质两方面的条件来结成的完满婚姻，殊属寥寥，纯以爱情结合的，尤其少数。所以的原故，就是因为中国的社交不大公开，无所用其选择。女子无经济权且少职业，若对于婚姻条件，不互相将就，简直无结婚之可能。这是无可讳言的。如果我们要完全根据爱情来结婚，就要打破现行制度，社交完全公开，俾爱情未确定以先有所选择。女子握有经济权，有职业，庶几不至迁就物质的婚姻条件，以为结合。而且结婚这一件事，却不比恋爱是可以自由的。因为它与社会的共同生活有关，只要一经宣布，如果发生大不妥当的事实，就要受舆论的监督。至于离婚尤须双方的同意，并要经过法律的许可，这种情形，在西洋各国已经行的普通极了。

对于陈谭的婚姻我用不着非难，因为他们对于所结的婚姻，自己并没有表示不满意的地方，当然适合了婚姻的条件。陈女士所以与沈解除婚约，或由于结婚条件的不相当，不一定就是爱情上的变迁。也许陈沈从前本没有什么爱情，不过戴着假面具虚与委蛇而已。张竞生先生却独造一个爱情的定则证实它是适合于爱情的，且不许他人多嘴，未免太偏。陈谭的婚姻究竟是否为爱情的结合，只有他们自己的良心才能知道，第三者无从证明。并且陈谭年龄知识地位不相当，陈来京之日甚暂，若说一定有爱情，恐怕未必。社会上一班人所以不满者，只在于他们的婚姻稍微影响社会，就是恐怕谭对于陈真有胁迫的行为，如沈致各报函中所说的一样，并不管它什么爱情不爱情。而且张先生的爱情定则，比孙悟空还要变化得多。在无婚姻制度实行乱交的无政府主义时代，或者会行得通，若要在今日的中国评论今日某人婚姻的当否的确用不着。这时候正在新旧式婚姻的过渡期中，异常的事情，当然不免，也不足为奇，我们最好就事论事，犯不着另造逻辑别为解释呵！

十二年五月二十日西山

十二[1]

章骏锜

我相信凡成为问题的事情，它内容一定是非常复杂的，不是我们局外人所能彻底了解。我们没有调查完全，懂得清楚它的内面复杂的情形，仅仅根据表面的事实，来判断它的是非，这就不陷于盲从，也

---

[1] 本文原载1923年5月27日《晨报副刊》。

不免过于武断了。所以我这篇文章，专门讨论张竞生先生的"爱情的定则"；对于谭陈的事件，我不愿下一字的批评。

最先引起我的注意的，就是这篇文章的标题，及它的首段。它的标题是"爱情的定则"，照这五个字解释起来，就是爱情的一定的原则，再就张先生意思看来，就是爱情的去取标准，或爱情道德上的信条，这不是我曲解，只要看他文章的首段，就可证明了。他说："现时青年男女，喜讲爱情，究竟知道爱情的人甚少；知道了，能去实行主义的人，更少。所以我先从爱情的理论方面说一说，……或者于爱情知与行二面上，均有些少的贡献也未可知。"可见他是宣传他爱情上的主义，是希望人知道并且能实行他的主义的。

我们再看下去张先生的爱情上主义是什么？他说：爱情的定则可分为四项：（一）有条件的。这些条件举其要的，为感情、人格、状貌、才能、名誉、财产等项。（二）爱情是比较的。把爱情的条件来比较作为选择的标准。（三）爱情是可变迁的。因为有比较，自然有选择；有选择，自然时时有希望善益求善的念头；所以爱情是变迁的。（四）夫妻为朋友的一种。夫妻是朋友的进一步。是比密切的朋友更加密切。以上四项除第四项我完全赞同外，其他三项与我的意见不合。并且这只是男女社会上普遍现象的抽象的说明，不是什么定则。若是张先生想归纳这些现象，作一个有条理的分析和说明，我实在佩服他心思的细密和方法的完备。若是他想用他爱情社会现象的分析的结果，作为青年男女的爱情道德的信条，或情爱的取舍的标准，那我就不敢苟同了。因为社会上普遍的现象，是有好的，有坏的，未必都能作为定则，而承认他是正当的事情。譬如贪赃纳贿、朝秦暮楚是中国今日政治社会上普遍的现象，决不能把做官的应当贪赃纳贿，做议员的应当朝秦暮楚，订为定则，使人奉为做官做议员的信条。缠足是昔日女界的普遍现象，但决不应当把缠足订为女子应守的信条。我现在且把他爱情的定则前三段不合理的地方及不能作为定则的地方指出来：

第一，爱情是有条件的。我也相信爱情是有条件的。不过我所谓条件，是指人格、感情、才学等，至于财产、地位、状貌等，不应混杂在内。现在世俗一般人是拿财产、地位、状貌等，作爱情的交换品，不过这种卑鄙可怜的爱情，我们是不是应当提倡、实行的？我们为什么不应当提倡这种爱情呢？因为（一）它犯了公认的道德律。（二）它本身是靠不住的。且先说它犯了公认的道德律。凡趋炎附势，以色勾引人，以身体交换金钱，或以不正当手段取得金钱，人人皆公认为不道德。爱情以地位做条件，是不是趋炎附势？以财产为条件，是不是以身体交换金钱？以状貌做条件，是不是以色勾引人，行同拆白党？在公认的道德律未推翻以前，我们对于拿这些条件做基础的爱情，为什么不加裁制，反予提倡？真令我百思莫解！（三）这些条件的本身是不稳固的。世界上最靠不住的莫如地位、金钱与状貌。今日我做大总统，明天我就许是一个平民。今天我是一个脑满肠肥的资本家，明日我可以因投机事业失败，变成赤贫。今天我是面白唇红子都般的少年，明日我就许因出了天花，变成天公赏识的大麻子。世上哪有"荣华富贵到白头"，"如花的美眷，怎禁得似水流年？"那么世界上，要尽是拿这些条件做基础的爱情，恐怕从盘古以来，没有一对白首偕老的佳偶罢！幸而世界上的人不尽是如此！反而言之：我今日是一个苦学生，固然不能与一般阔人比；但是我将来也许是一个实业家，财产比他们多得多；也许是一个大政治家，地位比他们高得多。要是用爱情的人，是以目前的财产地位条件做爱情的交换品，这样的青年男女，未免太短视了罢！所以我说这些条件的本身是不稳固的。

第二，爱情是比较的。我相对的赞成这条。但是这仅仅限于爱情未有着落的时候。若是爱情已有所属，双方热度极高，感情作用极盛时，谁还能有这样冷静头脑去比较计算呢？并且人类生活，有些时候，是不是应当这样比较计算的呢？

第三，爱情是可变迁的。未订婚或未结婚以前，爱情自然是绝对可以变迁的。不过已结婚或已订婚之后，应当稍微受些束缚。就是无论毁约或离婚，都要有相当的理由，如人格堕落、感情破产等等。若是随便毁约离婚，没有相当的理由，就是违背了叫做"信义""责任"的公认的道德。我们所以认旧式婚姻可以随便毁约、离婚者，因为是旁人（我以外的人）替我们订的结的，不发生什么信义责任上的问题。若是新式婚姻，是我们自己做主订的结的，当订的或结的时候，就发生了责任的问题。订后或结后，就发生了信义问题。我们与人订个教书的合同，假如中途废止取消，也须有相当的理由，始能解卸责任，免除信义上的争执。所谓"终身大事"的婚姻，不是比教书郑重得多吗？难道不应当受信义与责任的道德上的制裁吗？所以结婚或订婚以后，爱情的变迁是应当受些束缚的。

我们人类不幸从我们祖先狒狒的时代，或原人时代，就遗传下来一些卑鄙的天性，如虚荣心、不正当的色欲心、惰性、以及种种下流的习惯，以致把这个世界变成一个丑化的、恶化的、臭的世界。我们既自命为向上的人类，就应当改善这种种不好的天性，打破这种种下流的习惯，这才是我们的使命，我们的职责呵！现在张竞生先生反把好些人类堕落的现象，归纳起来，刊为定则，怕它永久遭殃，怕一般人的终久误会不解，叫人实行他的主义，我真是大惑不解了！

五，二十三，北大东斋

十三[1]

梁镜尧

这篇文，是我读过张先生的《……研究》后写的，当初不过要把我自己与张先生不同的思想写下来。原无意要把它发表。现在看

---

[1] 本文原载1923年5月28日《晨报副刊》。

见《晨报》记者在各篇讨论之前，加上"可见现在青年并不用功读书也不用心思想"数字考语。我差点做了漏网之鱼。所以赶紧修改一下，特来自首。第二要声明的，这篇文原是学理上的讨论，除去一点意见不同之外，其他未有过不去的事，亦未有带上什么色彩。所以讨论时，都要平心静气。"嬉笑怒骂"固然不对，即说"有意曲解""杜撰"，"凡识世情的人""受他们……迷惑"等等的话，亦听着觉得不美。张先生说得好："我想辩驳人，彼此皆应互相尊重的。"——以上引语均载于二十号上海《时事新报》学灯栏。——还有一节，驳人家文字的，固然不应该赞成一半，反对一半，因它们都是互为因果的。但反驳的，亦不应该只觑见反对者的稍为未留心详细说明的一两点驳了。其余的，用概括的口吻，"以上所说的不过举其大端，余外都是闲话"一笔勾销。因"其余的"，是否"闲话"，要证明白了，才能令人心服呢。

作者　十二，五，二五

我很小心的读了张竞生先生写的那篇《爱情的定则与陈淑君女士事的研究》。因他写的是要"研究"，所以不妨讨论一下。不过我欲讨论的，是"爱情的定则"，不是讨论"陈淑君女士事"。因我们对于这件事，根本上就不甚了了，只从报上登载的，传单发出的，两方都是很简单的发表，实在不敢下判断哪方面是不对的，哪方面是对的，或两方面都不对的，或两方面都对的。张先生说得好："就理而论，陈女士……已有自己择人的权利，无论她所选的或好或歹，他人原无置喙的余地。"不过因张先生的题为"爱情的定则与陈淑君女士事的研究"，是一个整的题目，而且张先生"取陈女士的事实作为证助的材料"，或者讨论中偶一及到"陈女士事"，这是或者不能免的，不过无论如何，是纯粹为学理的讨论，对于"陈女士事"，毫无成见，这是要郑重声明的。

张先生说，爱情的定则……节要说来约可分为下列四项：

（一）有条件的。

（二）是比较的。

（三）可变迁的。

（四）夫妻为朋友的一种。

现在分各方面看来，觉得爱情的定则，四项要目，都不尽然。而且觉得正是反面。爱情的定则是：

（一）无条件的。

（二）非比较的。

（三）不变迁的。

（四）夫妻非朋友的一种。

现在别项讨论如左：

（一）爱情是无条件的。——因爱情是各种感情结合而成，是灵的，非像的。人格、状貌、才能、名誉、财产，或许有时以为爱情的手段，但不是爱情之目的。——张先生亦认"条件"为一种爱情"交换品"。——现在以手段为目的，是错的。因人们把男女爱情的手段——条件——以为是爱情的目的，如明镜沾上一层厚土一样，但见其土，不见其镜，故疑心爱情是有条件的。幸爱情（love）不只是男女之爱，还有母子姊妹之爱、国家民族之爱，即如生物中最普通易见的，猫狗之爱其子，蜂蚁之爱其群，这些爱情，还能把"真相毕露"，其真挚勇敢之气，真有时比爱自己还厉害。常常有牺牲自己，而为他的。但他们的爱情，绝无条件的，在生物学说它是"社会的动物"生存上一个必要"本能"。在心理学说它是"利他心"之表现。又心理学讲："爱情愈深其爱亦愈专"。

（二）爱情非比较的。——既知爱情是无条件的，专一的，则无须很详细的解释，已能明白爱情无所谓比较。即比较，亦是比较爱情之深浅，非比较条件完全与否也。

（未完）

十三（续）[1]

（三）爱情不变迁的。——爱情本身无变迁性，从心理学上看，其变迁，（1）因有时爱到极点，则专有之欲望同时并进，又怕别人夺其所爱，而嫉妒之念愈切，往往发生反动——即变迁——但须知此是爱到极端的反动，不是爱情本身的变迁。设一个例更易明白了。地心有吸力，是全世界公认的物理。若拿一枚石子，慢慢底放在地面上，它就因地心吸力吸住不动了。若用力往地面一掷，则它必在地面跳几下，乃能在地上不动，或用力掷在甲点，它跳到乙点、丙点，亦不定。但无论如何，仍然为地心吸力吸住不动。——假若不用外力动它。——绝不会飞上天去的。我比方地心吸力如爱情。我们一定知道当石子跳高的时期，不是地心吸力有变迁，不过因往下掷的力量太大，发生反动耳。故我们不能因石子跳高，就承认地心吸力可变迁，即我们不能因反动的爱情，认为爱情可变迁。（2）因爱情之淡薄，而意志薄弱者，为外物所诱，而致变迁。其变迁，固因爱情薄弱使然，但还是暂时的，到了第二情人处，若无外物引诱，则还是永远不变迁的。想更说明白些，还是拿地心吸力说明。比喻石子已被地心吸力吸在地面上了。我们捡起它，抛上空中。当此时，因为我们抛上的力量胜过地心吸力，故往上直升，但不久还是落下地面。——也许不是落还原来地点。不过仍是被地心吸力吸住是一样的——非再捡起，则永远又不动了。但若我们将落在地上的石子，捡起又抛上，落下又抛上。如是者，在某一个时间内，接连好几次。我们绝无人谓此一个期间的地心吸力，有变迁。只可认为这石子自量太小，与地心发生的吸力薄弱，易为外界力量移动。若一块自量很重的石，外界力量不能胜过它们互相吸引的力量，则它们永远吸在地面，不会离开的了。爱情本身不变迁的理由，

---

[1] 本文原载1923年5月29日《晨报副刊》。

亦是这样，所谓"海枯石烂，不变初心"。文艺家利用这一点——爱情不变迁——产出许多可泣可歌的文艺作品。但从各方面实际上看来，亦是能有的事实啊。所以 Carpenter[1]说："男女两个身心，结成一体，亲和密切相依相助，到融合同化的地位，别人不能来分离，自己也不能相分离，有时为生涯的牺牲，有时为生涯的献身，这是人类恋爱的极秘，这才叫做真正的结婚。"又 Ellen Key[2]说："这个爱情，在使男女二人，各自独立的时候，使他们二人向一体的完全方面发展，所以爱情若为男女二人的生命所完成所结合，那末这样的爱情，男女双方，只能给予一个人，并且一生中，只能给予一次。"但事实表面上，常觉着并不如此，常常看见他们在那里"比较"，"变迁"，甚至已成婚的"离婚"。是因为"实在知道爱情的人甚少"，无真挚浓厚的爱情，或随便滥用他们的爱情，所以有一部分人，以"果"为"因"，认定爱情是有条件的，是比较的，可变迁的。不知这个"果"，是受了伦理、经济、社会、法律，种种的化合，是已经过化学变化而成的了。

（四）夫妻非朋友的一种。——张先生说，夫妻为朋友的一种。又在上海《时事新报》上，申明他的意思："……依他们说，马固然不是为长凳的一种，但依我说，马确是兽类的一种。"现在用论理方法画一个图以表明它的关系，就是其画意表明，凡夫妻所有的关系，朋友都能包括。但学理上，事实上，并不如此。不必另外找些证据来说明。即张先生自己亦说："夫妻的关系，在社会上，家庭上，子女上，经济上，有种种的缪辀，也不是做朋友的关系一样看的。"则可知朋友的关系，不能包括夫妻的关系了。张先生又接住说："但这些乃为夫妻结合后所生出的问题，与我所说的定则，是二件事，不相同。"不过张先生的夫妻为朋友的一种之定则，所倚靠互相关系的三个定则，根本上已摇动了。则夫妻为朋友的一种定则，当然亦发生问题的了，

---

[1] 爱德华·卡彭特（Edward Carpenter，1844—1929），英国诗人、哲学家。
[2] 爱伦·凯（Ellen Key，1849—1926），瑞典女教师、记者、妇女运动活动家。

张先生又说:"夫妻的关系,自然与朋友的交合,有相似的性质,所以不同的,夫妻,是比密切的朋友更加密切","他们的爱情,应比浓厚的友情,更加浓厚"。夫妻间加多的"密切",是密切的朋友所无。加多的"浓厚爱情",是浓厚的友情所缺。那末,朋友哪能包含夫妻呢?我以为,夫妻与朋友的关系,是这样的,其关系,是有一部分相同。有些部分是绝对不相同的。夫妻自夫妻,朋友自朋友,固然不甚妥。但谓朋友包括夫妻,亦说不过去,这是关于社会上、家庭上、子女上、经济上,种种的复杂情形啊。

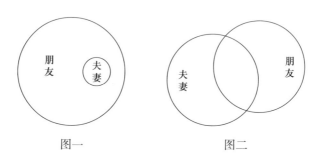

图一　　　　　　图二

以上已把张先生的爱情定则讨论完了。不过顺便讨论四个附属的问题:

(一)张先生说:"欧美离婚案的众多,即是这个道理。"——指"夫妻的关系若无浓厚的爱情,就不免于解散了"的道理。——但实际上,未有这么简单的。我们必须考察(1)他们为什么离婚案如此之多呢?(2)离婚案多,是否于社会、家庭、子女方面有好处呢?从社会学上看,离婚案的多,是关于宗教问题、个人主义、妇女解放、工业繁兴、都市发达、法律不严、晚婚影响、新旧家庭过渡、生活程度增高、平民制度发达等等。无论好的方面,坏的方面,总而言之,均与离婚案增加有密切的关系,断非一句话——无浓厚的爱情——可以了的啊。至于第二问题——是否于社会、家庭、子女方面有好处呢——的答案,简单答复,是有坏处,而无好处。——以上两题,详细答案，载在社会学中。

（二）张先生说："试看欧美人的夫妻，不得不相敬如宾，彼此不得不互相勉励竭力向上。"这一对"不得不"三字，听了心里觉得有一种不快之感。姑无论欧美人的夫妻，未必如此"不得不"。就算不说夫妻之道，只讲读书做事，研究学问，若加上"不得不"三字在上面，那么人生还有什么乐趣呢？

（三）张先生说："她——陈女士——的爱情所以变迁，全受条件的支配。"又说："他如谭的学问、才能、地位，也不是沈生所能及。这些条件，均是左右陈女士对于沈谭的爱情。"这样一说，真是"可怜弱女，心迹难明"了。她不是明明说："见了谭宅亡姊的幼孩弱息，不忍忘情于抚养"吗？这正合上文所说的爱情无条件的，在生物学是"社会的动物"生存一个必要"本能"。在心理学说它是"利他心"之表现。

（四）张先生说：陈女士"究竟并未薄幸忘旧。她虽则与谭偶，终视沈为朋友，贻书劝勉，足见她是一个有情谊的人"。这一说，简直证明爱情是不变迁的，不然，何必藕断丝连呢？又可证明其变迁，乃因外界力量——"不忍忘情于抚养"等——胜过他们——陈沈——爱情的团结力，但虽变迁，仍旧有点情丝未断——不必是夫妻之情。——还带爱情不变的色彩之自身证明了。"我不忍见陈女士的受屈太深"——说她的爱情为条件变迁。——"我更不愿爱情定则的永久遭殃，我尤不愿……一般人的终久误会不解。"所以郑重写出此篇。使人知道"爱情"是：

（一）无条件的。

（二）非比较的。

（三）不变迁的。

（四）夫妻非朋友的一种。

这就是我要说明的微意。

十二，五，四，北大

十四[1]

童过西

接连读了副刊上十一篇爱情定则的讨论，竟没有一个和我抱同样的意见，简直使我怀疑到十二分。为着这个——爱情定则——问题，常常和我的朋友朱金淼辩论。我恨起来就要说他脑子"太旧"，他也立刻反说我"太新"。他并且把副刊上十一篇文章骄持他见解的真确，使我这懒动笔的人实在万分容忍不住。他骂我"太新"，我实在很羞愧，买了几本杂志，半天或至多一天就把它看完了。想买几本有系统的书看看，可是事实又不肯容我的想象这样办，进了一国中最高的专门学校，竟没有完完全全看过三本外国文书，虽然我的西文程度不好，但是比程度阻碍我更厉害的事实，确不能使我得着原文书看。所以我很生怕做了时代的落伍者，现在，居然有人骂我"太新"，这哪能不使我微弱的心，不起猛烈的羞愧的波动呢！

以上把我做这篇文章的旨趣，略略地说过了。但是，我更要声明几句的，就是，诚然我是不真有妇女问题和心理学的研究的，可是凭我直觉写出来的话，却并不是和将来对着我未来的恋爱也遇有什么爱情变迁的时候，我就要骂她是买卖式的爱情或牵动人格问题的犯那种矛盾律。第二层：我既然没有心得的研究，何必来饶舌，更何必以一知半解来"班门弄斧"？假若有人有这种不满意的疑问，我可以很简单地回答几句：我对于这个问题所抱的态度，是始终坚持在我的脑中，并不是在副刊上占上了一个名字的目的的。并且这个问题将来就是我切身的问题。兼之，表现社会上也有这种思想的青年。上面这一段话就是我做这篇文章的"为什么"。

---

[1] 本文原载1923年5月30日《晨报副刊》。

现在归到本题来，我是极同情于张先生的论调的。假若稍微懂得"逻辑"的人，假若这个大前提——凡爱情就是两性相合的许多条件的结晶——可以承认的，那末，凡爱情也可以因条件而变迁或破裂这个结论是无论如何不会说不去的。我先对不赞成这大前提——凡爱情并非许多条件之结晶——的人，下一个解释：在爱情未曾发生之初是由于认识，这是谁都知道的。但是，认识之后何以会让人倾慕谅解呢？那末，因为男性对于女性或女性对于男性有一种互相可倾慕谅解的地方，这倾慕谅解的地方，就是条件。这又是怎么说呢？我先把条件是什么解释一下，我以为条件可分抽象的条件、具体的条件两种：

学问、性情……和归含在性情中间的种种，都是抽象的条件。

容貌、态度、财产和由于本能上发出来的种种动作，都是具体的条件。

无论爱情如何发生，总不能离开两方的爱慕，或是男爱女或女爱男的学问好、性情和蔼、貌美、态度风雅、财产丰裕，及种种条件，因此渐进而达到爱情发生之境。我想：曾经尝过爱情的朋友，总不至说我的话是杜撰吧。

或许有人说我所说貌美、态度、财产……这种话是非真正爱情所应该涉及的。但是，还望诸君看清爱情发生初步的题目。不过在这两大条件（抽象与具体的）中间，自然是抽象条件为主，然断不能说具体条件是谈真正爱情不宜讲的。换句话说：两性爱情之中心，即两性性情相合之结晶。然具体的条件——容貌、财产和本能上发出来的动作——却能够增加或减少爱情的程度。举很平常的例，就可以很明了。

譬如男的和女的在爱情发生后因而订婚或已结婚，无如男的或女的因受环境遏力，使他或她跑到违背他或她初衷不愿做的路上，因此女的和男的以前所结合爱情的条件，遂因而破裂。于是这女的或男的同时和旁人发生热烈的切合爱情的条件。在这种情形之下，我们就骂女的或男的爱情是买卖式的，诚如丁君之言，则岂是事理之平？以上所说是两性的性情问题。上面所说的条件也就是抽象的条件。再举一个例：

譬如甲和乙发生了爱情而订婚，订婚都在中学的时候。迨后，甲或乙进了大学或出国留学，于是在学问上面发生奇异的不齐，他俩的爱情遂因此而渐淡。于是甲或乙碰到和他或她条件相切合的人，就发生较以前所爱的甲或乙的爱情更为浓厚。甲或乙乃至弃以前所爱，现在条件不相符的甲或乙而和旁人结婚。那末就说甲或乙的这种爱情是买卖式的，这岂更是事理之平？这岂能说，爱情不以条件而变迁？

恕我不再举例多占宝贵的篇幅，敢问，不赞成爱情由于条件之法目或条件的爱情之中心的人们，对我以上所举之两例，是否为不尽是事实？为子虚乌有？爱情是否无条件而能构成的？

敢问：条件不能变迁爱情的主张的人们，对于我以上两例，是否为背乎爱情之定则？爱情是否一结而不能复脱？爱情之变迁是否由于两性性情、主张或其他种种条件之不合？性情、主张、学问……是否不能谓为条件？

"为什么你脑筋会和旁人两样——特别？"这是我的朋友朱金森嘲我的话。那末我这篇文章也可说是"解嘲"了。

最后，我对于反对爱情不能以条件变迁的朋友说几句话：

爱情果然是神秘的东西，但是，我们既未分析爱情，就不应当戴神秘色彩的眼镜。至于谭陈的结婚合于爱情的定则与否，我却不敢下昧于事实的批评。不过陈和沈俩人爱情的变迁，我以为陈并未曾背了爱情的定则。

不知为了什么原故，晚上至二时不能寐，脑海中思潮突起突落，忽又想到这个问题。或许是房子新糊之后，床位迁移，因而犯了择席之病。与其不得交睫的胡思乱想，不若再陡起几许精神来做好这篇文章，虽然不能达出我的全意，但是，比较天天放在心中的总快活得多（因为我一看副刊就触起这思潮）。这两句话是给记者先生代笺的。大概记者先生总不嫌我字的潦草和许多拉杂的话，为求真理的一点管见，占了许多宝贵的副刊篇幅吧。

一九二三，五，廿六晚四时

十五[1]

谢少鸢

上月张竞生君在《晨报》上所发表之《爱情的定则及陈淑君女士事的研究》一文，我读后很觉怀疑，跃跃欲动的想出来说几句话。唯当时对于陈沈谭的事情，均不大明白，故暂且忍住。及读十八日《晨报》，知对于此问题已有多人起来讨论，殊觉技痒难按。唯有足以使我气馁的就是《晨报》记者那"大半是代表旧礼教……不用心读书……"的考语。后来自思，倘我所说的是不对，而得蒙用心读书的先生们指正，那岂不是"抛砖引玉"吗？故大着胆子，把我的意思拉杂写出来。

张君谓爱情的定则有四：（一）是有条件的，（二）是可比较的，（三）是可变迁的，（四）夫妻为朋友之一种。他随即把陈淑君女士的事为证助的材料。谓谭的学问、才能、地位均非沈生所能及，故能左右陈女士的爱情（原文不具引）。总括其意，是谓爱情的定则是可按条件作比较而变迁的，陈女士之弃沈就谭是按条件比较而变迁的，故陈女士之弃沈就谭，是合乎爱情的定则的。篇中并说了许多我们应原谅她赞许她，及谓她为能了解爱情实行主义的话，对于爱情的定则，已有多人讨论过，用不着我多说。不过我对于张君此文发生了许多疑问，故不分层次写出，敢请张君指教！

---

[1] 本文原载1923年5月31日《晨报副刊》。后附一段记者按语。

（一）沈君去年[1]在《晨报》说他与陈女士是有婚约，陈女士说是无婚约的，是沈君捏造事实，张君却说陈女士弃沈就谭，又说"她难改善从新……终视沈为朋友"，则其始不仅为朋友可知。今我假定陈说为坚盾，张说为利矛，以矛攻盾，又将何如？倘矛盾不能全，陈沈间是原无婚约的，则张君这样的议论，是应该发的么？倘是有婚约的，则去年陈女士所说的又为何人伪造的呢？倘是陈女士自己说的，试问此层是否有原谅她，及赞许她的价值呢？喜欢自由的，实行主义的人应该这样吗？

（二）张君说陈女士爱情所以变迁，全受条件的支配。试问爱情的变迁，果是完全由条件支配吗？即就张君所举欧美人因感情不好或人格堕落而离婚的来说，又何尝是仅比较的意义呢！若果完全由条件支配，则世界上条件比谭更优的自然很多。陈之弃沈就谭，是因沈生不如谭教授的条件完备，倘若以后遇着比谭条件更优的人，陈即应按条件比较而变迁其爱情（递次而至无穷），那才可称为了解张君所说的爱情定则及实行主义的女子哩。若不然，陈女士就是仅能了解于弃沈就谭之时，以后就不了解了；仅于弃沈就谭时实行主义，以后就不能实行了。（倘若陈女士弃就的理由，不是如张君所说的，则是与张君所说的定则并不相关罢。）

（三）让一步说，倘陈女士确是始终了解张君所说的爱情定则，及实行主义的。然试问仅以陈女士一个人这么样了解和实行的定则，拿一个特例，遂可证明此定则可以成立吗？

（四）张君说爱情是可按条件比较而变迁的，故两方须时时刻刻改善提高彼此相爱的条件。试就张君所举的条件如感情、人格、状貌、才能、名誉、财产等项而言，若是条件不合，当然不至于订婚或结婚的，但若以后感情不决裂，人格不堕落名誉不败坏，而且常能保持订婚或结婚时的原状，或更改善提高一些。唯此等条件提高

---

[1] 为旧历去年，即1923年1月16日。

是有限度的，巨耐虽提高而仍万不及一于其敌手方时，恐无其他方法杜绝竞争罢！况财产的聚散无常，状貌与年华俱衰，那便如何是好呢？又如学问才能地位，更有极大的等差。普通一个大学学生，一定不如一个大学教授。若一个大学学生同他的已婚妻（夫）或未婚妻（夫）在社交中与一个大学教授相遇，按照张君所说的爱情定则，她（他）是能够了解及实行的，则在这个时候，该学生无论如何提高改善，其条件都是不能马上赶得上那个教授的。那么，该大学学生尚有其他的办法吗？照此说法，大学教授之上，其学问地位才能比他优的人自然很多，倘与相遇，该教授又能立刻提高其条件以杜绝竞争吗？我恐怕其杜绝对手竞争的办法，亦有时而穷吧！在这里我却想出一条最简捷最干脆的办法，却是我们做学生的人（男女）对于他的已婚妻（夫）或未婚妻（夫），只有想出一条禁止他（她）和条件比我们优的人交接的妙法罢了。我们想想，这是对不对呢？

（五）倘若人们都了解张君的定则，随即生出一个问题，就是对于实行方面，尚应该受道德、社会、法律的限制吗？最好的一个例：是一个人遇见他的朋友的太太，比较其条件确是较他自己的太太为优；但是他的太太的条件结婚后却未有变动过，也许尚提高一点。那么，他若是真是了解张君的定则实行主义的，就要马上改善从新了。倘若不改善从新，就是违反张君的定则了。有一个人遇着这种事，二者将何所适从呢？

据我浅见，解除婚约与离婚，应以有积极的原因为前提，似不应仅执条件为比较的。若仅谓执条件比较而变迁，乃不是真正懂得爱情的定则的，也许是由于"水性杨花""厌贫重富""虚荣心盛"种种德性靠成的罢。

总上诸端都是我读了张君的文后所以不解的，很希望张君答复时对于我这个不用心思的人指教！

十二年五月二十七日于法大

关于爱情定则的讨论，本刊已收到而尚未登载的，还有许多文字，虽然有一部分意见难免浅薄而且重复，但这许多读者的热心是很应该感谢的。我本来想以本月底为止，登出张竞生君的一篇答复，就此结束了。但是一则因为张君不久要往蒙满作暑期旅行去了，很想等所有质难的文字全数发表以后一总答复，二则现存的文字还有许多篇，不登似乎对不起作者，所以决计下月再继续登载。不过有一件事要特别声明：因了我们的讨论与举例，常常引谭陈沈等字入文，这是应向他们道歉的。其实张君说得好，我们有讨论爱情定则自由的，同时也有举例的自由，我们可举之例正多，何必拘泥于陈女士的一事呢？（记者）

十六[1]

陈羽征

当我正看副刊上"爱情定则的讨论"的时候，我的袁君忽然跑了进来，气吁吁的问我道："你见了《晨报副刊》上那些爱情定则的讨论文章吗？"我说"是的"。袁君又说："那末，我跟你来说说这个理罢！"以下是袁君所说的：

"北大那位张竞生先生真了得呵！他说：'凡爱情可以因条件而变迁而破裂。'我如今倒要把他的话来引申引申，和你讨论。他所说的那可以变迁破裂爱情的条件是：性情、容貌、财产、学问……那末，譬如我是个男子，今天爱上了这个女子性情好，明天却又爱上了那个女子容貌好，于是我的爱情因之而变迁。设使此地又有一个性与貌都好的女子，依着那张先生的爱情定则，难道我不是又要去和那女子要

---

[1] 本文原载1923年6月2日《晨报副刊》。

好吗?反过来说,我是个女子,今天爱上了这男子的学问好,明天却又爱上了那个男子的银钱多,于是我的爱情因之而变迁。设使此地又有一个更有学问或更富的男人,如果按照那张先生爱情定则说法,我不又是要去讨那男子的欢心了吗?哦!这种爱情——无常的爱情——不是每一天都可变迁,每一点钟都可破裂的爱情吗?果真到了这一境,那末,我们还有什么生趣咧!"

我截断了他的话头,慢悠悠地说道:

爱情到底是什么,你可明白过了吗?我说爱情是最高尚的、最神秘的、最自然的、最快乐的一种结晶;决不是龌龊、简率、勉强、烦恼……所成的一种混合物,所以它是最不容易变迁的。它的内容,也决不是我这笨嘴和一枝秃笔所能形容出来的;但是我们如若找了真的爱情,那就可以证实这话了。

爱情两字,是分不开的:因为没有情,就不会生出爱来;不爱,也就说不到情这一方面了。若就它的——爱情的——广义说呢,母子间的爱情,可以说是爱情;夫妻、兄弟、朋友……间的爱情,也都可以统而言之说它是爱情。现在就拿母子间的爱情来说罢,大概谁都知道他们那种爱是真的爱。所以从来就没听见说过某妇人因为羡慕某大富绅的多财产,就去认某大富绅为她的儿子。也没有听见说某妇人不哭他自己的儿子的死亡,而去哭那富绅的死亡的。更没有听到说某童因为羡慕总统夫人的阔绰,就忘了他自己的母亲的恩爱,去认总统夫人做他的母亲的。可见真的爱情不会变迁的,如果会变迁,那么他们——母和儿子——还可以说是有人性的人吗?

我最后一句话,就是我们应当维持我们人类的真爱情,不应当包办或担保变迁以至于破裂人家的真爱情。你说怎样呢?

袁君却无言地走了!

三十,五,一九二三

十七[1]

张畏民

这几天《晨报副刊》上,登了许多篇"爱情定则的讨论",他们虽然各人有各人的是非,各人有各人的着眼处,然而大致都不外乎责备谭陈的人格。

处在这样人心不古的社会,居然有热心的青年!来作人道的主张,也算是前途的光明呵!

当谭沈二君在报纸上战争的时候,我曾与上海一位朋友去了一封很长的信,专门讨论这件事,后来看见张竞生的《爱情的定则与陈淑君女士事的研究》一文,我就很奇怪;竟有人把这件不道德的事情,公然去提倡它,且发表一篇议论,我也就想把我的意思说出来,后来因为事不关己,何必去得罪人,就作为罢论,现在是忍无可忍了,所以来略略的说说。

张君是不是北大的教授,是不是谭君的好朋友,我不得而知,不过看了他那篇大著,知道他的确是谭陈的辩护士。他因为与谭当了辩护士,所以有许多话是一偏之见,来牵强附会,我也没有工夫去指摘他。不过依我的意思,他既与良善风俗来作对,不配当大学的教授罢?

如果把他的定则普遍于社会,恐怕结果除了几个地位最崇的人、才能最高的人、财产最富的人、名望最好的人而外,谁也得不着妻子,假使能得着,谁也不敢当作自己的妻子。若是有一个人格、名誉、地位……都比张先生强的人,他老实不客气,向张君那位她去进行爱情,而竟能发生了关系,张君一定再说:"她是真懂得爱情的人,她是爱情定则的忠臣。"对吗?

---

〔1〕 本文原载 1923 年 6 月 3 日《晨报副刊》。后有记者附答。

陈女士向来是在广东求学的，谭君向来是在北京当教授的，他们除了亲戚关系之外，大概没有什么感情，居然因她到北京来求学，住在谭家一月的光景，以不忍亡姊之子女失教为理由，就同谭君结了婚，这其中岂能没有别的原故？假使张君的定则是的确不可废的，那末以广东文化经济最发达的地方，没有一个比谭君的地位……强的吗？假使说"陈女士在广东的时候，没有择人的能力，和择人的权利"，难道说"她的能力和权利，都随她的行程而进步"吗？或者是因为：北京是个文化荟萃之区，容易选得条件较优的人呢？

谭陈的知识、年龄、情形……不相当，他们绝对谈不到爱情——狭义的——这是不用说的；就是以谭君处大学教授的地位，丧妻未久，同一个与他人已有婚约的女子去结婚，不能不受言论的制裁。张君偏要为一二人之私，破坏质朴的风俗，还要说什么"爱情定则"，真正可叹！

爱情是有条件的，这话若是对于没有婚约女子，还可以说得过去，因为她为谋前途的光明，尽可以把眼光放远些，自由去选择条件较优的人，去承受她的爱情。等到和别人已经定了婚约，就应当受良心的拘束，岂可再以什么较优的条件，定爱情的去取，作"金钱""虚名"的走狗。

爱情只能以主观的意思去比较，不能以多少浓厚的事实去比较。陈女士在广东的时候，于人海中选着一个沈君而定了婚约，并且经过数年之久，丝毫没有变更她的爱情，是陈女士承认沈君的爱情是比较强的，偏偏到了北京不久，就和一个貌不惊人，财仅中人，位只教授的人去结婚，若说不是谭君的引诱和威迫，我是不敢信的。若是请陈女士以良心来置答，我想她也不能说真了解爱情的定则。

谭君若承认张君的定则是对的，那末就应该完全限制陈女士的自由，千万不要叫她再和社会去交际！否则若再遇见一个条件比你优的，而变迁她的爱情，和你断绝朋友的关系，张君他还能抱定他的主见，替第三者再发表一篇议论，吃苦的就是你欲求如沈君之退步而不可得了，加点小心吧！

天下事多半是循环的，张君也应该加点小心才是！

谭陈的结婚，是有背道德的，这是众口一词的，以张君的那篇大文而论，张君的人格，也应该和谭陈二人画一个等号吧！

已定婚或已结婚的青年男女们，都以大学的教授作师表，若以"上有好者，下必尤甚焉！"的定律以推演起来，不用说中国数千年来的旧道德要澌灭无存，就是新道德也要破产，这有多么危险呀！

孔子若生在今日，一定要以杖叩其胫，而加以始作俑者的徽号！

记者先生：我这篇讨论，是随便说说，毫无统系的，你如以为可以牺牲点篇幅，就请发表出来，至于有不妥的词句，也可以删改！

记者附答：不妥的词句，倒并没有，所以不必删改；不过不妥的意见实在太多了。好在这栏，本刊并不负言责，所以正可借此机会，用爱情这一个普遍的题目，考一考当世的青年，意见无论优越也罢，无论平庸也罢，无论荒谬也罢，打一百分也好，打五十分也好，打零分也好，这都在乎高明的读者底公平的批判。

十八[1]

谭树槭

自从张竞生一篇文章出后，接二连三地惹起了多少鸿篇巨作，真把人看得眼花缭乱了。我本想不来插嘴，不过我要说的话还没有

---

[1] 本文原载 1923 年 6 月 4 日《晨报副刊》。

人说过，本诸"敢乞指正"的原则，实在按捺不住，只好来絮叨几句。

本来这个问题，非常难说，前几天我同几位朋友偶然谈起，愈辩愈深奥，整整四点钟没有结果。因为一种现象，要求它的真实在，实在不容易，往往不过是人类替它造的假说罢了。现在我姑且把我这不能算结果的一点意见写在下面。

我以为凡研究社会一种现象，须注意两方面：一方面是现象自然的流露，他方面是我们对于这种现象的提倡；即是说现象的本来面目是一回事，我们的主张又是一回事，两下不可弄做一下，如果弄做一下，就起若干无谓的辩争，是值不得的。明白这一层，遇着问题到来，就容易解答了。

（一）爱情是不是随条件而可变迁？就爱情的自然流露方面说，实在是变迁的。因为爱情是基于直觉〔不是条件，因为条件有要求的意思，流弊甚大，自然，直觉也须具有仿佛条件的材料（data），但不能视为条件，这点似乎是张先生用语不妥当〕，直觉既变，情绪亦变，这是人之恒情，如果他的直觉既变，我们硬要他继续从前的情绪，这实在是叫人受痛苦。世间不人道的事，无过于此。提倡爱情是不变的人，应该注意：这岂不是恢复旧礼教的"从一而终"吗？如果能证明不是，那就罢了，如果不能，我们又怎样可轻视或指摘从前的守寡制呢？除非我们承认守寡是对的。虽然守寡也有出于爱情的，然而我们无从证明那不出于爱情的守寡。这种学说的谎弊，陷于不人道。

复次，要知道爱情的变迁，与情之为爱情无关。因为爱情是两人在人格上的直觉互相渗透而起的一种情绪，爱情的维持，是要两人的爱的程度相等，失了平衡，就会变迁的；不过当爱情未变迁以前，我们不能不说它是爱情。当它既迁以后，我们也不承认它是爱情。所谓爱情的真假，不在爱情的变与不变，是拿同时几个爱情看出来的，譬如一人同时爱几人，对于甲推心置腹，对于乙虚与委蛇，这就是真假的区别。爱情的变迁，不过是把对于这个人的爱，移作对于另一个人爱罢了，绝不能把他对于这个人的爱都否认了。我们对于爱情变迁的人，只能为他们叹惜，不能加以指摘。

谈到这点，不能不谈谈谭熙鸿与陈淑君的事。这回张先生不幸把他俩的事附着他的爱情定则研究，很引起多少人的误会。其实我们如果强说他们是合于爱情定则，固可不必，然而因他们而连爱情的自象否认，也未见得妥。我以为谭陈两人的事，如果真出于直觉的渗透而起，我们不必非难，如果照各报所载的情形，我们尽可以拿别的罪状去攻击他，爱情的定则应该怎样，还安不上。

（二）夫妻是否朋友之一种？要解决这个问题，不是笼统几句不可思议的话所可了事，也不是画两个圈来表示就算成功，必先要研究夫妻与朋友实质上不同的一点。人人知道这不同的一点就是性交，那末，我以为就要研究性交是否对于爱情有影响。如果能证明性交与爱情毫无影响，那末，夫妻就是朋友之一种；如果证明性交与爱情有一点影响，那末，夫妻绝不是朋友之一种了。不过近来多少人研究爱情，总是不愿意说及性交，他们认为爱情是神圣的，性交是污浊的、俗秽的，不肯放在一个关系上。殊不知西哲说得好，物之清浊起于心之清浊，我们认为神圣就神圣，认为俗秽就俗秽了。所以我很希望有人来研究这个问题，因为这个问题不解决，无论如何不能解答朋友与夫妻是否相同的问题。不过要研究这个问题，非常困难。第一因为太神秘，往往爱情所受性交的影响，分析不开；第二人们还酸得很，不肯把他所感觉的宣布出来。所以要研究这个问题，最好是要找一个人作这种统计，要求曾经由爱情结合的人，诚实地把他们所得的感觉报告出来，或许找得到一点可能的解答。

十二，六，一，北大

十九[1]

RRP

日昨公余偶阅《晨报副刊》爱情定则的讨论一文，兴之所至，乃取原作者及讨论者诸人之作，细细读之，略有意见，故拉杂写出，供读者之批评，并望原作者及讨论者加以指教。

一，爱情者不可言宣意拟之物也。动物之中，自人类以至于蜂蚁，莫不有爱亦莫不有情，而此爱此情实先物而生，后物而灭，而于物之生存之最短时期，表现于相互之间。动物之所以为动物，实出于是，人类能以爱情二字形容之，已极玄妙之观。若更欲于此二字之下立成规范，殆为事实上之不可能。何也，爱情者含有无上之神秘性，不可言宣意拟也。

二，异姓成年两性间之爱情乃爱情界之一部也。异姓成年两性间相互继续之爱情，乃爱情界之一部分。若举以对爱情界言之，范围较狭，唯地球今日为人类之世界，而成年男女又为人类中最重要之分子，故此爱情亦为人类所视重。又依神经上之惯性，文字上之遗传，一涉爱情，遂若为异姓成年男女相互缱绻之所专有，甚至除此以外，若无其他爱情之可言。此实吾人浅隘之处，疏忽之处，不可不纠正之处。故依余之见解，爱情二字，用于成年男女相互间缱绻之爱情固可，如欲以成年男女相互缱绻之爱情包括爱情之全体则不可。

三，原则者何物也，无论从外国书或译本中国文书求之，原则二字完全属于科学所用之名词。若取而诠释之，则观察空间时间之经过事实，存在现状，取一类或非一类，用逻辑中阴达逻辑[2]或提达逻辑[3]推求所得之不易者，从而制为定理以规范它之变化，是曰原则。

---

[1] 本文原载1923年6月5日《晨报副刊》。
[2] 即induction，今译归纳。
[3] 即deduction，今译演绎。

然而效用所及，亦只限于科学而已，科学以外之形形色色，非彼所能为力。

右之三端，余之诠释如果不谬，则逻辑上应有如下之断论：

（1）爱情界不能观察时间空间之经过与现状，用逻辑之方法求得其不易者而制为定理以规范它之变化。

（2）爱情界异姓成年男女间之爱情亦不能观察时间空间之经过与现状用逻辑之方法求得其不易者而制为定理以规范它之变化。

（3）故爱情界不能有定则，何以故，以其含有无上之神秘性不能求得其相同之点，故所以爱情定则四字在理论为不通，在文章为不词。至于原件所举之事实，余不知其情，不必讨论，而加入讨论诸作，似皆属于枝叶，更无须往复也。

二十[1]

黄慎独

北京大学教授张竞生先生在《晨报副刊》上发表了一篇《爱情的定则与陈淑君女士事的研究》，分爱情的定则为四项，是：

（一）有条件的。

（二）是比较的。

（三）可变迁的。

（四）夫妻为朋友的一种。

他所定的四项，我都非常赞成，真所谓如"五体投地"的佩服。现在将我赞成的理由，分条写出来以供讨论。

爱情既是有条件的，那末很可以拿金钱和相貌来做条件；那末相貌好又有钱的人很可以娶十个八个妻，因为他能满足许多女子所

---

[1] 本文原载1923年6月6日《晨报副刊》。

要求的条件。张君的文的第一段说:"究竟,实在知道爱情的人甚少;知道了,能去实行主义的人更少。"这话似乎不对,现在知道张君这样爱情定则的人非常之多,能实行的人也很多。妓女就是很知道爱情定则,而又能实行的人。因为她们招待客人的厚薄,全以金钱的多寡和面腔的白黑来分别。所谓金钱多,面腔白,这就是她们的条件。

因为爱情是比较的,可变迁的,那么以"色"为条件的人,等到他的妻色衰了,尽可以随便弃掉她,另娶少年妇女来满足他的色欲。以前做这种事,还恐怕受社会的轻视,现在既然有大学教授做护符,还怕什么?又如以金钱为条件的人,因一方面穷了,尽可以弃之,另外求有钱的人和他或她配合。又如做女子的人,尽可将条件写出来,登报求婚,要是第一天来一个人应征,学问品行都还过得去,可以先和他结婚。要是第二天比他条件完备一点的人来了,可以立刻和第一人离婚,和第二人结婚;以后要有条件更完备的人遇着,当然也是这样。因为条件是比较的,爱情是不论已订婚,已结婚,未结婚,都可以变迁的。

爱情既是有条件的,是比较的,可变迁的,夫妻为朋友之一种(注意:不是说夫妻必定要经过朋友的一个阶段),那么尽可以将订婚结婚这种手续废去,何必找许多麻烦?实行"乱交"好了!因为今天和甲订婚,明天或许和乙订婚,那末回过来和甲退婚,这件事不是多找麻烦?结婚也有一样的麻烦。实行"乱交",可以省去许多麻烦,省多少时间。

但是我对于张竞生君,不禁要擦一把汗,因为他不是条件最完备的人。张竞生君既是定爱情原则的,那末他的妻,当然懂得爱情原则,而且能实行其主义(受张君同化的缘故),所以我劝张竞生君速速设法去完备他的条件。

十二,五,卅于天津南开

二十一[1]

马 复

我是一个很懒,而且很不愿意说人们错误的人,因为我自己的错误,比人们要多,所以不敢去讥嘲人们了。但我读了有几篇"爱情定则的讨论"以后,觉得诚如《晨报》记者所谓:"代表旧礼教说话""所凭借的只是从街头巷尾听来的一般人的传统见解"的地方很多,使人失望。我想张竞生君撰文答复的时候,他一定能够解释的,可以不必我们费心了!但我自己也有许多顽执的意见,现乘这个机会,将呆话——这书是我平日种种感想所集成的——中关于恋爱的事情,录在下面,希望张先生和对于恋爱有见解的人,如以为有讨论的价值,加以指正,这是我很虚心的感激的呵!不过如有涉及谩骂等事,恕不作复,预先特此申明。

恋爱和自杀

现在的青年,每每认识了一个或数个异性的人,终在同侪中,夸示他手段如何高明,说话如何漂亮,天天和她捣鬼,等到失恋了,他就双眉紧皱,神志惝恍,并要自杀。这种丑态,我不知见了多少呵!其实男子认了一个或数个女子,本来没有可以夸示同侪的可能,也没有可以沾沾自喜的价值,而女子认识了一个或数个男子,等到不愿和他往来的时候,她也没有再向他表示"无负于君"的必要,因人本是能社交的动物,我国因受礼教的束缚,到现在男子的朋友终是男子多些,女子的朋友,总是女子多些,遂划成一个界限,这大家真知道是孔老先生等人的成绩,我可以不必赘述了。但我要问,

---

[1] 本文原载 1923 年 6 月 7 日《晨报副刊》。

我亲爱的青年呵！您认识了一个或数个女子，有什么可喜呢？有什么可以夸示同侪的可能呢！等她不愿和您往来的时候，您为什么要自杀呢？我敢代您说，您本抱着一种龌龊的思想，她是将来发挥你龌龊思想的目的物，所以今日认识了，遂觉可喜，明日失掉了，遂觉可悲，甚而至于自杀，请您静心一想，我们生在这个社会上与同性的人做朋友，一年以内，无意中不知要认识和失掉多少呵！如因为她不愿和我往来，我就要自杀，我一个人只有一条命，如要这样的轻生，恐怕一天给我一条命，也不够我自杀呵！况且恋爱是一桩事，做夫妻又是一桩事，不能因她和我恋爱了，我的爱唯她，我的妻，我终身的伴侣也唯她，这是恋爱的本义吗？这是我们青年所要求的爱吗？失恋了，我就要自杀，这是所谓"自作孽不可活"，不但是送死和该死，而且死有余辜，有什么可怜呢？但我不是如古代的宗教家，反对自杀的人，昔意大利神学家（阿儿纳司，Thomas Aquinas[1]）说自杀"是违背了好生恶死的自然性，是减少了社会的分子，是侵犯了上帝的生杀权"，这种话，简直可以当作懦夫的辩护书看，是毫无价值的。我亲爱的青年请放眼一看，我国的政治和社会这样腐败，家庭这样黑暗，好吃懒做的人这样的多，正需要肯牺牲的、肯奋斗的青年，来维持它，我们宝贵的身体，我们由阿美排[2]几千万次进化得来的身体，为什么要牺牲在似是而非的爱情上呵！李守常先生说"能自杀的人，固然比偷生苟活的好，但是再转一个念形，能用自杀的精神去改造世界，比消极的自杀更好"——见《独秀文存》卷一，393页——我亲爱的青年呵！我更希望能如杜威夫人[3]所说"我不自杀，若是我要自杀，必须先用手枪打死两个该死的人"一种精神！

---

[1] 今译托马斯·阿奎那（1225—1274），中世纪神学家、哲学家。
[2] 应为"阿美排"，为 apeman（猿人）的音译。
[3] 美国哲学家约翰·杜威之妻，名艾丽丝（Alice），杜威1919—1921年来华讲学，其夫人随行，并在京浙等地做过演讲。

恋爱和离婚

从男女社交公开以来,青年界最汹涌的现象,就是离婚的速率已经比以前多了好几倍。抱乐观的人,却说这是中国的好现象,因为要改造社会,必定要从家庭一方面,根本的改革起来,这是我很赞成的,不过现在青年要离婚的人,都是无教育的不能自立的旧家庭的小姐们,这般小姐们可算快到天然淘汰的时候了!但口讲恋爱的青年们,每每认识了一个女子,立刻就和她表示好感,卿卿我我,热到一百八十度以上,不及半载一年,就和她结了婚,结婚以后,每每发生不是说她性情不好,就是说他言语鲁猛,他们的爱情就从沸点降到零度,这是什么缘故呢?因为他们把"恋爱"二字,实在看得太重了,以为我和她恋爱了,我的妻就是她,我的夫也就是他,其实我们的妻,和终身的伴侣,固然从恋爱中找来,但我以为未必这样容易,因当我去找我的妻,和我的终身的伴侣,我是有条件的,合我条件,遵守我条件,那末彼此可以结婚,至于条件的标准,各人有各人的对象,不过这个对象,在许多人中间,必定能找到的,可以不必过虑的,时间或者有点迟早罢了。但现在青年的恋爱,不但没有条件而且误认恋爱到了结婚,是爱情的极点,也是恋爱的极点,其实未结婚以前,彼此的相爱,完全是朋友的爱,所谓夫妻的爱,是要结婚的那一日起,始能发生。彼此真是志同道合,情投意洽,那末做朋友时既然已经很相亲爱,今更进一步,来做夫妻的爱,虽有离婚一条,彼此何至于这样决绝呢?何至于这样喜新厌旧呢?设偶有意见不同的时候,彼此也只有互相谅解,互相规劝,无所谓爱情的代价就是痛苦,因为爱情而到痛苦,已非纯正的爱情,非我们青年所要求的爱情了!

(未完)

二十一（续）[1]

恋爱和嫁娶

所谓男子死妻不再娶，女子丧夫不再嫁，这二句话，几千年来，不知害了多少青年呵！到现在已经是恶贯满盈，宣告上十字架的时候了。为什么二十世纪的青年，刮刮叫的青年，还有这种贞节观念，真是奇怪，真真是奇怪。我们要知道，爱情非垂直线和曲线的，是平行线的呵，为人到了死，无论什么事都是完了。我生前无论如何爱她，因为她活着的时候，她很是爱我，所以我也不得不爱她，要是我不爱她，我就是薄幸，就是无情人。现在她已死了，她已不能爱我了，我为什么不可以再去找我的所爱呢？她为什么不可以再去找她的所爱呢？只要社会上有人，我爱她，她爱我，我爱他，他爱我，就有嫁娶的可能。不但人死了，应该如此，并且俩都活着的时候，要是彼此感情，已经到不能结合的地步也可以如此，不过如已有子女，则子女的教育等费，彼此不可不共同担负的。现在还有一事我把它拉杂的写在下面，就是据各报（北京《英文快报》《国风报》、上海《新申报》）所载，我们中国有一位教育家，新近在上海，和一位女士结婚，因为这位教育家是我们青年界的领袖，所以许多青年，见了这段新闻，都很怀疑，都很失望，并且他们发很奇异的论调，约有三种：

（1）年龄差别。

（2）言行不一。

（3）妻死未久即娶，未免太无情。

以上三个理由。忽然一看，好像很有价值，其实略加思索，和已经宣告死刑的贞节观念，是二而一，一而二的，兹逐条辩论于下：

（1）我们在社会上，见到二十余岁的女子，和五六十岁的男子结婚，我们就起来很激烈的反对，但我们为着什么而反对呢？并不是因

---

[1] 本文原载 1923 年 6 月 8 日《晨报副刊》。

他们年龄的差别,我们要反对是因为二方面有一方是不愿意的婚姻,而男子用金钱和势力去玷污女子,不许女子嫁了他以后,再去嫁别的一个男子,他死了,要强迫女子度她孤寂的生活,现在这位女子既愿意和五十岁的一位教育家结婚,我们景仰她的思想和眼光,都来不及,为着什么要反对他们呢?况且要是这位教育家,或者不幸,和这位女士分离了,我们也可以不必为她忧虑的,到那时候,她也可以去找她理想的终身伴侣,这是我们承认的,我想这位教育家也一定是承认的,那末年龄的差别不差别,有什么问题呢?

(2)青年都误认老年的人,爱情是很薄弱的,其实人非草木,孰能无情,我不但承认年老的人有情,而且我常感想到年老人的情,一定要比我们青年深得多,不过这个情,是真正的爱情,非欲性冲动的假爱情。何以见得呢?因为年老的人,已经饱尝社会的炎凉,或有许多理想的计划,不能实行,反挨得许多麻烦,在身体一方无一时一刻,不现衰弱的征象,饮食起居,无时不是孤寂着,这还是人的生活吗?要安慰他的精神,除最爱的朋友以外,还有什么人呢?现在要图人的生活,要安慰他失望的精神,再和一女子,做了最爱的朋友,我们青年有什么可以怀疑呢?于言行上有什么亏损呢,不但没有亏损,正是实行它前数十年发出的宣言,我们青年为什么要失望呢?难道只许青年图人的生活,年老的就不应该的吗?

(3)这一条,我前边已经讲过,但还有许多人,仍是怀疑着,所以我当时发出很激烈的论调,我说,我们男子已经把女子看重了,把她解放了,您为什么要替女子来争占有男子自由呢?难道现在的解放,只许解放女子,男子应当束缚着的吗?号称二十世纪青年,发出这种奇妄的论调,请平心静气的一想,愧吗?

谭仲逵和陈淑君

《晨报》登载"谭仲逵丧妻得妻,沈厚培有妇无妇"的一段新闻以后，许多青年，都很是诧异，不是说谭仲逵缺德，就是说陈淑君无情和沈厚培可怜，和我认识的人，常要我发表这桩事的评论。我的身体很是羸弱，天天和茶铛药炉为伴，哪里有时间去评论人们呢？不过这桩事的重要人物，除沈以外，都是我们的团体里的一分子，所以当时我就发出很奇妄的评论，以为三方面，都把恋爱二字误会了，无评论的价值，为什么呢？据沈的传单"惜分飞"等词若确是陈寄给沈的，那末陈以前对沈，确是占得一部分的友爱，但陈既爱沈，在谭宅时，平日既有种种不规举动，在那时（据报载）陈为什么不未雨绸缪呢？早离斯土呢？我以为陈所以因循苟且，得过且过，在那时陈爱沈的情绪，已渐渐的转移在谭的身上。所谓当局者迷，陈自己还没有觉悟，并且还不十分浓厚，所以对沈，有沉痛的表示，所以结果，终和谭结婚。但陈既和谭结婚，为免除麻烦起见，陈应向沈表示如有破坏我们俩的爱情和名誉——因据沈的布告，已订有口舌婚约所以不得不有这种表示——当有相当对待，而陈又没有，可见陈爱谭并不十分坚固，在沈一方面，因谭夺其所爱，所以登报纸，发传单，来破坏谭陈的名誉，和表明陈如何爱他的情形。我以为陈以前的爱沈，是朋友的爱，非做夫妻的爱。何故呢？陈如决意和沈要做夫妻的爱，何至于再和谭做夫妻的爱呢？说我们所谓夫妻，是要二方愿意的，非一方所能强迫的，即使用强迫的方法来结婚，是不能永久的。我们可以断言的，陈现在不愿和沈做夫妻，而和谭结婚了，与沈何干，沈要来破坏谭陈的名誉，来泄其愤恨，其实谭陈的名誉倒未有破坏，沈自己的人格倒反破产了，为什么呢？因陈现在既和谭结婚，已可证明陈以前的爱沈，是朋友的爱，非做夫妻的爱，非沈所期望的爱，翻过来沈的爱陈，也非真爱，是有目的的爱，沈现在失掉了目的，所以破坏谭陈的幸福，沈如真爱陈，陈现在虽和谭结婚了，其爱陈的情绪，仍可进行无妨的，有什么可以愤恨呢？有什么可以悲哀呢？沈从广东跑到北京，不远千里的来找陈，自以为比《红楼梦》里的贾二爷还要多情——宝玉并不是情种——我以沈哪里懂得爱情呵！陈不愿和你做夫妻的爱，从事实上已经证明，沈现在用做夫妻的爱情去对待陈，你将来是到了你真可以做夫妻的她，那时你用什么爱情去对待她呢？你要是仍用爱陈的一种爱，去对待你将来真可以做夫妻的她，你现在的爱，都用在陈的身上，你将来对待你真可以做夫妻的她，清夜扪心，能不愧悔吗？这样滥用爱情的人，还想从恋爱中得到一个真可以做夫妻的她，梦想！在谭一方面，现在虽和陈结婚了，但结婚的原素，是要二方愿意的，志同道合的，那么在谭未和陈结婚以前，陈和谭的友爱，谭是一定知道的，当谭向陈求婚的时候，谭为免除麻烦和有破坏名誉起见，理应要求陈。与沈表明陈以前爱沈是朋友的爱，非做夫妻的爱，失了这种手续，所以引起一场风波，使许多人怀疑着，说谭如其爱陈，在陈沈未有表示以前，谭应表明和陈的结婚，完全是二方愿意，现在虽和陈结婚，苟如真爱沈不爱我，则由陈自己选择，且爱的范围，并不在结婚不结婚。据三方情形细细观察，所以我说他们三人，都把恋爱二字都误会了，在事实一方谭固然略得便宜，所谓近水楼台先得月罢了，这也是常有事，我亲爱的青年呵，何必大惊小怪呢？

一九二三，五，一七

二十二[1]

裴锡豫

爱情二字的定义，各有各的解说，我以为爱情是出于一的，没有别的念头夹在里面，是"心心相印"和"心心相感"而组织成的。两性的爱，没有什么目的，就是没有"我为什么和他（或她）发生爱情"这句话。

爱情因条件而变迁这句话，我是绝对不承认。当男女认识之

---

[1] 本文原载1923年6月9日《晨报副刊》。

初，是有条件的，例如我们见那有神经病的人、品行堕落者、马路上的车夫和要钱的穷人……是绝不得和他们或她们——发生爱情，这是因条件的关系，条件能使人发生爱情，或不发生爱情，决不来使人变迁爱情。——指条件未起变化而言。——男女的爱情，若是纯洁的，真正的，外界虽有极大的压迫或阻碍，他俩宁可牺牲生命，爱情还是纯一的，一点变迁都没有。我们再用一个反证，来说明一下。

爱情若因条件而变迁，古今中外，何以有殉情的男女呢！恋爱者若因变故而死去，世界上条件完备的人很多，何不寻，而出于死？那么，因爱情的关系而死的男女，岂非至愚？岂非不合张竞生先生的爱情定则了吗？张先生的爱情定则，还是一时的呢？还是指殉情的男女并不是爱情呢？我很要请教请教！

淫卖妇所爱的是金钱，她的那种假爱情，纯视金钱的多少而变迁；我们的爱情，若因财产而变迁，和淫卖妇有什么分别？地位若有能力变迁人们的爱情，则变迁爱情的人，是不是"趋炎附势"？是不是以自己的身体当作"诳媚品"？总之，因外物而发生的爱情，是对物发生的，不是对人发生的；是有目的的，不是真正的，质言之，是假爱情，是没有爱情。

人生的乐趣，大半是家庭，家庭基础，是夫妇的爱情——在社会主义未实行的时期内，家庭是社会和国家的单位。——爱情若因外物变迁，家庭的分散，每年亦不知若干，世事扰乱的情形，亦不知到什么地步。

我这篇作品，诸君读时，请不要将谭陈沈的事放在脑筋里；因为我所讨论的是爱情定则，对于谭陈沈的事一概都不知道；所以一点都不讨论。

末了我要声明一句，我对于文化和道德、观念，没有中外的分别；凡合于理性的，有益人类的，就是人类的文化和道德，没有什么旧礼教，也没有什么新文化。

十二，六，二，北大

二十三[1]

周庚全

我也来讲几句话,但是我所讲的完全是我所欲讲的,对于任何方面没有什么关系,还是我要声明的。

张先生的《爱情的定则与陈淑君女士的研究》的文章上,确定四项规则:

(一)有条件的。

(二)是比较的。

(三)可变迁的。

(四)夫妻为朋友的一种。

张先生的文章根据这四条发挥。自这篇文章发表以后,引起我们青年的反对,到现在"爱情定则的讨论"已经有了十余篇了。这十余篇的思想,言论,……都是以代表我们青年所欲言。所以每每读这类文字,不觉流下同情之泪了。不过这类文字,专和张先生的"爱情定则……"讨论与辩驳。所以对于张先生所规定的四项:有的反对一半,有的完全反对。在反对一半,与完全反对各方面,确相信各方面都能各发个人所欲言而能淋漓尽致的抒写出来。

我的意思以为张先生这篇《爱情的定则……》,在根本上完全错误。既是根本上完全错误,那么无讨论的价值了。

我的意思写在下面,还希望张先生有以教我。但是在我的意思未发表以前,不能不把谭陈事实写出,并加简单的批评。

张先生与谭某确系朋友,我们青年大半都是知道的。有不知道的,一经读了张先生的文章,也知道张谭是朋友无疑了。陈女士是谭某的姨妹子,并且与沈君有婚约。这个关系与事实,我们青年也相信无疑了。

---

[1] 本文原载1923年6月10日《晨报副刊》。

女士来京,住在谭某家,不过一月。一月的光景,就到了正式结婚。青年的同胞呵!这种……(不便下名辞),确否到了条件完全,选择尽善的程度?

从前沈君在《晨报》上将陈女士所致的谭陈经过的事实的函件披露,我把最重要的二句话写下:"……以手扶腰,骂之不去……"这二句话,谁不信当时陈女士被迫的情形已经到了极点?谁不信被迫的事实有不堪告人,而在被迫无法的时候的人,谁不愿将这种痛苦极切告人以求即刻就得安慰自己的痛苦,雪洗自己的耻恨似的?所以这二句话可以表示谭陈当时前后事实,并可以为谭个人一生的写照,或墓志铭。

后在上海报上看见"又一婚姻问题之续响"载有陈女士在谭某家致沈君函中有提起婚姻一节。(后没有看见声明。)并有《惜分飞》《蝶恋花》辞二阕。在这辞里面如:"……憔悴黄昏后……情丝永系鸳鸯偶""……倚绣床……寸寸柔肠……客馆凄凉……""憔悴""凄凉""鸳鸯""婵娟""孤""愁""泪""伤",一种怨慕之辞,流露无余,所以在最短时期中能完成终身大事,在陈亦不无帮助。

有这种种的事实,同党的朋友,虑不能容于社会上的一般舆论。所以亦负有辩护的责任,而张先生为告奋勇的一位。

在张先生个人方面以为定了四项规则,不惜以陈女士作则。以陈女士为一个规则中首先运动最剧烈最得当的人物。其意以为陈女士对于规则运动最剧烈最得当的相对的人物即为陈女士对于规则运动最剧烈最得当所得的相对的人物,适合于规则中运动最剧烈最得当的人物,张先生对于"隐恶扬善"的宗旨,可告无恨,但是在陈女士方面未免太狠了。

陈女士与谭某适合这项规则,那么无须辩护,这是一定的,不成问题了。如果不适合这项规则,纵千口百喙也不能钳制或煽惑青年的思想。张先生何不就两方面适当下定则,专就一方面?一方面确实占了优胜的地步,适合了规则。一方面居卑劣的地步,未适合规则;但是两方面又居了相等的地位,恐两方面到底因彼此不适当的结合,终不能融合成个具体。况且两方面未必适合于这项规则,以一人定一时的事实,这种规则尚有存在的价值吗?

人类对于生理心理上的关系有种种不同,用一简单的断语:女子富于感情,乏于离别。所以有些男子能投其所好,或嬉皮的手段,未有不被缠绕所溺迷遂其愿的。在最短时期内得大功告成,这其间情形谁不能猜着几分。陈女士尚能说以手扶腰,骂之不去,可想当时还有不可拟议的事实。

陈女士为谭的姨妹,其姊已死,今由远道而来,稍有情感的人见面有不因此而伤彼吗?倘能因爱妻的关系有不特别温慰吗?不特不如此,而且大谬不然。像这种人还有颜面立于世界上吗?"哀莫大于心死,身死次之",如谭某已经是死的人了!

方今社交公开正在萌芽的时代,男女恋爱将起始运动。见解浅近意志薄弱方面的,固赖我们青年自己互相帮助互相劝勉。对于有教育责任的人也须极力赞助极力开导,以期人类早达快乐的境域。不图有穿读书人的衣,讲读书人的话的人极力破坏极力摧残,这是青年的不幸呵!张先生何不出而挽颓风以维持我青年?奈何袒于一人来和我们作对头?

六,四,一九二三,于朝大

二十四[1]

王克佐

读了二十篇爱情定则的讨论,表同情的没有一篇,真是使我失望。我梦想不到现代的青年,经过五四运动的一番大刷洗,脑筋还仍

---

[1] 本文原载 1923 年 6 月 13 日《晨报副刊》。

如此之旧，并且旧的如此之多，这真是令人惊异的现象呵！无怪乎在第一篇的跋上，记者说："……不过很使我们失望，里面有大半是代表旧礼教说话。……所凭借的只是从街头巷尾听来的一般人的传统见解。中有错误及必须解释的地方……"

我向来持着"约修自身，不管闲事"的主义，对人家的是非，轻易不肯多嘴的。前些日，张竞生先生《晨报副刊》发表一篇《爱情的定则与……事的研究》读过后，好不痛快！陈女士抱屈多日，受谤很久，有这个定则（张先生的定则）发现，不难引起顽固者的谅解，而洗尽一往的误会了。谁想事实上确不然，顽固者依旧顽固，并且大倡其荒谬的议论，这是何等不平的事呵！人心丧尽，一至于此，任其胡闹，而不加以矫正，长此以往社会前途的发展，还有什么希望吗？现在且把我对于张先生的定则，略加解释，借匡反对者、顽固者的荒谬的议论。

但我在未解释以前必须声明的：

（1）沈陈谭三人与我素无关系且不认识。

（2）以公正的见解，作公正的解释，决未受任何方面的使用，而倡荒谬的议论。

张先生的爱情定则为四项，就是：

（1）有条件的。

（2）是比较的。

（3）可变迁的。

（4）夫妻为朋友的一种。

他所定的四项不但毫无疵瑕，并且还有很完满的理由。大家不信，听我道来：

我们要想和异性发生恋爱，当其初步，必使双方有欣佩心，由欣佩心渐渐至有敬慕意，久而久之，才可发生恋爱。但是何以能于对方有欣佩心了，就是条件。这种解释，不但不为牵强，并且是自然的道理。譬如：有甲乙二人，甲是个痴子，狂放浪荡，不知检约，见了人还肆口谩骂。乙则不然，聪明精干，颇有规矩，敬人以礼。若有第三人见之，必厌甲而爱乙，厌乙而爱甲者，必绝无其人，所以然者，岂不是因条件的关系么？总之，爱情是有条件的，有了条件，当然比较其较好的条件而就之，不过若人们的条件很完备，自己的条件太不完备，相形之下，既悬殊，所以也遂不妄想矣。犹之乎当酷热的天，人们真想到较风凉的地方去纳凉，但是空中虽凉，因为不易上去，所以也就不去攀高妄想了。至于结婚或订婚后感着对方的条件不能满足我的欲望，或者彼此都不能相容，勉强的结合，不但毫没意趣，也不过双方徒感困苦而已。夫妻是朋友的一种一项，我只是认为是实理没有旁的话可说。我的朋友戚女士读完通篇，疑问道："照你说爱情是有条件的，设使以'色'为条件的人，等到他的妻（或夫）的色衰了，岂可随便弃掉，另娶少年妇女来满足他的欲望？"我的弟弟听着这种怪问，不禁愤愤替我回答道："使得的，使得的，但是他的妻色既衰，他也年老，若使其初因他妻的色美，而发生恋爱在当时他的欲望必然是满足的，以互相满足欲望而相处至色衰之久，则其间必然发生一种感情，所以现在虽使任何方面色衰，因有一种感情的代替，那么也不至于变迁的了。"戚女士闻竟只是点首称是，瞠目咋舌，不知所对。我以为二人的问答很有点价值，所以就作此篇的结论。

陈沈事与张先生的爱情定则有密切关系，爱情定则既是有条有理，陈女士的举动于是乎就不可厚非了。

六月，六日，于中国大学

关于爱情定则讨论的来信

一 [1]

记者先生：

我读了《晨报副刊》上爱情原则的讨论前面底记者所附注的那段文字，我觉得很不满意，所以我写信给先生讨论一下。

我底讨论是与爱情原则的讨论没有关系的，我不批评张竞生君底论文，也不批评其他各作者底论文，不过只对记者这段文字来批评。

记者说原想大家来讨论，而结果很不满意，各人大半主张旧道德，这是不用功读书底缘故。这种种话是很令人难懂。主张旧道德就不能算讨论吗？主张旧道德就是不用功的缘故吗？一定要各事都同旧道德相反就算是对而且为用功底结果，那是根据什么原则来的？

我以为凡事都须平心静气的来讨论，不彻底了解这个问题底人万不可来作武断的评判。记者既是第三者底地位，也不当表示倾向某方的意思。

还有一层，记者又说其中谬误请张竞生君改正。张君是主张爱情有某某等原则的，反对张君底论文自然与他底意见冲突；教他本人来

---

[1] 本文原载 1923 年 6 月 12 日《晨报副刊》。

改正人家底论文，何以见得他就是不错的呢？

上海《时事新报》曾不加批评的将反对张君底论文登出来，我很赞成他们那中立态度。

我是一个讨论爱情原则以外的人。

陈锡畴，于北大

附注： 记者如欲摘出鄙人这信底错误处，请在副刊上发表。

二〔1〕

副刊记者先生：

我现在以读者的资格，对于爱情定则的讨论这一件事，想进一句忠告的话。

那些文章初发表的时候，我很有兴趣的期待着，但到了现在读过二十篇，觉得除了足为中国人没有讨论的资格的佐证之外，毫无别的价值。先生还想继续登载下去么？我想至少您也应定一个期限，至期截止，不要再是这样的胡乱尽登下去了。

再说那些投稿者虽然都自信他所说的是至理名言，但也要编辑的人加以别择，若有太说不过去的话应当没收不要发表，不但是体惜读者免得白费精神，也是体惜作者省得献丑。现在先生把来稿完全发表，不问说的是什么话，即使不是故意的叫青年出丑，也未免稍缺忠厚待人之道，要请先生注意，并恕直言。

六月六日，钟孟公上

---

〔1〕 本文原载 1923 年 6 月 12 日《晨报副刊》。

三[1]

记者先生：

我也知道，"讨论"是解决一切问题，求得一切真理的唯一良法，我们无论拿哪种问题来讨论，都应不厌求详。可是这次贵刊上"爱情定则的讨论"，实在使我有点不耐烦呵！

旧剧中的小丑似的，一登场便信口地无理笑骂，在这次讨论的人员，至少有二分之一是这样的态度。他们对于这么一个重大的——也可说是切身的——问题，全不凭点学理说几句近情近理的话，"也不用心思想，所凭借的只是街头巷尾听来的一般人的传统见解"，这也配来讨论吗？我不禁要替神圣的爱情呼冤呢！中国的智识阶级，中国的新青年呵！

在记者先生以为（1）"好在这栏，本刊并不负言责"，"意见无论优越也罢……无论荒谬也罢……"（2）"正可借此机会，用爱情这一个普遍的题目，考一考当世的青年"，所以就不管好歹，取"来者不拒"的主义了。先生，你错了！所谓"不负言责"者，是不管各人的主张意见，对不对，并不是连文字、意义的通不通都不管吧？苟连通与不通都不管，在这次讨论以后，不再讨论任何别的问题则可；要是还有别问题讨论呢，我又要替贵刊的小小篇幅担忧！至于"借此机会考一考当今的青年"，这固然是先生一番好意。可是也应稍加慎重，按照考试的通例，只取其及格者，其余不及格者应教他们"名落孙山"才对。像那些不用"理智的判断"，对于爱情的主张和解释，仅仅是："……所以在生爱情的时候，男女就要互相调查有无 lover"；和"凡爱情就是两性相合的许多条件的结晶……"难道这样也及格吗？我这样地略为指摘，并不是有意刻薄一般青年，诚以那些近于无理取闹的讨论，登在我所爱读的副刊上，不看又不放心，看了除白抛几分光阴不上算，还要惹许多无谓的烦恼呢。所以大胆和先生商量：

---

[1] 本文原载 1923 年 6 月 13 日《晨报副刊》。后有记者附答。

请从明日始,把那"有一部分意见难免浅薄而且重复"的,不妨一齐割爱,不必只顾到"不登似乎对不起作者",也须计及"登出要给读者许多烦恼"呵!还要请致意于本题的讨论者,如果再有和这一部分——意见难免浅薄而且重复的——同调儿,我愿作十二个长揖,诚恳地请他们"无须乎费了些精力"来提倡真正老牌的"什么话"!

太放肆了吧。乞恕!即颂

撰安

侠君　十二,六,七日于北京

记者附答:我还是打破天窗说亮话罢:在当初收到十余篇讨论爱情定则的文字的时候,我的意见也与钟君差不多,"……编辑的人加以别择,若有太说不过去的话应当没收不要发表,不但是体惜读者免得白费精神,也是体惜作者省得献丑"。后来实在等不到好东西,只得加了几句按语,就是"……不过很使我们失望,里面有大半是代表旧礼教说话,……所凭借的只是从街头巷尾听来的一般人的传统见解……"暂且发表,万不料这几句话竟使陈君"难懂"!

后来我想,有许多投稿的先生每把"公开的言论机关"这顶高帽子替我们戴上,要求登载他们自己的东西,虽然我们没有这许多冤枉的篇幅让他们发抒高见,但是暂时开放一次对于本刊似乎也还没有十分妨碍。我想,只要文法与论理上并无明白的错误,意见的差池究竟没有确切的标准。从前英国许多学者都注意于公开讨论的重要,到现在伦敦还有这个风气,无论是两个反对党的意见,尽可以同时在一个地方两面演说,他们相信意见无论如何荒谬,尽可以让他们自由发表,听者一定有抉择的能力,决不会有人去盲从他们。况且用学校展览成绩,及教育心理测验的办法,取科学的态度,则无论一针一笔之微,亦须与长篇大幅的论文受同样的看待,才当得起称为确切的材料。

但是,我不能凭有这个意见,一则使副刊的篇幅牺牲了,二则使读者的精神白费了,三则使作者的浅薄显露了。现在概括读者的劝告(有许多是口头的劝告),大约可分为三种办法,一种是间几日登载一篇,一种是把所有未经发表的作品,制成一表,将作者大名及篇中主要意见摘出来列在表内一日登完,又一种是照钟侠二君的意见,由记者"加以别择",将认为有发表价值的诸作于三五日内登完,再登出张君的答复以作结束。第三种似乎较为可行,不知读者的意见怎样?

四[1]

伏园兄:

今天《副镌》上关于爱情定则的讨论只有不相干的两封信,莫非竟要依了钟孟公先生的"忠告",逐渐停止了么?

我以为那封信虽然也不失为言之成理的提议,但在变态的中国,很可以不依,可以变态的办理的。

先前登过二十来篇文章,诚然是古怪的居多,和爱情定则的讨论无甚关系,但在别一方面,却可作参考,也有意外的价值。这不但可以给改革家看看,略为惊醒他们黄金色的好梦,而"足为中国人没有讨论的资格的佐证",也就是这些文章的价值之所在了。

我交际太少,能够使我和社会相通的,多靠着这类白纸上的黑字,所以于我实在是不为无益的东西。例如"教员就应该格外严办","主张爱情可以变迁,要小心你的老婆也会变心不爱你,"之类,着想都非常有趣,令人看之茫茫然惘惘然;倘无报章讨论,是一时不容易

---

〔1〕 本文原载 1923 年 6 月 16 日《晨报副刊》。

听到,不容易想到的,如果"至期截止",杜塞了这些名言的发展地,岂不可惜?

钟先生也还脱不了旧思想,他以为丑,他就想遮盖住,殊不知外面遮上了,里面依然还是腐烂,倒不如不论好歹,一齐揭开来,大家看看好。往时布袋和尚带着一个大口袋,装些零碎东西,一遇见人,便都倒在地上道,"看看,看看。"这举动虽然难免有些发疯的嫌疑,然而在现在却是大可师法的办法。

至于信中所谓揭出怪论来便使"青年出丑",也不过是多虑,照目下的情形看,甲们以为可丑者,在乙们也许以为可宝,全不一定,正无须乎替别人如此操心,况且就在上面的一封信里,也已经有了反证了。

以上是我的意见:就是希望不截止。若夫究竟如何,那自然是由你自定,我这些话,单是愿意作为一点参考罢了。

六月十二日,迅[1]

五[2]

记者:

我今天看见"关于爱情定则讨论的来信"的钟先生的文章以后,不怕献丑也来说几句话。

钟先生说:"我现在以读者的资格,对于爱情定则的讨论这一件事,想进一句忠告的话。"不知钟先生所进的忠告是哪一句?不知这一句忠告要"想"到什么时候才进?下二段吗?那么不止对讨论者的忠告了。

关于"爱情定则的讨论"这类文字,我想顶可尽量发表,无限制

---

[1] 本文作者为鲁迅。
[2] 本文原载 1923 年 6 月 16 日《晨报副刊》。

的必要,无论关于何种问题,越讨论越透彻。到了透彻的时候,便算是完事。

"爱情定则的讨论"这类文字,根据张竞生的什么规则讨论的,张竞生能作得,人家讨论不得?所讨论的事实是不是人做的?不是人做的也可拿来研究研究,谁有这种权威禁止谁口莫讲手莫写?

至如"……体惜读者免得白费精神,也是体惜作者省得献丑"的话更加不对了。作不作在乎作的人,读不读在乎读的人;愿作的作,愿读的读,有什么"白费精神","献丑"?

"……至少……也应定一个期限,至期截止……"继而"……也要……加以别择……"好丑没有一定的分别,好的要到何项的程度?不好的又是何项程度?假设在一定限度以上算好的,那么这类好的又发表到什么时候?

钟先生这篇文章我也看不出什么好的来,我想钟先生至少也带有那方的使命,不然也不讲这几句话(?)。

一九二三,六,十二,周佩虞,于北京海运仓四号

六〔1〕

记者:

一个定则,必须经过许多讨论,认为合理,才能成立。不然,只可说某某条文,不能称为某某定则。所以张竞生先生的爱情定则一出,《晨报副刊》就为讨论该定则的人开了一栏,专供大家讨论文章发表之用,孰知不上二十多篇,竟惹起钟孟公先生致《晨报》记者的信,真使我莫名其妙!我想钟先生曾受有何方的意旨吧?

钟先生说:"……但到了现在读过二十篇……毫无别的价值。——

---

〔1〕 本文原载1923年6月16日《晨报副刊》。

我想至少您也应定一个期限,至期截止……"我不知那二十篇爱情定则讨论文章的有无价值,是不是要看张竞生先生的理由辩得过否而定?不能说对于张竞生文章及定则反对的地方就算无价值,更不能冒里冒失武断的加以"毫无价值"四字批语就算了事。钟先生顶好可作几篇有价值的文章来给大家见识见识!"定期截止",这话更加不通。因为讨论定则与商务印书馆发售预约不同,讨论定则以该定则充分了解为止,用不着什么期限。商务印书馆卖预约,那么,就用得着钟先生这"定期截止"四字了。

钟先生又说:"……也要编辑的人加以别择,若有太说不过去的话,应当没收不要发表……"读了这几句,我想钟先生外面虽好像在讨论人的文章上着想,实际会只怕别有用意吧?

钟先生又说:"……体惜读者免得白费精神,也是体惜作者省得献丑……"钟先生这样会体惜,怎么自己又写出不体惜读者和自己作者的信来了呢?

总而言之。爱情这个问题,目下已成最当讨论的问题,这次既有了谭熙鸿的实例,张竞生的定则,我们趁此机会把来讨论明白,免得成为千古悬案。所以我很希望《晨报副刊》给大家以充分讨论的机会,更希望给讨论稿件以尽量的发表!万不可虎头蛇尾无结果的收场——停止讨论——而中他人的诡计!

一九二三,六,十二日,杨剑魂,于海运仓十三号

七[1]

记者先生:

今日(六月十三日)副刊上,"关于爱情定则讨论的来信"下面,

---

[1] 本文原载1923年6月16日《晨报副刊》。

有"记者附答"的三种办法。

其中第三种办法——将认为有发表价值的诸作，于三五日内登完——是似乎不可行的。理由是：既名为"讨论"，万不可以"记者"个人的爱憎，为取舍的标准。我看，先生是以"反对张君的爱情定则"和"攻击陈谭的结婚事情"为"旧"，而且"没有价值的"。然则，先生"认为有发表价值的"，一定是"赞成张君的定则"和"同情陈谭的事情"的议论了。今若专挑这一类有价值的发表出来，那不是公开的讨论，而竟成为张君的辩护栏罢了。

我在这里，有两种主张：

第一，如嫌讨论者太多则可以限定登载篇数，以收稿先后，为登载之次序，至限满为止。（剩余的，只好割弃。）

第二，先生定要赞成张君与陈谭的时候，不妨你自己多作几篇，与他人的文章，一同发表就是了。

记者先生，你想想，我这话是对不对？

六月十三日，田德普，于达智桥精神哲学社

八[1]

记者先生：

阅昨日及今日——十二、十三两日——《副镌》，知道关于爱情定则讨论，已经使读者感觉疲倦而至于烦恼了！但是感觉到疲倦并且烦恼又岂止写信给先生的钟、侠二君，"打破天窗说亮话罢"，我为爱惜我的时间，已于前一礼拜就不看关于此事的论文了！所以我常对朋友说："我五月的《晨报》报费，至少是白花了百分之一。"

固然，公开讨论是极其重要，但讨论岂可满含着谩骂侮辱的口

---

[1] 本文原载1923年6月16日《晨报副刊》。后附记者按语。

调,只凭感情驱使而不顾理智作用;我请先生不要太相信公开讨论在北京言论界里的价值;因为对于此种公开讨论感到疲倦和烦恼的,也许不止是钟、侠二君;即认为"白花报费百分之一"的,也许不止我一人了。

先生不是赵匡胤,为什么投稿的先生一把"公开的言论机关"这顶高帽子拿来,你便像"黄袍加身"的一样戴上呢?可怜荒废了许多读者的时光和金钱!金钱时光有知,其不叫冤者几希!

并且关于爱情定则的讨论,截至本日止,已经有二十四篇了。先生即使要考一考"五四"后青年的成绩,于此也可见一斑了。并且我们亟盼读一读张竞生先生的答复;所以我赞成从明日起,就停止登载反对或赞成爱情定则的文字,接续把张先生的答复登出来。

本日《副镌》先生附答的最后一句是:"不知读者的意见怎样。"这当然是征求读者的意见。我对于先生所提办法,当然有发表意见的权利,也有发表意见的必要。所以胡乱拉来,写成此信;冒昧之处,统乞原谅!专此即颂

撰安

徐绳祖,六,十三,法大

这五封信中,上三封都是反对钟孟公先生的;但特别对于鲁迅先生的一封,我们须得仔细玩味。我们千万不要忘记:鲁先生是《狂人日记》的著者,《阿Q正传》的著者。他的作品所以能够百读不厌,所以能令人感得一种极亲切的苦痛中的快乐的趣味,全在他的材料都是这样零零碎碎的从日常生活中搜集得来。钟孟公先生是少年(这自然是极武断的话,我至今还没有知道他究竟是不是少年),有着少年的脾气,一闻着恶劣的臭味,不是自己即刻逃开,便是想把那恶劣的东西即刻拿掉。鲁迅先生却不然:他好像动物学家对于毒蛇,心理学家对于疯子,医学家对于传染病菌,别人都吓得掩耳却走,他只丝毫不动声色的取着一种

研究的态度。只是很可惜,我把这封私函发表以后,恐怕"有价值"的议论难免要日渐减少了。原来照心理测验的规例,我们决不能以"我们搜集这些是为做研究的材料用的"这句话向被测验者说破的。(记者)

九[1]

记者先生足下:

近来副刊上爱情定则的问题热闹极了。鄙人是一个小学教师,不曾"彻底了解这个问题",不能"来作武断的评判",但是觉得非常的重要而且有意义,因为我在这里边看出现在教育界里的两个极重大的问题来。

一是性教育的需要。我们不能科学地恋爱,——正如我们未尝科学地饮食一般,——但科学地了解恋爱的心理却是可能的。现在看大多数的爱情论者完全缺少性知识,只是说些"玄学"的话,实在是可悲的现象。他们得不到性教育,或者不是自己的错处,但因此愈令人觉得对于下一代的国民的性教育之重要了。

二是国语教育之必要。有许多讨论者对于别人所写的"白话浅文"还不能完全了解,以致发生误会,也是事实。近来国语运动稍稍兴起,文学革命的"前辈"便很乐观,以为天下是他们的了,其实还差的很远,试看这回讨论的文章,便可以觉悟,非努力的再去改良进行,这国语教育就要完全失败了。

爱情定则的讨论和通信,能够做这两个问题的材料与证据,所以我相信是极有价值的。希望先生不要加以限制,源源发表,不但可供小说家、医生和心理家的研究,有益于教育界更非浅鲜。这是鄙人写

---

[1] 本文原载1923年6月23日《晨报副刊》。

这封信的微意，请赐鉴察为幸。

六月十五日，曹叔芬，于徐州

十[1]

记者先生：

昨日——十六日——看《副刊》上徐绳祖的信，有发表张竞生的答复的要求。这是徐君的思想自由，而其发表与否，尤在乎记者的职权，旁人均无从干涉的。我写这信，不过表明我的意见，与徐君不同罢了。

张竞生，是一个对于爱情定则，最先发表意见的人，已受过各方面的赞成和反对，在张君自己的心理，也许宁对那些反对的议论，加以痛快的反驳，以伸自己的主张。但在我们讨论者和读者，并没有这个需要。而在贵刊，亦似乎没有发表的必要了。

虽然，张君的答复，究竟有没有发表的需要，得先看他所要发表的文章的内容如何为断。

今且依我的希望说，张君答复的内容，如含有下列二项的性质，则无须发表。

（一）如系反驳反对者的议论的时候，不必发表。张君没有公断人的资格，是不用说了。（任何头脑公正，知识高明的人，对于这种问题的讨论，是决不会有公断者，只具有讨论者和研究者的资格而已。）其实，他并没有再发议论，反驳反对者的特权（假定张君独有，别人没有而言）了。张君不过为讨论者中的一人，决不能以其先发议论，而有发表答复的义务和优先权。所以他若定要再发议论，反驳反对者的时候以前，反对他第一次议论的人，当然又要反驳他第二次的议论了。若如此循环不已，能够何时了结？那时恐怕贵刊，也不好禁

---

[1] 本文原载1923年6月23日《晨报副刊》。

止他人的第二次第三次的发言了。

（二）若以自己为高明，而以他人为固陋的时候，亦无须发表。因为在张君，则或能以自己的思想，为新鲜而高明，以他人的思想，为陈旧而荒谬，也未可知。但是还说不定他人反以张君为未成熟（太新鲜之故）而更荒谬呢。

附注：我尚没见张君的答复如何，竟自妄忖他人的心，未免涉于苛刻。但是我的这种说法，并非没有依据。我看记者先生，是一个赞成张君的人。他——记者——时常发露这种口吻，以此推论，可见张君或能如是也。我是很盼望不如是的。

张君答复的内容，若含有下列二项的性质，我还希望他发表。

（一）若张君并不是反驳反对者的议论，而只认为他人有误解他的文章之处，可以说明他本意，不教人以辞害意可也。

（二）若张君听多方面反对的议论，而有所反省与觉悟，要将前次发表的定则，加以更正，或取消的时候，更有可以发表的价值了。

记者先生！登载文稿的权力，完全是记者的所有，所以我说这些话，是终未免多言多虑的。但是既有人有要求张君的答复的表示，我也凭我的思想，表示我的希望，与他们不同就是了。顺便请

您的安

六月十七日，陈同文，于精神哲学社

十一[1]

记者先生：

我是很喜读副刊，尤其是爱读关于"爱情定则的讨论"一类的文

---

[1] 本文原载1923年6月25日《晨报副刊》。

章的，以为如此底讨论，爱情的定则自然有归于正确之日。不料正继续读的高兴之际，忽然发生了一些"关于爱情定则讨论的来信"底文章：内中有些是要继续讨论终局的；有些是要不必讨论终局或限期截止。而先生的附答又是要打破天窗说亮话，不肯牺牲篇幅，竟采了一二人的意见"加以别择"于三五日登完，并把张君的答复作为结论。这真是使我十二万分的失望！幸先生附答的末句是"不知读者的意见怎样"，所以不怕献丑来说几句话。

先生附答第二段说："……取科学的态度……才当得起称为确切的材料。"先生今既采钟、侠二君的意见，而舍弃多数人的意见于不顾，可以算是取科学的态度吗？并且先生又要把张君的答复作为结论，尤其是不对了。

张君的答复我虽未见，但可隔山揣想是反驳对方的，对与不对还不一定，总而言之我认为张君的答复不能作此案的结论。因为张君带有替人当辩护士的色彩，头次既牵强附会的替人辩护，这次亦未必有圆满的答复。若硬要以张君的答复作结论认为是对的，以后不许人再讨论了。那末，先生又何不于登载张君的爱情定则的时候，加上几句按语说：张先生的定则是对的，不许任何人弄起怀疑的态度，是要认为金科玉律的，大家要这样实行才对，才不是"代表旧礼教说话……"这么一来，哪里还会牺牲副刊的许多篇幅，白费读者的许多光阴和精神，与一般青年的献丑呢？

我很希望先生任人把这个讨论的意见发挥净尽之后，再抱定一种真正科学的态度来作一个结束，或许较张君的答复作为结束要差强点，还要请先生致意于劝告停止讨论或带有使命的讨论者，以后少说些荒谬的话，免得将活泼泼的爱情活作孽的拉入张君的爱情定则的死模型里面去。拉杂写来，冒昧之处，统乞原谅！即颂

撰祺

傅尚瀛，六，十七，于平大

答　复[1]

　　关于爱情定则讨论底来信，登出的虽已有八封，但还有三四封搁在这里，不过有许多话都已重复，所以或者不登了。里面有一位法大的叔华君，他的信里有"这个爱情定则的讨论是我们青年人现在不可少的研究……浅薄的一定是浅薄，当然赶不上大学教授的手笔……若说是重复，我是不敢信的……"等话。这似乎在前几封信里没有人说过。

　　现在截至张君答复文发表为止，除了已登的二十四篇，关于爱情定则的讨论的文字，存在这里的还有三十篇。照来信五及六的意见，当然要一体无条件的登载；照来信四的意见，平顺通泰的议论倒不要紧，最要登载的是怪论；照来信二三的意见，应该由记者加以别择，太说不过去的则没收不发表。但照来信七的意见，则记者不配负"别择"的责任，应另想限制的方法，照来信八的意见，则二十四篇已尽够了。

　　三十篇文章，八封来信，要记者作出圆满的答案，这考题可把记者难住了。幸而现在来了救星，张竞生君急于要到蒙满旅行去，实在等得耐不住了，要先把他的答复从早登出。他在文中已经声明：这篇文章是答复前二十四篇的；如再有其余的登载出

----

[1]　答复上篇原载1923年6月20日《晨报副刊》，下篇原载1923年6月22日《晨报副刊》。上篇后原附总按语（现提前），下篇后原有三个附注。

来，当预约在旅行归来再行讨论。

这三十篇文章，记者无论如何总保存在这里，意见的好坏不必问，文笔的通涩不必问，我想将来总要设法使它们有与读者见面的机会。照来信八的意见，登了这类文章便把他的报费百分之一白花了。那么记者总要竭尽能身，把每天登载这类文章的地位缩到非常小，使要看的人们只要有耐性便可以每天继续看下去，不要看的人们便是割去了少许篇幅也还不至可惜而有白花报费之憾。（但这自然是下不为例的；来信八说记者"黄袍加身"，其实这是记者故意做一出"公开的言论机关"，使读者看看，一旦真的公开了是如此的令人难受。）如果读者能够赞成我这个意见，那么记者对于这个考题总算"派斯"[1]了。（记者）

答复"爱情定则的讨论"（上篇）

张竞生

我在数年前已经留心研究爱情的问题了，但所拟就的爱情上几个定则，终未拿出来向人讨论。及到近来感触了陈淑君女士的事情，使我觉得有宣布的必要。可是，处在这个不懂爱情的社会，乃想要去向那些先有成见的先生们，讨论一个真正的改善和进化的爱情，使他们明白了解，自然是事属为难。又要将一个被嫌疑的女子作为举例，使他们不生误会曲解，当然是更难之又难了。我前次原文所重的为定则，所希望讨论的也在定则，至于陈淑君女士事，仅是一种举例。不意许多讨论人对于定则的解释，多不能脱离俗见的范围；对于举例，多是感情用事，甚且嬉笑怒骂，借题发挥，以致彼此间误会丛生。我固不要讨哪方面的好意思，但也不愿讨哪方面的恶感情。故我现在应

---

[1] 派斯，英语 pass 之音译，意为通过。

当郑重声明：由我文而惹起了许多无道理的攻击，我对于陈女士和谭君唯有诚恳的道歉。

可是，据我所知与我所观察的，陈女士的行为，确与爱情的定则相符合。因为她的爱情的变迁，全为爱情的条件所支配。并且她确是向改善的进化的方面去进行。我在原文已说到她确是为谭的性情、学问、才能、地位与及谭宅的家庭感情上，各项条件所变化。攻击的人，对我原文毫不忠实，硬诬我说她仅是贪恋谭的地位，这个未免太枉屈人了。总之，我在原文，特引陈女士事为举例，因为由我所观察的，她确是合乎爱情的定则。反对的人若为成见和猜疑所蒙蔽，当然于推理论事上，完全与我不相同。现因避免许多"对人"的误会起见，以后关于陈女士事一概不谈，唯有从爱情定则上来互相讨论罢。

向我讨论的文中，约略可分为四项的答复：（1）爱情是无条件的；（2）感情、人格、才能，固可算为爱情的条件，但名誉、状貌、财产，不能算入；（3）爱情条件比较上的标准；（4）爱情定则，适用于未定婚约之前，但不能适用于已定婚约，或成夫妻之后。

（1）今先把第一项来辩驳，这层应推重在冯士造君的讨论上（参看讨论五）。他说："爱本是抽象、整个的，不能用科学的方法来分析，也不能直接的去形容，真是神秘的呵！"这个神秘式的爱情，危险甚大，当然为我所极端反对的（反对的理由详在续篇上）。现在姑且假设冯君所认定"世界没有确定的真理"，姑且假设这个神秘的爱情可以存在。可惜是，冯君不能自圆其说，以致他所说的神秘式的爱情，不是彻底的神秘。因为他一面承认我所说的爱情的第四定则，"夫妻为朋友的一种"；一面又承认第三定则，"爱情本有变迁的可能"。凡我所说爱情的四个定则，原是相因而至的。如若承认其中的一个，就不能不同时默认别个了。今冯君既承认第三、第四两个定则，偏又不肯承认"爱情有条件的"与"爱情是比较的"第一、第二定则，由此可见他未能了解爱情是什么东西，所以他不能不流入神秘的地方去了。我今试问爱情既是如他所说的那样神秘，怎么他又说

"爱情本有变迁的可能"？既然说爱情可变迁，自然是爱情有条件上的比较。因为若无条件的比较，怎么会有变迁的可能？即如冯君自己所说"爱情本有变迁的可能……非彼此有意见和性情的冲突，万不能如此"。他所说的意见和性情，即我定则上所说的一种条件了！其次，他既承认"夫妻为朋友的一种"，那么，凡夫妻的爱情，即是朋友爱情的一种。今试问朋友的爱情，不是从感情、人格各项的条件上所生出来吗？得了一个较好的朋友，不是从许多朋友中比较上所得来吗？所以我说冯君所主张的神秘式的爱情，不是神秘的，尚是有条件的。实说起来，从主观上说爱情固然是"整个"，但这个整个，乃是由许多条件所组合而成的，究竟是可用科学方法去分析它的（请留意后文对于"整个"与"分析"的解释）。

据冯君说：他"曾经爱过人，也曾受过人爱，在爱情极诚挚热烈的时候，我们同时发生了一个问题，就是：'你为什么爱我？'彼此想了许久，终究没确的答复，只得一笑罢了"。就冯君意，这个即是神秘的爱情，即是爱情不能直接去形容的证据！据我的意，这个不过是一些愚昧的男女，为情欲所迷惑，身入其境的人，自然"终究没确的答复"罢了。但旁观者清，是见了这对可怜虫，明明白白地，确确切切地，代他答复："这对可怜虫，居然自以为入了爱情神秘的境域了！究竟终是跳不出了生理上情欲的冲动，及心理上感情的作用，和社会上制度的规定，三个范围内的条件罢！"我在五月二十三日看了《晨报》"这是谁的错"一条新闻，今节写于下，也算是答复的一种，一个年老的香火道士说："这两块骨头（一对青年男女），从八点钟来，到午牌时分了，足盘旋了四个多钟头。鬼头鬼脑的，装望着那开着窗户的房间，我真倒霉，为跟踪防范着他们，却耗了我一早半晌儿。"或者许多人所说的神秘爱情，由道士看起来，恐怕仅是两块骨头的神秘！此外尚有一个不能答复的答复，例如：有些民族不知二加二等于四的，在这些人们的心理，一切最粗浅的加减乘除，皆是神秘的东西。今冯君所说的不能形容的爱情，不是爱情不能形容的，乃是人们不能去形容爱情的;这是说:不是爱情本身神秘的,乃是人们把爱情看作神秘的;也是说,爱情本来是有条件的,不过有些人不能领悟,或不要知道它的条件罢了。

末了,我一面也承认冯君所说的"是非原无一定,此亦一是非,彼亦一是非"。可是我虽主张"无绝对的是非",但我一面承认有"较大较小的是非",并承认"大是非"可以为"小是非"的标准,"小是非"当为"大是非"的部属,明白此理,那么"爱情是有条件的"的定则,虽然不是"绝对的是",但比神秘的无条件的爱情,确是具有"较大"的真理。因为"爱情有条件"的一个定则,是以客观上的事实为根据的;因为无条件即无爱情,条件与爱情是不能离开的;因为主张神秘的爱情的冯君,尚终不能不承认爱情是有条件的;此外,不主张爱情神秘的人,自然更不能不赞成爱情是有条件的了。试看讨论文中,岂不是主张爱情有条件的人占了大多数么?

以上所说的,对于主张爱情是无条件的一项上的答复,大概已完。本来丁文安君所说的"爱情是一件极神秘不可思议的东西"(参看讨论四,也当在此项上一并讨论)。可是丁君后头又说认识、观察、谅解、恋爱等手续,必要以个性、才能、学识等等的条件为依据,故我看丁君比冯君所说的更不神秘。所以我把冯君的大神秘一经答复,那么,丁君的小神秘,自然不用再整旗鼓了。至于丁君冯君及一切辩论人的文中所涉及旁的问题,待我下文再为相当的解释。

我在此第一项的答案是:爱情是有条件的;凡主张无条件和神秘的爱情,无论如何讲得天花乱坠,终是不能自圆其说。至于条件是什么东西,即为下项所当讨论的问题。

(2)爱情是有条件的一个问题,虽为大多数人所承认,但爱情的条件是什么,彼此意见纷纷不一。据我所说,它是感情、人格、状貌、才能、名气、财产等项。驳我的人,或主张感情一项已足,或主张人格一门即够,或则说须有感情、人格、才能,一块儿才好。总而言之,他们仅肯承认我的条件中一部分。他们最大理由,就是看状貌、名誉、财产等项为物质的方面，或看它为物欲，又有许多人误认名誉即是势力，财产即是铜臭，状貌即是拆白党和吊膀子的漂亮。以如此的眼光去判断，无怪他们看这些条件为恶劣！实则，我所说的爱情，乃是美满无缺的爱情，所以一切与它有相关的，皆是组合这个美满无缺的爱情上不可少的条件。感情、人格、才能，固然重要。故我特地把这些条件列在前头。但名誉上也不可少。"名誉"的解释，即是功业、道德、文章的总名。爱一人的功业、道德、文章，即是以组织名誉的要素——功业、道德、文章——为发生爱情的条件。其次，名誉与地位一件事有些不相同，但与"势利"完全相反。凡在位尽职的人固然有名誉。但"尸位素餐"或借地位滥用感情的人，这样地位当然不是名誉，乃是势利的枢府，完全与爱情的条件毫无关联。故我想名誉二字绝不会被辩论人仅仅看作"势利"的那样偏解。

至于状貌一项，于爱情上关系也大。例如人有豪爽英姿，活泼神采，岂不比那龌龊肮脏，丑陋疲惫的状态更为可爱吗？昔时有些人讲求道德的修养全靠精神，身体羸敝在所不计。甚且主张肉体与精神不能相容，至于自戕身躯以为提高精神的一种表示。时至今日，稍有智识的人，皆知"良好精神存在良好身体之内"，不若前人的一味抹煞物质一方面那样偏见了。由此说来，形体的保重，在精神的作用上已经不可鄙薄如此，那么，状貌的生成与保护，在爱情上一方面更有巨大的关系了。因为美貌，即是美的一种。它是活的美术，比那死的图画和雕刻等更为重要。

图画和雕刻，人皆承认为精神快感上的好材料，今乃视活的图画和活的雕刻的美貌为物质物欲。我对此真是大惑不解了。以貌取人，有时固然不免被骗。吊膀子、拆白党的人（余、梁、章，诸君的话）纵然生得好皮囊，他们实在"有负生成"，自视过于卑贱，乱去滥用他的好形骸，所以为我辈所吐弃。倘如一个人已有感情、人格、才能等项，又加以雄姿英秀，不更令所爱的人，发生了精神上无限的快感吗？我今再为申明一下：状貌是发生爱情不可少的一个条件的，但爱情的条件不仅是状貌一项。若单以状貌为标准的,当然只能发生极褊狭的爱情,所谓"以色爱人,色衰则离",即是此理,但不单以色爱人的,对于色衰或貌丑的人,也可以用爱,不过所爱的另在别的条件罢了。可是依我说,倘如别的条件都具备,能再加有状貌的条件,爱情上当然更为美满。

现在说到财产也为爱情条件之一,这句话在素不讲求经济的国人们听见了,更为生出极大的骇异。究竟,财产不独与爱情有关系,并且就广义说,它是"生命之源,一切之始"的。今姑从它的狭义在爱情一方面说:一个东洋车夫与他妻的感情或者极好,但当无钱买二个烧饼充饥时,有时总不免出于吵闹。我也知千金或者难得一笑,有钱或者难买有情心。但有人格的人,能用财产去发展他的最广大的人格(如去做一切的慈善和功德的事业等);有感情的人,能用财产去扩张他的无限的感情(如美术费、游艺费、交际费、慷慨费等);有才能的人,能用财产去增进他的更高深的才能(如旅行调查费,建设试验室费及购置书籍、仪器等费用)。一面上,这些对于社会的人皆可得了同情心;别面上,即是使所爱的人起了同情念。总之,由财产能使爱情扩大,所以它是爱情条件之一;由财产能使爱情发生,所以它更是爱情条件之一。但爱情不是单由财产一个条件所成的,故单以财爱人,或以财被爱,势必财尽爱也尽,因为他所爱的,不是完满的爱情,假设他所爱的,除财外,尚有情感、人格、才能、状貌、名誉等条件,那么,他所爱的,不仅单单是财产,乃是爱情组合上的整个,如此安可说他为利欲所动呢?〔"妓女爱钱不懂情"这个最粗俗的意思,不料为许多讨论人拿来攻击我最好的利器。但我想妓女全不晓得钱是什么东西的。她看钱不过为一种"敲竹杠"的手段罢了。假设她能真正晓得钱的作用,能真正看钱为爱情的条件,那么如遇了有钱的知心人,当应借助他的钱银,跳出她的火坑(从良),这岂不是钱乃爱情的一条件吗?又使她于钱为爱情条件之外,能再加上感情、人格、状貌、才能、名誉的爱,她岂不变成为世所尊重的

"情妓"吗？]

大端说来，美满的整个爱情，乃是由一切的条件所组合而成的。但各人主观上，各有各的"整个的爱情"。所以人类中遂生出了许多不相同的主观的爱情。可是，单以感情为整个爱情的条件，自然是比那个感情和人格所组合的整个爱情的范围较小。又单以感情、人格、才能为条件的整个爱情，当然是比那个感情、人格、才能、状貌、名誉、财产等项所组合的整个爱情的意义不全。就此论来，我所说的爱情，所以比他们的范围大、意义完全的理由，即是我所说的爱情条件，系以客观的事实为标准，比他们主观上的爱情条件较完密的缘故。若就主观上说，仅靠爱情，只有人格，或单具才能，甚且单有名誉，或状貌，或财产也可发生爱情。可是这些爱情，终究不是一个美满的爱情。除非他不与美满的爱情比较则已，如要比较，他们总不免觉得缺此缺彼自惭不如罢了。说到此处，我们应当继续讨论第三项。

（3）爱情条件比较上的标准。对于这个问题，讨论人更生出了极大的误会。我想如能明白上项和前次原文所说的，自然知道"美满的爱情，是以爱情的条件量数最多，和性质最浓，为标准"的理由了。爱情条件的比较，一面既以条件数量上的多少，一面又以条件性质上的浓薄为标准。那么如甲比乙的条件量上或者较少，但他比乙的条件质一方面较浓，又如他所具的质比乙所加的量较好，自然他不以条件量上较少，就会比乙的不如了。例如甲的人格甚高但极贫，乙比甲的人格甚差但极有钱，假如有丙是重人格的，当然爱甲不爱乙了。凡稍有智识的男女以此为用爱的标准，自然不至于茫无适从，朝甲暮乙了。我既已揭明一个最完备和最浓厚的爱情为标准，以为用爱或被爱的人的指南，在男女互相选择的时候，固然应当以此为目的，即成为夫妻之后，也应该向此目的竭力去改良进化。纵然夫妻间不能从条件量上去增加，也当从条件质上去增进，这个才是我所叫的真正和进化的爱情。故无论单以财或以色做爱情的标准，为我所反对，即单以条件的多少为标准，也为我所否认。因为我同时承认条件的质上有浓薄的缘故；因为我承认美满的爱情必要条件的量上和质上同时两面达到完备美满的缘故。

有问：假设甲乙二人的条件量与质上俱一样，但甲比乙多了财产一项，那么依爱情的第二定则，丙当爱甲不爱乙了。实则，丙不是依"最美满的爱情"为标准的。因为他所以爱甲或弃乙就甲的缘故，不过为甲比乙多了一个条件。但无论单为一个条件的量较多，或一个条件的质较浓，或一些条件的量和质组合上较多与浓的缘故而变迁，虽则是合乎"爱情可比较的定则"，究竟，终不是以"美满的爱情为标准"去变迁的。这样变迁，举凡以美满的爱情为标准的人，断不肯如此轻易去做的。由此说来，必要甲比乙不独是一项的，乃是一切的条件皆好，然后丙爱甲不爱乙，才算是以美满的爱情为标准去变迁，才算是向上的和进化的方面去进行。

以最美满的爱情条件为标准，在理论上应当如此。但在许多驳论人的眼光，以为如此，在事实上必至男女终身不能得一匹偶了。这个顾虑固然不错，但于事实上极有利益，所以古来许多名人，宁守独身主义，不愿婚娶，即为此理。他如佳人未遇，名士难谐，或所欢的已逝，或则情有独钟，所谓"曾经沧海难为水，除却巫山不是云"，自然是至于"海枯石烂"，或"为情而死"，终不肯与俗夫俗妇为偶。故以最完满的爱情条件为标准，于事实上不独免了许多驳论人所说：必至"情战不休，迷恋不止"等事，并且可以提高个人的道德、社会的安宁，以及夫妻生活上的进化，和爱情上结合的坚固呢。仁者见仁，智者见智，我与辩驳人的观察点不同在此。（殉情的人，乃是主观上凭了他一个理想的爱情，总觉别个爱情和他的比较上终是不如的缘故。这个确是合乎"爱情是比较"的定则。）

或说，"癞蛤蟆想吃天鹅肉"，谁人无虚荣好高之心呢？可是，我于爱情条件上，以感情和人格为首例。那么，凡自己无相当的条件而妄想去攀高，不特自己人格有亏，即要得他人的感情也不可得。例如一个可怜的东洋车夫妄思去向坐在马车上的小姐们执手，势必至于被打。故我常说，应当先提高自己爱情的条件，然后才能求得他人高尚的爱情。就此而论，除了一般无赖、情迷和那些不知自重的人外，断不会因爱情有比较可变迁的缘故，而至终日忙碌为情战或为恋迷。究竟，不只无此弊病，若能因爱情有比较可变迁的缘故，使爱情的条件日日提高，这个即是使感情、人格、才能等项日日提高，岂不是进化的人类所应为？又岂不是社会上最好的现象吗？

或又说，状貌能日日提高么？张竞生有返老为童的魔术吗？这个曲解更不可恕！凡我所谓提高的，乃在人类能力内所做得到的范围，至于返老为童的术，自然不是人类的所能为，但状貌的定义，我在前已说过，不是"俏皮"的解释。实则，老年人也有老年的可敬可爱的状貌。如老年人能够日日讲求他精神上的修养和身体上的卫生，自然能够日日提高他老年的好状貌了。若论中年男女，更不可不容止修饰。昔在我国，妇女所重，言容并列。可惜现在处在固体式的夫妻制度之内，一经嫁人便毫不装饰。以致头蓬脚脏，犹如鬼婆。为夫的在家庭，不衣不履，也鬼也人，阎罗王的恶相，百八魔的丑形，样样俱全，无奇不有。这些怪状，于家庭及社会的美观上关系甚大。同时于夫妻爱情上也有极大的影响。回视欧美社会，男则是齐齐整整，女则娉娉婷婷。未婚嫁的，使人有可望不可即的艳羡。已成夫妻的，也使夫妻彼此间时时如见新人一样。我所谓日日提高状貌，即是指此。

以上为第三项的答复，大端意义已算完尽。至于成夫妻后变迁的问题，今再为特地分论于后。

（4）大多数人赞成我的比较与可变迁的定则的。但他们有一个限制，即是"这些定则，仅能适用于未定婚约之前，但不能适用于已定婚约或成夫妻之后"。他们立意未尝不善。可惜是，他们把爱情与婚姻的制度误为一起！凡我所说的爱情，乃从定则上说，即从理论上说，不管它是在选择，或定约，或已成婚的男女均可适用，故无论在何时期皆可因比较而变迁的。但他们从婚姻制度说，即从习惯上说，以为如此一例看待，便使家庭和婚姻的制度不能成立，大有犯了公共的道德！不知他们所见的，仅在婚姻制度一方面，所以他们心中要讨论的爱情，不知不觉中已为婚姻制度的观念所蒙蔽，遂致他们所讨论的根据点不在爱情，而在婚姻制度了。但爱情是一事，婚姻制度为一事，在一个社会上所谓道德不道德又是一事，这些都不能混为一谈的。在我前次原文所论的，仅是爱情的定则。由定则说起来，凡有了解这些定则的人，均要达到一个美满的爱情。如遇有选择和比较的机会，就有比较和变迁的可能，至于婚姻制度及道德上的事情是什么，不是我本题所能兼及，所以不敢如辩论人一样的混杂去讨论。

总之，因为辩论人不知爱情定则与婚姻制度二者分别的理由，所以他们觉得有区分爱情定则在选择与在成婚二个时代不相同的必要。今姑从他们所主张，他们也不能自完其说。例如离婚案的众多，事实昭然，但苟依驳论者的意思，一经成为夫妻之后，爱情上就不能变迁，那么，应该否认有离婚的事实了！或说，离婚案的众多，原因是极复杂的。但这个复杂原因的根本点，即是因夫妻彼此间对于爱情的条件（感情、人格、名誉、财产、才能等项），不能达到希望，所以才思去变迁的。即如梁镜尧君所说："离婚案的多，是关于宗教问题、个人主义、妇女解放、工业繁兴、都市发达、法律不严、晚婚影响、新旧家庭过渡、生活程度增高、平民制度发达等等。"（讨论十三续）究竟，他所说的事情，即我说的条件。例如他的"个人主义，妇女解放，平民制度发达，新旧家庭过渡"即我所要说的"人格提高"；他所说的"宗教问题，法律不严，晚婚影响"，即我所要说的对于信仰、法律及家庭上的"感情衰弱"；他的"工业繁兴，都市发达，生活程度增高"，即我所要说的受了"财产的影响"（广义为经济的影响）。这些人格提高，感情衰弱，财产影响等条件为离婚案众多的理由，岂不是我所说的夫妻间的离合，是以爱情的条件为标准吗？岂不是与我们所说的"夫妻的关系，若无浓厚的爱情（条件的爱情）就不免于解散了"的话相合吗？

其次，我原文所说的，乃是希望爱情从向上和进化方面去改善。

假设夫妻彼此间能从爱情上时时去比较改善，变迁进化，无论外间有何引诱，夫妻总不会有变迁的了。乃论者误认比较和变迁，单以为必在夫妻之外，再去寻第三人，然后才是比较变迁。殊不知若爱情无提高向上的希望，则虽日日寻一人，也不能得到美满的爱情。凡若稍知爱情的人，断不肯如此变迁的。不知此理的驳论，遂致闹出许多"贪多嚼不烂，见一个爱一个，沽价式的卖身主义"等项的笑话来相诘问了！或说男女彼此间应该考察一个美满的爱情后才可定约成婚，自然可以免却后来有解约及离婚的痛苦。我想果能如此，固然是善。但若因一时"感情作用"而致偶有差失，便不许人再有变迁的补过，这个未免过于专制，也不是许人为善的心怀！

末了，再从事实上说，终究有许多人各以各人主观上的爱情为美满的。贼公贼婆，也是我我卿卿，一味的心肝儿乱叫，不想再变迁的。处在我国现时的社会，大多数毫无爱情的夫妻，因为家庭和婚姻的制度所束缚，终是糊里糊涂过了一生，至于新式婚姻的夫妻，能够保守从前未结婚时的爱情已算满足，极少有彼此间互相勉励竭力向上的志愿。所以我特地把爱情定则写出来，使一些男女在选择的时候，应当有一个客观的美满爱情的条件为标准。即在已成夫妻的人，也当知爱情可以变迁的，应当竭力向上，取得一个进化的爱情的快感。我以定则为先导，希望人能够于实行上有万一的率循。这样慈心婆口，忠情热血，自以为于世道人心与移风易俗上有极大的裨益。不想尚有诬赖我是一个引人为恶的人，我不知如何说，才算是引人为善呢。至于他们保守传统的陋说，不知利用定则去改善消化，这些人才是引人为恶哪！

凡上所说的，全为归类的答复。至于夫妻为朋友的一种，乃是一个自然的定则，待我在续篇再行详述。

在此篇结论上，我应说及我前次原文中所用的"定则"与"主义"二个解释，并以答复章骏锜君的疑惑。凡我原文所说的一切爱情的定则，乃由我个人从客观方面的事实所观察和从自然道理上的分析所得来的。并且我因为看这些爱情定则是很好的,所以我也取它为主义。这个即是我一面说定则,一面谈主义的缘故。至于章骏锜君所说:"若是他(指张竞生)想用他爱情社会现象的分析的结果,作为青年男女的爱情道德的信条……"(讨论十二),这个假设,完全违背我的原文本意。我所说的爱情定则,不是仅为一时一地的普遍现象,(如章君所说的贪官、缠足等,这些事究竟不是一时一地的普遍现象,所以章君自己尚不能自圆其说。)因为世界上的男女,即在今日还是大多数不知这样爱情定则是什么东西,所以我所说的不是为今日社会一时普遍的现象,乃是从男女爱情的根源上,或从爱情的现象彼此相关系上,求出它所以然的定则。我自以为在前次原文及这遭的解释上足以证明这些定则的成立和它所以然的理由了。

（上篇完）

答复"爱情定则的讨论"（续篇）

张竞生

从小说式和神秘式上主张男女爱情是无条件的,我已在上篇第一项上说明它怎么样不能成立的理由了。现在或在科学式上主张男女爱情是无条件的,这层更加困难。梁镜尧君似乎要从这个问题入手（讨论十三）,我先当赞许他的胆量,后复原谅他的失败。

梁君说:"爱情是无条件的,因爱情是各种感情结合而成。"他这起首二句话,即互相矛盾,第一句"爱情是无条件的",与第二句"因爱情是各种感情结合而成",本来字面上已讲不过去。因为"结合而成"四个字里头必含有些条件才说得通,并且各种感情的"各种"二字,更是不能说无条件,这些也与上句所说的皆不能相容。但他若仅是字面上稍未留心,自然不成问题。而按其实,他明明确是说有条件的,因为他说:"爱情是各种感情结合而成",他所说的感情，即我前次原文中所说的第一条件。那么，他明明已承认我的感情一个条件了，怎么他反说爱情是无条件的？怎么他能说与我相反对？照上说来，他的根本点——爱情是无条件的——一经推翻，其余的连带关系，本已无立足的余地。或者梁君还要说这是"一二点稍未留心"。现在待我把他的全文通通驳了，然后他肯承认是"令人心服"。

梁君接说："人格、状貌、才能、名誉、财产，或许有时以为爱情的手段，但不是爱情之目的。——张先生亦认'条件'为一种爱情'交换品'。——现在以手段为目的，是错的。因人们把男女爱情的手段——条件——以为是爱情的目的，如明镜沾上一层厚土一样，但见其土，不见其镜，故疑心爱情是有条件的。"在这些引文上，他对我的原文有二点不忠实处：（一）把我的爱情第一条件"感情"一项割去，仅说余的五个条件；（二）硬说"张先生亦认……"。现在先说第一项：论理，他既引我原文，应该把我的原文全引。我的原文是六件：感情、人格、状貌、才能、名誉、财产。他只引五件：人格、状貌、才能、名誉、财产，把感情一项删去。这样割裂，无论如何总不合理：（甲）他若不承认感情是爱情的条件，所以他把我的感情条件删去。那么，依住上文所说，就连他自己文字上及意思上完全互相矛盾，丝毫不能自圆其说。（乙）他若以感情为爱情的条件。那么，他所分别的"爱情手段"和"爱情目的"失却一切的意义。因为他既是以感情、人格等条件是一种爱情的手段。爱情一物，似是出了感情等件以外的一种东西。但照梁君所说："爱情是由各种感情结合而成"，那么，爱情不是感情以外的物了。今他反说感情不是爱情，乃是爱情的一种手段，这样立论上互相矛盾的地方，稍一留心更是容易看得出了。其次，据梁君所说的，一个爱情条件能使爱情发生，不过是求得爱情的一种手段。但据我所说的这个即是目的。因为如无这个手段——爱情条件——即无爱情。爱情本身既无，目的自然无着。反一面说，如要达到爱情之目的，同时不可无爱情之条件。那么，如能得到这些条件——据他所说的是手段——可是由那些条件的实现，同时即是得到爱情，据我所说的，这个即是达到爱情之目的了。故姑就梁君所说的，目的和手段二件事，在此层上已经不可分开如此。总之，在上所说的，已经包括梁君所有的意思。无论如何，梁君终不能跳出他自己互相矛盾，或承认我的意思二个范围。现在说到梁君对我原文的第二点不忠实处。他说：张先生亦认条件为一种爱情"交换品"。这个是他所要我承认的。但依我的原文本意，我毫无承认这个的必要。我在原文说爱情是由爱情的条件所组合而成的。那样，以这些爱情条件为爱情的交换品，这个不是手段，乃是目的。因为我既以"组合爱情的条件"去交换"条件所组合的爱情"，换来换去终是爱情。这个不是说爱情条件之外，尚有一种手段的条件，去交换条件以外的一种爱情，本来是极明白了。

梁君又说："幸爱情不只是男女之爱，还有母子姊妹之爱，国家民族之爱……"我现应声明我前次原文和上篇所论的仅是男女之爱，原来不可跳出题外别生枝节。但他既要拉拢，我也无妨稍为周旋。总之，我说："无论是何种爱，皆有它的条件。"母子的爱有母子相爱的条件。姊妹有姊妹相爱的条件。爱国爱种，以至爱神爱鬼，爱缠足，爱鸦片，也是各有各爱的条件，这些的各种条件是什么，说来太长，暂不谈罢。至于梁君所说的"本能"，我想不能超过柏格森的学说，柏氏所说的本能，好似神秘家的谈情，讲得天花乱坠，到头终是落得一空。仅就 Peckham 夫妻研究所得的拿来说，已足证明"本能"不是永古不变和一定不错的，他是祖宗的或自己的经验的一种结晶品，丝毫无神秘的色彩。他如梁君所说的"利他心"，就"行为论史"（即伦理学史）的功利派说，即是"自利心"的扩张。这是说：人们所以去做利他人的事情，一定必先有自利心的条件（间接或直接，物质或精神）。那么，梁君所说的无条件的利他心，毫无这样的事实。

比较一层，梁君自以为无条件，所以说无比较，但他终是不能自圆其说。随后他又说："即比较，亦是比较爱情之深浅。"这个明明白白地,他也承认爱情是可以比较了。不过他所要比较的仅是一方面。我所说的比较乃是量与质二方面的必要。自然是我的比较,比他的格外周密确切。参看上篇第三项,即看得出这个缘故。

　　论及爱情变迁一个定则,我在前次原文及上篇均已说过它的理由了,今梁君以吸力譬爱情,谓吸力不变,爱情也不变。这样似科学非科学的好题目,当然极易混人视听。在"相对论"未发现以前,吸力是一个极神秘的东西,但这个神秘,尚不能跳出科学定则的范围。及安斯坦的论出,吸力已变成不能独立的现象,须与环境的条件相关系而变迁,甚且在一种特别环境内,可以说完全无吸力一回事。故梁君所最得意的吸力不变说,在相对论上固是全无意义。即就牛顿的吸力范围说,何以光线直行,不受吸力的影响?何以比空气轻的物,不向地坠,偏上天行?仅就这些最粗浅的事说,已可证明梁君所说的一切物必受绝对的不变的地心吸力所吸引,完全不能成立了。由此推彼,爱情纵然如吸力,尚是由条件的相关系上去比较而可变迁的了。至于"海枯石烂,不变初心"的说,乃是我上篇所说的由各人主观上以一种整个的爱情为标准,因比较上不能再得一个较好的缘故,这是说不是"爱情本身"不变迁的,乃是个人主观上"不要"变迁或"不敢"变迁的。此外,尚有一些人的主观上完全否认有男女爱情一回事,这也可见如无男女爱情的条件,"男女爱情可以完全等于无",与上所说的在相对论上的一种特别环境,"吸力可以完全等于无"同一理由。

　　以上三项所说的既有根据,第四项的"夫妻非朋友的一种"(梁君文)的误会更易指出。依我说:凡两男或两女或一男一女以爱情的条件相结合的,叫做"朋友的一种",作图如下:

图三

　　我所说的"朋友"二字乃泛指说,是广义的(在图为大圈),与"普通朋友"截然不同(我的原文有"普通朋友"字样的分别)。

那么，如我说"夫妻即朋友"固然错；或说，"夫妻是普通朋友的一种"也是错。但我说："夫妻为朋友的一种"；又我说，夫妻比"普通朋友"的友情更加深厚。这是说，夫妻不是普通朋友的，但也确是朋友的一种，与"普通朋友"也是朋友的一种不相同（看上圆内的圈别）。这个和说马是兽类的一种，但它与同是兽类的一种的"牛"不相同的粗浅逻辑，同是一样的见解。故梁君（在讨论十三续上）所画的第一圆，若把朋友一圈看做广义的，当然为我所承认。他的第二圆自然是错。至于我说夫妻结合后所生出的社会上、家庭上、子女上、经济上等纠葛，乃是夫妻结合后才有的"产物"，所以说与"夫妻为朋友的一种"的定则为二件事。譬如二个朋友的结合后，因债务的关系而至于涉讼。这个后头所生出的债务一件事，当然与他们前头的友情不相同。因为不是朋友，也可发生债务纠葛。

至于谭树樾君对这个夫妻是不是朋友的一种的问题，主张当先要研究"性交"是否对于爱情有影响后才能解决。他说："如果能证明性交与爱情毫无影响，那末，夫妻就是朋友之一种；如果能证明性交与爱情有一点影响，那末，夫妻绝不是朋友之一种了。"（讨论十八）就我见解，性交与爱情完全是两件事的。因为先有爱情，然后才有性交，不是先有性交，然后才有爱情的——若有美满的爱情条件后，或有性交，或无性交，爱情都是一样的。断不是如丁勒生君所说的"再加上双方的性的感觉，或更加上性的行为，这便算是爱情或恋爱"（讨论六）。——我今从客观上研究所得的写明如下：论及性交的渊源，是因男女身上在一定的时期，发生一种毒质的精液，内中觉痛苦，所以设法向外排泄出去。凡一切的下等动物，都是受了这个自然的冲动，发生它们两性交媾的事情。即在高等动物的人类，尚有许多人以性欲的冲动为单位，如上篇所说的香火道士所防范的那一对男女，和那些春情初动、不识不知的青年，笑啼无因，痴狂自扰，行坐不安，日夜迷梦，皆是属于此类的。可是，一些较高上和较理性的人类，必要先有相当爱情的条件，然后才能生出性交的关系。由此说来，性交的发生，或因自然的冲动，或为爱情的表示，都是与"夫妻为朋友的一种"的性质毫无相干。因为一男一女的相合，虽不是夫妻，仅是情人（朋友的一种），也可发生性交的。别一方面，性交乃夫妻后，不得不发生的感情：（1）因它是自然所需要，（2）因它是爱情的一种"表示"。由自然的需要说，它是一种冲动，与爱情毫无相干，与"夫妻为朋友的一种"的定则，更不相干。由它的"表情"处说，与爱情也毫无关系。它虽与握手、接吻、抱腰等项的表情量上不相同，但性质上彼此则一。人人皆知两男或两女，或一男一女，虽有握手、接吻、抱腰等等的表情，终不失为朋友的一种，那么，一男一女彼此间纵有性交（或是夫妻，或是情人），他们断不能因此就不是朋友的一种了。（究竟，性交的特别处，一在它的表情的态度，一在它的结果——如怀孕及花柳病等——所以稍知自好的男女，都是郑重其事，必要对他最有情的人才肯表示的。）

以上所说的，除插入谭树樾君的辩论一段外，对于梁君的讨论，虽不是逐字逐句去解释，但他的意思都已答复，同时都尽推翻了。此外，尚有梁君四个问题当答的。第一项关于离婚的问题，我已在上篇第四项上答复。至第二问题上，因我说："试看欧美人的夫妻，不得不相敬如宾，彼此不得不互相勉励竭力向上。"遂使梁君说："这一对'不得不'三字，听了心里觉得有一种不快之感。"我也知道"不得不"三字令人怕。我国现时的读书人和办事人实在极少知道这个努力的秘诀，所以梁君说："只讲读书做事，研究学问，若加上'不得不'三字在上面，那么人生还有什么乐趣呢？"至于夫妻一方面，更是极少知道这些"不得不"了。在这样的腐败的家庭里，为夫的唯有"任其意所要为"，为妻的唯知"以顺为正"，哪里彼此知有"不得不"三个字。但我想"不得不"三字，即是求得人生观念进化上的秘钥，也即是达到人生乐趣的不二法门，从这个"不得不"三字诀，做下勉强的功夫，自可得了后头的自然而然的高上乐趣。梁君如不信，请一试罢！看者如不信，也请一试！

梁君的第三、第四反问，乃是关于陈女士，我在上篇说过，为避免误会起见，我本不愿在此答复的。但因与我文有关，所以不得不连及说起。梁君说陈女士"见了谭宅亡姊的幼孩弱息，不忍忘情于抚养"，为合于他所说的"利他心"的爱情无条件。可是我前已说过，利他心，即是以自利心的条件为基础的。例如陈女士所以肯为她的亡姊幼孩去牺牲，因为她做此事，视为与自己的精神快乐上有利益的，况且我尚说她不是单为这件事呢，梁君又说：陈与沈"藕断丝连"足以证明爱情不是变迁了。但我意，凡由厚而薄即是变，不必由有而无才是变呢。那么，陈与沈由婚约而变为普通朋友，藕既断了，丝虽暂时相连，究竟不是前的藕形了，暂时相连的丝，或许不久也要断了！

上所说的，都是特为梁君而发，此外，尚有一个紧要题目——定则——为许多人所误会，也应稍为说明于下。"定则"即是"现象中的一种比较固定的关系"的别名。若能从现象中，求出一个比较固定的关系，无论是什么事情，皆可得到了它的定则。故定则的效用所及，不仅限于流俗所叫的科学范围，即如人生观的一切事情——爱情当然其中之一——也有一种比较固定的相关系现象，这是说，也有一种的定则了。但从绝对上说，即从"物的本体"上说，无论何物，都非人类所能知道的。例如以"爱情本体"说，究竟有无这个本体，徒劳辩驳，终不能有解决的日子！故从绝对上说不仅是"爱情者含有无上之神秘性，不可言宣意拟也"（引讨论十九语），即如怎么肚会饿，口要食，食后有些物变为粪为尿，尿粪又可用为肥料，培长稼稻，稼稻所收获的，人食之后，又能做出这"不可言宣意拟"的文字。这些皆是"含有无上之神秘性，不可言宣意拟也"。苟从相关系的现象上去研究，不独尿粪可以分析，即庄稼的生长，也有它的定则可以寻求。至于"不可言宣意拟"的文字也自有它"可以言宣意拟"的表象。就以人们所叫做"无上神秘"的爱情说，也可以得到它的相关系上的条件。由一种爱情条件的关系，而可断定它必生出一种的爱情（因爱情是由条件所合成的，所以由条件组合上的不同，可以有无数个的爱情）。倘使人们知道理智上固有逻辑，感情上也有逻辑，理智情感组合上尚可有逻辑，那么，爱情纵然如世人所说的全出情感，尚有情感逻辑上的定则。但我意，爱情不单是情感的，它是由情感和理智所合成为一个"整个"的——如孔、墨、释、耶的救世热诚，谁能说他们全为情感所冲动，毫无理性的作用呢？——由此说来，人生观的定则，比普通科学的定则较为繁杂，即是人生观上常把情感与理智的组合成为"整个作用"的缘故，所以身当其事的人，无不自以为神秘或直觉的了。实则，苟能从客观上的观察，苟能把这个"主观的整个"的现象考究起来，自可得到它有分析上的条件。因为整个的对面，即是由条件所合成的，因为主观上虽有整个的作用，但这个整个不是神秘的，乃是可分析的，不知这些理由的人，遂致闹出下头三项的误会：（1）有许多人不知整个与神秘的分别，所以误认主观上的整个爱情，为客观上的神秘性质。（2）原来，主观与客观的作用本不相同。若把客观的误做主观用，遂致生出了梁启超[1]先生及谭树櫆君诸人的误会。例如，梁先生若知恋爱必先有"理智"为客观的背景，然后才免"令人肉麻"的理由，就不会有"假令两位青年男女相约为'科学的恋爱'岂不令人喷饭"这些话了（参看五月二十九日《晨报副刊》梁先生文）。又使谭君若知"条件"是客观的事实，"直觉"乃主观的作用，当然不至把我的条件，误做他的直觉去了（参看讨论十八）。（3）"整个"在主观上的作用，与"分析"在客观上的意义，彼此虽则互相交连，但各有各的特别位置。好似整个的水，虽是与分析时的轻养二气[2]相关系（因为水是由轻养二气所组成的），可是，水整个时不是轻养，与轻养分析时不是水，同一理由。推而论

---

[1] 5月29日《晨报副刊》梁先生文，作者应为梁镜尧，此处文章有误。
[2] 即氢气和氧气。

之，人生观上的一切问题，例如以爱情说，在客观上分析的条件，自然与在主观上整个时的现象，两者完全不相同。但是人们不能说这样的整个，是神秘的不可分析的。因为它既由条件所合成，自然是可分析了。因为这样的整个，既是由条件所合成，那么，从它所组合的条件上，就可以见出它的整个的性质和作用了。若有不知上头这样的区别：一方面就不免误认为整个为分析，分析为整个；别方面，又不免误会了整个与分析彼此上丝毫不相干。所以闹出张君劢、丁在君诸先生对于人生观一问题打起了一场无结束的笔墨官司！（张君的主张整个不可分析，与丁君的主张分析不能整个，皆是偏于主观或客观一端的见解，我想，还它整个与分析的位置，又承认它彼此互相关联。这才是从"全处"看。）

总之，以客观的爱情定则，作为主观上用爱的标准，原无碍及于客观上条件分析的方法，与主观上爱情整个的作用。并且，人苟能以定则为标准，作为主观的指南，自然对于所爱的，才能爱得亲切，爱得坚固，爱得"痛快淋漓"。例如人人有耳会听，唯知乐理的人才能"知音"；人人有目会视，唯知书法的人，才能"悟境"；我也敢说：人人本性能色，唯知定则的人才晓"爱情"。至于一味凭直觉主神秘的人，上者，不过于情上领略些迷离恍惚的滋味，下者，则无异于牲畜的冲动。青年男女们你们如不讲求爱情那就罢了，如要实在去享用真切的完满的爱情，不可不研究爱情的定则，不可不以爱情的定则为标准，不可不看这个定则为主义起而去实行！

附注一：我对此次讨论文上的答复态度分为四种：（1）"特提"，如对于梁镜尧、谭树楣、冯士造、章骏锜诸君，因其较别人的见解稍有不同，所以特地提出来讨论。（2）"归类"，有许多人讨论上的意见，彼此是相同的，所以归类答复。（3）"不管"，这回讨论人中有少数是借题胡闹一场，不是来互相讨论的，所以不去管他。（4）"默认"，有些人的意见与我相同的，我自然是默认。

又截至现时止，讨论仅有二十四篇。闻说尚有许多篇未登出。我因旅行期限不能再延，所以未能待讨论文全登后做一起的总答复。现在这二篇文，算是我答复那二十四篇的一结束，此后若有必要讨论的地方，须待到暑假后我回京的时候了。

十二，六，十六

附注二：关于谭仲逵君事，本来与我题无干，可以不管。现在既有许多人硬挽入内。我也来说一说：

我与谭君虽是十余年前在法国一度同居的朋友，可是未曾做过一回长久的好朋友。为的是我们二人的意见、性情、行为，都是相合不来的。但我对他的这回与陈淑君女士结婚事，又极认为合理，完全与梁国常君及其余诸人的见解不相同。（讨论一、二、十等。）

（1）谭君三十三岁，陈女士二十二岁。男比女的结婚年龄大了十一二岁，极合生物学的道理，因为通常，女子四十八岁天癸[1]将绝，男子六十，精力始衰，我曾看一书说：要求一夫一妻的制度坚固，须要男子结婚的年龄比女子的大十二岁。这个主张，确有所见。返照我国古制"男子三十而娶，女子二十而嫁"的规定也合。

（2）谭君的学问上比较长于科学。陈女士则长于文学。今"文实通婚"居然实行起来，这个为智识互助上的最好模范。

（3）谭君识他的小姨（陈女士）已在数年前，今于二个月的短期内，能表出他的爱情。又能使陈女士承受他的爱情。这是"用爱"的最大胜利处！（用爱与引诱不同。凡要使人爱，不能不用爱。现时青年男女是"要人爱"，不是能去用爱的，都是被动，不是自动的。）

（4）谭君丧妻数月即娶，这是他个人主观上的见解，我想娶也可，不娶也可。再者，续娶的人，不是一定对于前妻毫无恩义。倘能时时不忘记她的好处，时时把她的道德继续去做，便是不忘死妻的表

---

[1] 中医指女子月经。

证了。记得——自陈女士到谭家至结婚时，我未曾一次到谭家，因为我与谭君为一件公事上的意见不相合，在此时期，彼此已经数月不相通问。一日偶然撞见，谭君向我说他已与陈女士定婚，不久即娶。我劝他的暂缓婚期一二年，使他们的身体坚实些（因谭君病才好，并且他又说陈女士也有病），并使他们领略些未结婚时的情趣。（因我常想未结婚时，男女间另有一种"不敢放肆"的情趣，不是已婚后所能领略得到的。故常劝人定婚期愈能延长愈好，至陈女士与沈君事，我一概不知道。）谭君答因前妻遗下二个小孩及家庭上许多事无人管理，所以不得不快娶的缘故。这个可以见他续娶及快娶的理由了。

总之，我的爱情定则，不能因谭是朋友就不敢说的，也不是因谭不是朋友就不要说的。定则自定则，朋友自朋友。主张自主张，仇人自仇人。我爱朋友，我更爱定则！我怕仇人，我愈要主张！凡稍知我是一个思想自由及极有主张的人，就不会怀疑到我受了某人的暗示才能说话的。

附注三：再驳梁纶才、余瑞瑜二君关于我的"爱情定则"的意见

我看梁余二君在六月十日《时事新报》的学灯栏所发表的那篇文后，觉得他们满腔全是装饱了学咬文嚼字顽皮惯的师爷态度，不是来讲道理的。我既然不是如他说的"推事"，当然不懂他们那样糊里糊涂的状词。

我的原文，有："不独以纯粹的爱情为主要，并且以组合这个爱情的条件多少浓薄为标准。"这句话的意思，本是极易了解的。上文"纯粹的爱情"，与下文"组合这个爱情的条件"里头的"这个爱情"四个字所指的是同一物，所以纯粹的爱情也有条件了，因为我的意思是说，凡完全以爱情的条件组合的——即是"纯粹的爱情"；与中间有些不是以爱情的条件组合的不相同——"非纯粹的爱情"，又上文的"不独"，与下文的"并且"，不是指两件事，乃是指一件事的意义深浅上不相同。这样浅白文字，他们尚看不出，真是怪事。我前说他们

是误会或曲解。现在我想他们若不是如他们自己所说的"闭起眼睛，黑着良心"的瞎闹，便是比呆子还呆的呆子。总之，误会，曲解，瞎闹，呆子，无论是哪一件，一次偶然犯了尚可原谅，倘若时时次次如此的，那么，就不配有辩论人的资格了；那么，我宁把我的宝贵眼睛到蒙古看沙漠，不愿再看他们这类的文字了。

至于他们的"论理"更是不论不理！别的不必说，即如他们自己的根本主张：这回是加入"爱情是整个的、不可分析的东西"一个定义，为他们的原驳文所无（可见得他们是抄《晨报副刊》上冯士造君的讨论文五）。在他们上回的原驳文，仅析感情、人格、才能、状貌等为"爱情底成因"。那么，爱情即是"这些条件"——感情、人格、才能、状貌的"结果"。这是说：无因即无果；也是说：无条件即无爱情了。今他们偏说他们所说的爱情是无条件的！这样论理，就是他们所用的"买权于敌"的方法！就是他们所说的"以子之矛，攻子之盾"！

我在此，仅摘出他们二个最显现的错误分论如上。此外，他们所要知道的一切应有尽有的详细处，可以看我正文。

我前已向余梁二君声明辩论人应互相尊重的态度，不料他们这回对我更放肆。所以我在此文中不能不对他们有所责备。以后希望别的讨论人，勿蹈他们的"覆辙"，彼此互相尊重，和气平心来讨论。使这个紧要的问题，得我们的辩论稍有结束。真理上的价值，才有计较丝毫的必要。至于个人上，谁输谁赢，又何必介意呢。（完）

驳张竞生君《爱情的定则与陈淑君女士事的研究》[1]

余瑞瑜、梁纶才

我们读了张君这篇文章，不觉大大地失望，因为当我们起初读到"实在知道爱情的人甚少"的时候，心里就切望要领略张君底"爱情"底教训，殊读到了结果竟遍得其反；我们不但从此认出张君也是一个"实在不知道爱情的"，而且还敢断定张君是"爱情底仇敌，是侵犯神圣的爱情的罪人"。

张君底定则虽有四条，实际上只有第一条"有条件的"可独立存在，因为他底第二条说："爱情是可比较的——爱情既是有条件的，所以同时就是可比较的东西……"第三条说："爱情是可变迁的——因为有比较，自然有选择，有选择，自然时时有希望善益求善的念头，所以爱情是变迁的……"第四条说："夫妻为朋友的一种——夫妻为朋友的一种这个定则，与上列三个定则有互相关系；爱情既是有条件的、可比较的、可变迁的，那么，夫妻的关系自然与朋友的关系有相似的性质，所不同的……"照这样看来，张君虽然想要夸张自己捏造的——因为毫无理由——定则数目很多，可是我们是不同他客气，把它们合在一块儿来驳斥就罢了。

张君所列举的条件，即"感情、人格、状貌、才能、名誉、财产……"我们真想不到张君竟会将自己承认的"神圣不可侵犯的爱情"附带上卑污苟贱的小人"势利"的和忘廉丧耻的姨太太"吊膀

---

[1] 本文原载1923年5月6日《时事新报·学灯》。文中所引张竞生文字与张文有多处出入，此处保持原貌。

子"的心理。财产就是"利",不用说了。名誉就是"势"。为什么呢?因为名誉约略可分为两种:一是人格上底;一是地位上底。人们虽然相信对方底人格,就很够了,何必还要加上什么名誉呢?可见张君所指的这个名誉,就是说"地位"底了,我们只要将张君自己说的"谭的学问、才能、'地位'也不是沈生所能及",就可以证明了。地位上底名誉,不是"势"吗?状貌就是说"漂亮"。漂亮的就爱,不漂亮的就不爱,这不是姨太太吊膀子底条件吗?而且张君底"爱情的定则",竟被他自己攻得体无完肤了。他自己说:"男女结合,不'独'以纯粹的爱情为主要,并且以组合这个爱情的条件多少浓薄为标准。"照这句话底意思,就是说:"男女结合,除了爱情以外,还要感情、人格、状貌、才能、名誉、财产等项。"既然说"爱情以外还有……条件",这不是明明说"爱情本来是可以独立的,但我主张的是有条件的爱情"吗?爱情既然可以无条件而独立,就不应该将"有条件的"一条作为爱情底定则。既然"有条件的",一条不能存在,那末以下根据于此的三条都一样应该取消了。如果他还要说"有条件的是爱情底定则",则他就是不通,我们打个最简单的比喻就可以明白。

譬如一个纯粹的桌子——用他底纯粹的爱情底口气——我们用它底定则,只要说"桌子是有面的,有脚的,能搁东西的"就够了,决不会把上面漆得光光、美丽好看等等条件附到桌子底定则上去。如果说"有面的有脚的"是纯粹的桌子底条件,那末,请问除了这个条件以外,哪里还有纯粹的桌子存在呢?

爱情要是可比较的,可变迁的,那末世间就没有爱情这回事。因为我们要知道,世间无论什么事,都没有绝对的,既没有绝对的好,也没有绝对的坏。起初在见闻甚广的人以为某甲底状貌不漂亮,某甲底财产不富厚,某甲底……而在择婚者底心中却以为某甲是最漂亮……比某甲还富的人,于是她底爱情又转移了……照这个样子比较去,变迁去,究竟谁是条件最优胜的人?既然找不到条件最优胜的人,一辈子在那儿比较,一辈子变迁了又变迁,世间还有爱情底存在吗?

"夫妻是朋友的一种",还成什么话吗?夫妻自夫妻,朋友自朋友,所谓"名不正则言不顺",照张君这种说法,我们也可以说:"马是长凳底一种,因为马有四只脚,能骑人,长凳也有四只脚能骑人;那末,马与长凳底形状有相似的性质,所不同的,马是动物,长凳非动物而已。"——用张君底口气——这还成话吗?要是这么样分类起来,宇宙间哪一件事物没有相同的性质?

我们就是从夫妻同朋友相似的地方说,也可以证明有条件的可以常常变更的夫妻,决不是由于爱情。我们要知道真正的朋友,也当崇尚信义,决不能常常随着势利的条件去变更他们底关系。如果人们底眼睛不是同老鼠一般只看得见一寸远,则他们就知道社会状况是常常变更的;今日富的贵的,他日也许会变为穷的贱的;今日穷的贱的,他日也许会变为富的贵的。所以他们真正的朋友完全以人格感情为成立的要件。所以他们不但不弃绝穷的贱的,他们在自己可能的范围以内,还有解囊相助的,还有为朋友的事不惜生命的。若照张君那种意见,则世界上底穷人就绝对得不着朋友了,哪里知道真正的朋友,实在多半是同过患难来的呵!

如果我们只是驳斥张君"爱情的定则",那末,以上说的也就很够了;可是我们也还想要从积极的一方面说明一点。借以批评陈淑君女士底事情。不过我们在这里并不是学张君想要捏造几个定则,所以分类虽是不至于如张君自相矛盾毫无理由,然而也不见得十分精确,这是我们应该道歉的。

我们约略地将"男女结合"分为三种:(一)爱情的;(二)势利的色相的而附带一点感情的;(三)纯粹势利的。

(一)爱情的——就是张君说的纯粹的爱情的——我们觉得爱情底成因,最初是由于双方人格上互助尊重,其次也不免约略计较才能、状貌,但是决不会计较到地位、财产等等势利的路上去。就是对于状貌,也决不是姨太太吊膀子的条件"漂亮不漂亮"的问题,只要没有残疾就够了。然后彼此就会现出互相接近的形迹,最后就会产生感情。等到相处日久，相知日深，有了不可分离之势，就是感情浓到了极点，就会订婚，就成了固定的结合。这种激烈的感情，可以同患难，可以同生死，赴汤蹈火，无所不能。因为这种情人，在他们订婚的时候就有一种意外的牺牲底决心。他们知道好坏没有绝对的，男的他日见着较好的如果变心，未必他底第二次的女情人见着别的比他较好的男子不会丢了他；女的也是一样想。他们知道这个生存竞争的世界上，无处不是仇敌，趋炎附势，极其可怕，所以就想在夫妻间得着永久互助的慰藉。既已订婚之后，无论他日为贵为贱，为贫为富，乃至于颜色衰败，身体残废，乃至于生死关头，都不稍稍变更，相亲相爱，以了一生。所以那些恋爱的人，有的穷苦终身越老爱情越浓厚的，有的不得遂其所愿情愿自杀的，有的因对方已死而殉情的，有的守独身的——这种种现象，若照张君底定则，除了宣言它们是不能有的或虚伪的以外，还有别的法子可解释吗？真的是不能有的吗？或是虚伪的吗？请读者诸君底良心评判！张君心里，恐怕是没有这种高尚纯粹的牺牲的境界——决不会如张君所说的："……被爱的暂时择定一人，而后来又遇了一个比此人更好的，难保不舍前人而择后的了……常有许多男女挑择所欢，至于若干年，改变若干次，已订婚的则至解约，成夫妻的或至离婚……"张君所举的这种种"男女结合"的现象，自然在下面有它们底位置。

（二）势利的色相的而又附带一点感情的——这是最普通的现象，张君上面所举的欧美社会常有的和吾国平常以恋爱为口头禅的青年男女，全属于这一类。他们最注重的就是漂亮不漂亮，所以无论男女，脸上搽着雪白粉，身上穿着阔绰的衣服，口里大吹特吹法螺，想要骗得对方的爱情——这还用得着张君捏造四条定则去教训他们吗？——这全是势利的色相的结合，后来看见更阔绰的更漂亮的，自然就要变心，正如张君说的："至于若干年，改变若干次，已定婚的则至解约，成夫妻的或至离婚。"他们当初也不管什么人格、学问，只要有钱有势就够了。他们后来也不会想想，是否他们第二次的情人再遇见比他们更漂亮的、更阔绰的也会变心？这是最蠢笨的最卑下的可怜虫，哪里配得上"神圣不可侵犯的爱情"？因为既然"爱情是神圣不可侵犯"——张君自己承认的——哪里还会被一个"比此人更好的人"所侵犯？哪里还有第二次的变更？

在这里，我们又发现了张君自相矛盾的地方。他开宗明义就说："究竟实在知道爱情的人甚少，能去实行主义的人更少。"可是他到中间又说："爱情是可变迁的——……在欧美社会上常有许多男女挑择所欢至于若干年……就爱情可变迁的定则说来，实在是很正常的事情。"他既承认他们是照着爱情的定则行事，他就是说他们是"知道爱情的人，能去实行主义的人"。欧美社会上常有许多……为什么开宗明义就说"知道爱情的人甚少，能去实行的人更少"呢？难道中国现在的男女学生，就不知道"爱漂亮的，尤爱更漂亮的；爱阔绰的，尤爱更阔绰的"吗？

（三）纯粹势利的——照张君底意见，现在知道他那种有条件的爱情的人还是甚少，那就无异说现在的男女结合，多半是纯粹势利的了。这要不是张君故意闭起眼睛瞎说，就是张君在那里做梦。因为事实上这种婚姻，决不是自主的婚姻，却是专制的婚姻，尤其是卖给人家做姨太太一类的事情。如张君所谓"嫁狗随狗""得过且过"的，正属此类。"现时喜讲爱情的青年男女"，无论如何，也不致于如此。因为这是极明了的事实，无讨论的必要，姑且从略。

我们读了陈女士赠沈春雨君的两首词，知道陈女士实在是个高尚的富于情感的女子，她底爱情是否有变迁，实在不敢断定。张君批评陈女士数段，在这一点已无根据；他底全篇文章，已经是空中楼阁。即使假定陈女士底爱情已经变迁，然而他底四条定则，已经没有存在的价值，则他所下的批评，自然大错而特错了。

四月十三号

"驳张竞生君《爱情的定则……》"的反驳[1]

张竞生

五月六日学灯所载余、梁二君对于上问题一篇文，误会和曲解我的本意处甚多。今节要再为反驳如下：

（一）我的原文是主张爱情乃由感情、人格、状貌、才能、名誉、财产等项所组合而成；如这些条件全无的，断不能有些少爱情的发生。（节录原文中"爱情是有条件的"一项。）依余梁二君所驳的意：财产就是坏的利，名誉就是势，状貌就是漂亮……这些都是姨太太吊膀子的条件……看者留意这些定义，完全出乎他们的见解，丝毫不是我的意思。依我说：财产不是他们所说的必定是坏的利，因为财产由好人用起来，可以做出许多美善方面上消费的事情。至于名誉二字，凡识世情的人，便知不是单指"地位上底名誉"并且也"不是势"，如余梁二君所说的。即以状貌一项而论，乃指态度高尚，神情和祥，断不是如他们所说的吊膀子的漂亮。总之，我对于爱情所组合的条件，不仅以名誉、状貌、财产为限，此外，尚有比较上更重要的条件，如：感情、人格、才能等项。譬如一个人既有了感情、人格、才能等项的爱情条件；此外，又再加有名誉、状貌、财产等项，岂不更好？若必以财产即是坏的利，名誉即是恶的势，状貌即是吊膀子的漂亮。那么，未免太糟蹋这些东西，又未免自视太卑贱。

（二）我的原文："男女结合，不独以纯粹的爱情为主要，并且以

---

[1] 本文原载 1923 年 5 月 20 日《时事新报·学灯》。

组合这个爱情的条件多少浓薄为标准。"在这句话里,我的意思是:男女结合,不独应该纯粹出乎爱情。此外,还应去比较组合这个爱情的条件上的程度。(多少浓薄。)我于"爱情是有条件的"一项之后,在"爱情是可比较的"一项之下,而说出这句话,意义当甚明白,只要看我的原文中,在这句话后,即刻所接下的譬喻:"例如甲乙丙三人同爱一女,以谁有最优胜的条件为中选",就决不能说我在我所主张有条件的爱情之外,还承认有什么可以无条件而独立的爱情了。不料他们有意曲解,就把独字加上""符号,随意武断说:"照这句话底意思,就是说:'男女结合,除了爱以外,还要感情,人格,等项'。既然说,'爱情以外还有……条件'这不是明明说'爱情本来是可以独立的,但我主张的是有条件的爱情'吗?……"他们这些离离奇奇的解释,我根本绝对否认。因为我在这句上的意义,与通篇上的原文,皆是主张爱情的能离却条件而独立的;换句话说,皆是主张无条件即无爱情的,我虽然赞成男女结合,应当纯粹出乎爱情,但我绝对否认余梁二君所说的无条件而可以独立的爱情。凡稍肯留心看我的原文,就可明白我的意思,断不会受他们的曲解所迷惑了。

(三)至于他们所顾虑的"爱情要是可比较的,可变迁的,那末世间就没有爱情这回事"。他们所说的实在对于爱情没有彻底的了解。爱情为什么是可比较的,可变迁的。男女结合之前,对于爱情,彼此固然要比较和选择。男女既合之后,也要彼此对于爱情时时去改善和进化。这种改善与进化。原不必从夫妻以外的第三人才能达到;但夫妻间如不能向此进行,则爱情必变成为保守,或堕落的,甚而至于离婚了。必要如此,才能使夫妻互相勉励,情感日深,才能彼此得到一个进化的真正的爱情(参看五月七日《学灯》内我的原文,及下头五上)。

(四)此外,尚有一个误会或曲解是:他们以我所主张的"夫妻为朋友的一种"为不对。他们说:"夫妻自夫妻,朋友自朋友";并说:"夫妻若是朋友的一种,也可说马是长凳的一种。"他们若肯照我的原文看去,当然可以明白我主张"夫妻为朋友的一种"的理由。因为我处处皆能证明夫妻的结合与朋友的结合有相似的性质。就他们说，天下事固然不能全相似；但据我说，天下事也不能完全无一似；依他们说，马固然不是为长凳的一种；但依我说，马确是兽类的一种；否则，一切动植矿各种归类的科学就不能成立了。

（五）但他们最可笑处，外面似驳我"爱情由条件所组合"的主张，而他们所赞成的爱情，尚是说不出与我相同的许多条件。不过他们所要求的是：一个"情人眼底"的人格；（如他们原文所说的："双方人格上互相尊重。"）计较些一知半解的才能；（原文是："也不免约略计较才能……）无残疾的状貌；（原文是："只要没有残疾就够了。"）名誉已不要的；财产更是所鄙视的了。（原文是："但是决不会计较到地位、财产等等势利的路上去。"我们在上头已说他们是误会名誉与地位为一起，地位与势利为一起，财产与坏的利为一起的。）在他们的意思，以为这个就是他们理想的第一种爱情的男女结合了。但据我看来，这样爱情不是由那些比较上完全的、了解的、彻底觉悟的条件所组成，实在是破碎的、无进化的、无改善的、如呆板固死、不可比较、不能变迁的爱情了！故他们所希望的爱情，自然不能与我所要求的"由完善美满的条件所组合而成的爱情"有相同的价值。

以上所说的，不过举其大端，余外都是闲话，恕我不再与他们辩驳了。本来他们所驳的，与我的原文本义，丝毫不相干，原可置诸不问。可是，我对于余梁二君那篇文不满意处有四点，所以不得不声明如下：（一）对我原文，故意曲解，或无心误会；（二）把至通用的名字如"名誉、地位"等，乱行注释；（三）有如刁泼讼师，故入人罪；（四）字里行间，处处露出轻薄的态度。我想辩驳人彼此皆应互相尊重的。假如所持的道理比较对手的为优胜，自然能够博得社会的欢迎，原不必以杜撰曲解、嬉笑怒骂为见长呢。

再驳张竞生君关于"爱情底定则底反驳"[1]

梁纶才、余瑞瑜

我们读了张君这篇文章,不禁发笑,张君谓我们"有如刁泼讼师,故入人罪",那么,张君,就得小小心心地归我们底原文看清逐条反驳才是,不想他只是走马观花地看了一下,就将他没有了解的地方乱七八糟地说了几句,又明明知道自己理由不足,就加上几句催眠术暗示的口号"断不会受他们底曲解","误会曲解我底本意处甚多",而对于其余他自己所默认的,就闭起眼睛黑着良心说:"除外都是闲话,恕我不再与他们辩驳了。"张君呵,你这种"叫冤"的态度,只能引起上古时候不讲道理的审判官一点慈悲心,或者会怜悯你,开脱你底犯罪,若在现今学过法律的推事面前恐怕反成了口供咧!现在且把你没有了解的地方索性告诉你一下。——犯罪一节,乃是滑稽的比喻,别无他意,参看《时事新报》五月六日学灯栏我们底原文——

(一)我们以为爱情是整个的独立的东西,决不受条件底影响,而且我们明明说过。"……就会发生感情。等到相处日久,相知日深,有了不可分离之势,就是感情浓到了极点,就会订婚……"我们底意思,就是说:"爱情乃是感情浓到了极点而发生婚姻的意思的一种情绪。"所以感情有浓淡厚薄可言,爱情则否。张君底意思以为爱情是随条件的多少浓薄为标准,那么,条件多一点,爱情也就浓厚一

---

[1] 本文原载1923年6月10日《时事新报·学灯》。

点；条件少一点，爱情也就淡薄一点。再适用他底定则，则甲男乙女二人底婚姻，在乙女方面，倘遇比甲男底条件更多一点的丙男，她就得同甲男解除婚约宁与丙男订婚，这是张君"有条件的、可比较的、可变迁的、夫妻为朋友底一种"四条定则所得的必然的结果，读者诸君注意！

就财产底本身说，本来没有什么好坏，我们推测张君底原意，只能说将来的方法正当不正当。势就是权力。地位站得高的人，自然就有势。势底本身与财产相同，也没有什么善恶可言，只要看有势的人用出去的方法如何罢了。漂亮更不能说是坏的，美男子，美女子多半为人们所羡慕，何尝不好呢？

张君说"譬如一个人既有了感情、人格、才能等项的爱情条件，此外再加上名誉、状貌、财产等项，岂不更好"？诚然，确是更好。我们就照他图赖的意思，财产是好的利，状貌不是漂亮，名誉不是势。然而我们适用他底定则，仍旧可以说："甲男与乙女订婚。已经具备了张君所主张的爱情的条件，但是可比较的，可变迁的，那么，要是丙男也具备甲男所有的一切爱情的条件，而又生得漂亮，'岂不更好？'又有正当的财产，'岂不更好？'还有势力而不乱用，'岂不更好？'乙女对于丙男的爱情，岂不比对于甲男要更浓厚？乙女岂不会变迁她底爱情去改嫁丙男？为什么说：未免太糟蹋这些东西，又未免自说太卑贱？"

若照我们所主张的爱情，"漂亮""财产""势力"等项，如果偶然附合在爱情上，固然也好，然非组合爱情的条件。与爱情本身不相干，所以爱情并不因而浓厚一点、所以即使乙女再遇见丙男更漂亮更富厚更有势力，也不至于动心。况且张君说，状貌就是"态度高尚，神情和祥"，那更是一望而知为一种"遁辞"了。"状貌"当然是"漂亮不漂亮"的意思。我们只能说"态度高尚""精神和祥"，决不能说"状貌高尚""状貌和祥"；可是我们可以说"状貌漂亮""状貌不漂亮"，这还遁得了吗？

我们原文说:"名誉约略可分为两种:一是人格上底;一是地位上底。人们既然相信对方底人格,就很够了,何必还要加上什么名誉呢?可见张君所指的这个名誉,就是说'地位'底了,我们只要将张君自己说的谭底学问、才能、"地位"也不是沈生所能及'就可以证明了。"为什么单单举出"名誉就是势"一句话,而且还要否认呢?

张君呵,你弄错了!你就是要图赖名誉不是势,状貌不是漂亮,也得根本将四条定则取消才不致受人们攻击,否则我们如上文说过的依照你底定则,仍然可以加上"'岂不更好'的财产、漂亮、势力"作为"爱情浓薄""爱情变迁"的标准。

(二)我们正因为张君说的话自相矛盾,就去驳他,所以我们说:"而且张君底爱情的定则,竟被他自己攻得体无完肤了。"不想他仍旧拿自相矛盾的话来反驳。他一方面说"不'独'以'纯粹的爱情'为主要",一方面又说"并且以'组合这个爱情的条件'多少浓薄为标准"。既然说"组合这个爱情的条件",那正是他自己说的"无条件即无爱情",为什么还有"纯粹的爱情"?还有什么"独""不独"?而且他在这篇反驳的文章里所说的"就决不能说我在'我所主张的有条件的爱情'之外;……"与我们驳的"爱情本来是可以独立的,但'我主张的是有条件的爱情'。……"有什么分别?有"有条件的爱情",当然就有"无条件的爱情",而且他自己还替这个无条件的"爱情"起了一个很好的名字,叫做"纯粹的爱情",这不是"以子之矛,攻子之盾"吗?

(三)我们根本驳倒张君的地方,就是"爱情要是可比较的可变迁的,那么,世间就没有爱情这回事"一段——参看我们底原文——而张君却反说:"至于他们所顾虑的……"仿佛我们已经承认了他底定则似的,真堪发噱。夫妻是什么?我们下一个定义,可以说:"夫妻就是男女互为婚姻而有永久继续的意思。"在我们所主张的"爱情的"夫妻,不用说,固然绝对不至变更;就是在"势利的色相的而又附带一种感情的"夫妻,在订婚的当时,也是心满意足有永久继续的意思,不过后来为"势利""色相"所诱,乃至于变心,决没有如张君所说的"暂时择得一人"的办法,所以陆[陈]女士赠沈君的词才说"情丝'永'系鸳鸯偶"。若照张君的意思,岂不只能说"情丝'暂'系鸳鸯偶",这不成了笑话吗?这只能适用于苟合的"露水夫妻",普通正式的夫妻当不至于如此,何况是爱情的夫妻呵!干脆一句话,张君所主张的那种"暂时"的爱情夫妻,世间是绝对没有的。

(四)我们原文明明是说:"要是这么样分类起来,宇宙间哪一件事物没有相同的性质?"他却以同样的口气"天下事也不能完全无一似"来驳我们底驳语,这真是破天荒的反驳方法。我们底意思,正以为"天下事也不能完全无一似"所以分起类来应该严重地注意,不可得有一点相似的东西就说是某物底一种。我们驳他"夫妻为朋友的一种",正因为夫妻与朋友有许多相似的地方。我们拿分类最明晰的生物来做个比喻,就容易明白了。

生物分为动物、植物两种。这等分类,有两个定则应该注意:(一)凡动物或植物底内包生物故能包含;(二)生物就是动物与植物底总称,不能说动物或植物与生物有相似的性质。现在我们将夫妻和朋友底关系来用这两个定则比勘一下。

夫妻若是朋友底一种,那么,夫妻间性交,生子种种性质,朋友均应能够包含,试问有没有这种朋友?这是从第一个定则证明朋友非夫妻底一种。

夫妻与朋友,的确有相似的性质,这是张君自己所主张的,虽然与第二个定则不合,也足以证明夫妻非朋友底一种。

要知道夫妻与朋友同是人与人关系中底一种、恰和动物植物同是生物底一种相同。动物与植物正因为有相似的性质,故同为生物;亦正因为有相似的性质,就有不相似的性质,所以动物仍为动物,植物仍为植物;动物不能说是植物底一种,植物也不能说是动物底一种。夫妻与朋友，正因为有相似的性质，故同为人与人关系中底一种；亦正因为有相似的性质，就有不相似的性质，所以夫妻仍为夫妻，朋友仍为朋友；夫妻不能说是朋友底一种，朋友也不能说是夫妻底一种。

就从张君举的例"马是兽类底一种"而论，不错，谁能说"马不是兽类底一种"？但是夫妻可以说是与朋友有相似的性质，马能说与"兽类有相似的性质"吗？若说"马与其他兽类有相似的性质"，但是也能说"夫妻与其他朋友有相似的性质"吗？原来两个是不同的。怎么可以拿来比喻。

（五）我们底意思，以为爱情是整个的不可分析的东西，只有发生底顺序，与他所主张由于平列的条件组合而成的全然不同。所以我们说："'最初'是由于双方人格上互相尊重，'其次'也不免的略计较才能状貌……'然后'彼此就会现出互相接近的形迹，'最后'就会发生感情。'等到'相处日久……"所以他反驳的"他们所赞成的爱情尚是脱不出与我相同的许多条件"，全然错误！

我们所主张的爱情，如不可分析的原子一般，才是坚固的完满的爱情。而他所主张的，就如尘土抟成的圆球一般，是由零零碎碎的东西集合而成的。假使一对按照张君底定则结合的夫妻一旦遭了天灾，丢掉财产，爱情的圆球，就缺了一部分；再发生了天花，面部麻了，爱情底圆球，又缺了一部分；再碰到了……还有什么完善美满可言？而且还要知道，我们所主张的爱情，因为不可比较，不可变更，所以双方均心满意足，这才是"完美"的爱情。若是张君所主张的，纵然有了爱情，双方仍旧天天在那儿"比较"，"选择"，或是天天在那儿"改善和进化"，这简直不是圆球；就是圆球，也还有许许多多的缺陷，要加功夫去完满它们，这才是"破碎"咧！

名誉的确可以不要。世间没有真正的是非，有毁就有誉，名誉从何处得着标准？既然自己相信对方底人格，还要那种虚名干什么呢？

以上所说，是一条一条驳斥张君反驳的，读者诸君看了，就可以知道我们既不是"无心误会"更不是"有意曲解"，我们也没有"乱引注释"，完全是根据他底本意引用他底话去驳倒他。我们是"资粮于敌"的方法，"以子之矛，攻子之盾"。我们是以论理学为法律底根据代表爱情做公正的辩护的律师，并没有"故入人罪"，更无所用其"刁泼"。

五月二十九号

张竞生特刊启事一[1]

自褚某某脱离我与二岁小孩关系后，外间不明真相，致有种种的谣传。其实褚氏此次举动，原因复杂，举要：则伊与我情感不好；其次，受其情人的诱惑（有伊情书可证）；第三，则伊怕在上海租界被拿；第四则因在上海无事可做；第五则因小孩与家事的麻烦，我们对于党见的参差，乃原因中之最微末者。前当伊就上海市党部妇女部部长时，初则我确实不赞同，恐其身败名裂耳。我反对中国的共产派其立足点完全与军阀的反赤不相同。我与褚氏既忝一日为伴侣，自然希望其不为赤化。至于伊肯为国民党尽力，则为我所极端欢迎，虽因小孩与家事的关系，而使伊不能整日在外奔走与闲谈，但伊于可能之内，皆有充分的自由，自然说不到我对伊党的工作有压制的事情。总之，褚氏此遭举动，完全不为党见而起，此中隐情说来太长，我将作一长文以记之。悲哉！三年同住，一旦分离，二岁小孩，已无母亲，人孰无情，谁能遣此。褚氏固别有心肝与志气者，我哀其志，悲其遇，壮其抱负而叹我们的无缘。言念及此，心碎神迷，谨陈概略，以明真相而已。

此文作成后，本拟用花名，但既得确息褚氏将寄到上海长文拟在报发表骂我，然则我也不必客气了。

十六年，二月，六日，上海

---

[1] 本文原载 1927 年 2 月《新文化》第 1 卷第 2 期。

广告一

此次褚某某女士弃绝我们全出伊长久的计划（有伊寄人情书可证）。我们伴侣之情已断，伊对小孩，母子之爱也绝。此后褚女士在外一切行动概与我们无干。我个人及我的家庭、我的小孩（应杰）各种事，褚女士当然完全不能过问。关于此项声明，已经由我与褚女士立有字据，又经三位证人签字证明，今特再行公布，以免世人误会。

张竞生谨启

广告二

闻褚某某女士从汉口寄给友人一文拟在报上发表，据说是攻击我而作的。我老早预备这个人的攻击了，这个消息，当然使我毫无惊疑。当我们决定分离之前我向她说，日后定有C.P.党及你情人党向我攻击，现我拟作一书对付（初名《失恋纪实》，后因书名太俗，后改为《美的情感》约四章。今将目录及大纲给你看，我宣誓其中所说的皆事实，你若说错，不妨出辩证。她看后默然承认，友辈说我此举大上其当，因为她知此书一出，世人皆知此妇的虚伪假饰及种种不情定然为世所鄙视。遂使她为占地位起见，不得不以她与我思想及党见不同而分离的大题目以自高其位置。可怜的无耻妇人，她有何种思想，不过剽窃一二新名词以眩人耳。连C.P.二个字母尚不懂其意见，还敢说我的国民党见与她的C.P.不相合。况且她并非真C.P.，不过受一二C.P.包围与其C.P.化的情人所引惑，遂也不知不觉从而C.P.化耳。它的程度除国文外，连普通中学学识尚不足，还说什么有正当的主张？我的思想请她好好听尚听不懂，又何能说我是比她不如？她近常向我说我的思想是十八九世纪的。我主张"社会主义与个人主义的组合",正为救济现时一般社会主义的弊病。社会主义如 C.P. 等,为十八九世纪个人主义的反动。我的"社会与个人主义的组合观"为现时社会主义的反动,确实不错,但我的主义确比现时的各种社会主义再进一步。但此等深理,安能使一个中学程度不如而又受了情人诱惑的妇人所能懂。不懂固无伤,可怜她大言不惭,声声说我比她程度尚不如,这不能不使我起而反抗了。

又此妇从发到骨从头到足皆是假的,可说她"无假不成话",我固然不怕她的假话,因我于《新文化》下期,即把我的"真话"详细写出来。但现在离此期的发表期尚远。恐怕她的假话说得太响了,反成为真,而我的真话说出来太缓,恐怕被人误为假。遂不得不在此预先声明一句:即此妇所说的皆是假话,她的性情,实在是"无假不成话"的!

关于《新文化》上的广告[1]

岂明[2]先生:

我在《语丝》上读到先生的闲话里说:"张竞生于《新文化》出版时就已脱皮换骨,已不是先前的张竞生了。"——是这样的意思,辞句或有不同之处,但意思是记得的——"对啦!"读后我禁不住在这样喊出。如若不信,听我道来:

在《新文化》的第二期上,岂不是有张的许多广告与启事么?胡说八道的,不知道在说些什么,完全与事实不符。今特将我所晓得的确实情形,据实报告,以明其谎。

张竞生是去夏来上海的,一到上海,便任上海艺大教务长,请张继作校长,于是逐渐与一班"反革命"的走狗周旋,他的夫人褚女士那时还在北京,知道不妙,也就南下来沪。是张往北京同来的。那时思想已入于分裂反对了,不过感情还好(褚女士亲口对我说的)。褚到上海以后,对于张的种种不正当行动(例如想与章太炎、张继等办《建国杂志》),常常加以规劝,并且说:"不加入任何党派,专从事学问也是很好的。"而张不听,反加之以咒骂,说:"妇道人家,晓得些什么!"然而褚是一直爽人,并且自己觉得理由充足,所以也不肯相让的龃龉起来,这样事很常有,艺大的学生统统知道而目睹。

---

[1] 本文原载 1927 年 3 月 25 日《语丝》总第 124 期。
[2] 周作人的笔名。当时周作人同他人创办《语丝》周刊,任主编和主要撰稿人。

及至去年阴历十月间，有一天竟大吵起来，从褚女士所住的三层楼上，直吵到楼下的会客室里，张骂褚说："你这个贱女人，我不要了！"骂了又继之以拳（张骂一句就把拳头拔出向对方的头边送过去）。后来且叫艺大的庶务去叫巡警来，庶务不去叫，他便自走到校门口。褚坐在会客室里说："你去叫罢！我不逃！"他见褚如此，倒反没有什么了。那时全校的学生都围住了会客室，大家都替褚女士抱不平，你一句，我一句的，张听得难受极了，后来对学生们说："她——褚——要杀死小孩，所以我要骂她。"其实褚是极爱小孩的，众目共见。只要想想，天下哪有母亲会杀她亲生的儿子。

自从经过这一次的吵闹以后，褚女士觉得这样的局面不是永远的，就与几个女友商量，想找个职务，经济独立，免受牵累。那是吵闹的次日的夜晚，有七八个女友去看她，有刘女士、夏女士、杨女士、陶女士等，大家都是去劝慰她的。后来适值上海妇女市党部正没有人，便邀她去了的，并无张所谓受一二假共产党的包围之情形。然张对于她去妇女部是绝端的反对，借了小孩禁止。张最痛恨褚的女友，因为他怕她与妇女的团体结合了，不怕受他的压迫。然当我们去艺大时，张必扮出种种对褚好的样子，对我们也很客气，这是一个阴险、奸诈、凶恶的伪善男子。

褚离开上海是去腊二十五日，那天是开《女伴》的编辑会议。是吴女士与杨女士邀她出来的，走时，张说："只许最多留半小时须还。"褚也允了。《女伴》本来是由我们几个私人设起来，后来妇女部津贴了几个钱正值少人负责，大家说，就给妇女部去办罢。褚在妇女部，《女伴》的编辑也就算是她担任了。

那时褚与张已决裂了，但张有条件，须试用保姆一星期后是合适的，才许褚走，不料到试用保姆的第三天，为了一点细事而吵闹起来，张初则骂，继则打，再则翻倒在地下，以脚乱踢，而且说："我只许你死，不准你走！"为什么他说这样话呢？在平常张屡对褚说："我不准你走，你走后我更将失掉社会上的信用了。"所以这次的吵闹大原因不是在那小事情上，却是为了这个保姆是试用得对的，然张还是"只准她死，不准她走的"。次日是开《女伴》的编辑会议，这时褚已辞掉编辑，特去交代的。开会时只坐得十分钟多些，就走了的，大家知道她家庭的情形，所以也没有人想得有别的。不过那天褚的脸色极不好，鼻头上青青的，又像刚流过了鼻红。谁知道这一天晚上就走了的，第二天，张就去向吴女士要人，说是骗走了他的夫人，后来又用种种方法，诱吴女士等说出褚之所在，最后大跳大骂的说："吴等是女乱党，必去叫巡捕望捉。"吴女士等本想置之不理的，但张如此欺诈，不得不向他慎重的质问，最后张自认了错的说"因为当时神经错乱，极觉抱歉，请勿罪"等话，吴女士就不理他了。

过了六天，吴女士等才接得褚从汉口寄到一封信，信里详述走前的那天相吵情形，并张的打骂与虐待等等，使人不忍卒读，末了还说张并不是个恶人，对于张还是那样宽恕的。

这封信是寄给吴女士的，所以不便发表，且褚又说，对于此事，张必大放谣言侮辱她，她必写点来刊布，以明真相，这封信暂作张去索人时的凭据。这信现在仍放在吴女士处。

张竞生常以他的《美的人生观》与《美的社会组织法》来夸扬，其实，他原命运到《性史》出版时已绝了的。至于现在《新文化》上的广告启事等，只使人感到不堪的丑恶：真是丑的话、丑的行为。

离婚本不算是怎么一回事，况且又是得两人的同意，张何至于要出这样卑劣的手段，大登其广告呢。这种用心正与华林在《情波记》[1]所持的态度一样，想以谎话骗得社会一般人的同情，而使对手

---

[1] 华林（1889—1981），现代散文家，浙江长兴人。曾留学法国，回国后历任杭州艺专、新华艺专、武昌艺专教授。有《枯叶集》《求索》等作品，笔名有华林一、林一、林声等。1924年发表《情波记》自述与崔肇华的恋爱结局，被周作人等人撰文批评。

成为众矢之的!

在褚的本身,固然并非没有可批评的地方,但这回的事件,确实是出于张的凶恶卑贱所造成,应当由张负责。我相信:"中国现在即使有极坏的女子,但她终坏不过坏的男子。"这是高山先生一天与我闲谈中的话,我极以为然。

有几个朋友曾爱读《美的人生观》及《美的社会组织法》的,听到这回事,未免有些惊诧,不相信"美的人生观"与"美的社会"里会发现这样的事情。我说:先前的张竞生,还从法国带得一道隐身符来,我们所见的不是他本人。自从《新文化》刊后,我们才了然于他的思想、行为,其实美的人生观与美的社会组织法是靠不住的,未必是他自己的思想,恐怕是东凑西合的法国舶来货呢。

我写这篇东西,不是来替褚女士作声明,更不会拥护女性的嫌疑。事实是这样的,不过最后还有一句话:褚女士并不是跟情人逃走,现在汉口任事,虽然将来有没有情人,我不敢预言。但请大家看看,张竞生现在的行为是怎样。

叶正亚,于上海
1927 年 3 月 14 日

岂明按:

张竞生先生我是认识的,他做《美的人生观》时的大胆我也颇佩服,但是今年他在《新文化》上所讲的什么丹田之类的妖妄话,我实在不禁失望。褚女士和他离婚事件本是私事,我们可以不问,不过张先生既然先在《新文化》上大登启事与广告,而其态度又很恶劣,令人想起华林的《情波记》来,(《美的情感》,这个名称又何其与《情波记》近似耶?)也就想批评他几句。叶女士我也是认识的,她寄这封信来叫我们发表,我相信叶女士所说的话一定有她的根据,可以稍供参考,所以就照办了。

张先生的《美的情感》我们还没有能够拜读到,但看了那几句

启事和广告，已经觉得很妙了。我们即使完全不理褚女士的 C.P. 党及"情人党"的话（此刻本来就还没有看到这两党的文字，只有叶女士的这一封信——我不知道张先生把这归在哪一党？），看张先生自己的辩解，也就尽够引起恶感，证明张先生自己同《情波记》的著者一样，是一个思想错乱、行为横暴、信奉旧礼教的男子。张先生在攻击褚女士的告白中，四次提到"情人"字样；倘若张先生是言行一致的，便不应这样说。在张先生所主张的"情人制"中，这岂不是没有什么吗？而张先生以为犯了弥天大罪，屡说有情书可证，这岂不是临时又捧礼教为护符，把自己说过的话抛之九霄天外么？张先生又力说"伊与我感情不好"，另有情人，那么这又岂不是证明张先生自己"爱的艺术"之失败，犹如癞蛤蟆之不能治愈本身的疙瘩，更有失信用么？我们再看《广告二》中的这一节话。

"可怜的无耻妇人，她有何种思想，不过剽窃一二新名词以眩人耳，连 C.P. 二个字母尚不懂其意见，还敢说我的国民党见与她的 C.P. 不相合。况且她并非真的 C.P.，不过受一二 C.P. 包围与其 C.P. 化的情人所引惑，遂也不知不觉从而 C.P. 化耳。她的程度除国文外，连普通中学学识尚不足，还说什么有正当的主张？我的思想请她好好听尚听不懂，又何能说我是比她不如？……但此等深理，安能使一个中学程度不如而又受了情人诱惑的妇人所能懂……又此妇从发到骨从头到足皆是假的，可说她'无假不成话'……"（校对无误，但精彩处的密圈是我所加的。）

我们看了这节横暴的话，会不会想到这是张竞生先生对他三年前恋爱结婚的那位夫人说的？爱之欲其生，恶之欲其死：这正是旧日男子的常态。我们只见其中满是旧礼教，不见一丝儿的《新文化》——虽然这大众崇拜金钱的时代不会不受中国青年的欢迎的。

张先生的反赤，自然同孙联帅[1]有点差别，大约与狮子牌国家

---

[1] 指孙传芳，1925 年 11 月，自任浙、闽、苏、皖、赣五省联军总司令。

主义[1]以及老虎报[2]所称美的所谓张溥泉派国民党是一类的罢,这与军阀接近与否,国内已有定评。而且是别一问题,所以可以不说了。

1927年3月20日

---

[1] 1924年10月10日由曾琦、左舜生、陈启天等主办的《醒狮周报》在上海创刊,他们宣扬国家主义,维护北洋军阀统治,时人称之为"狮子牌国家主义"。
[2] 时人对章士钊创办的《甲寅》月刊的"戏称"。因甲寅年为虎年,该刊封面绘有一虎,故人称"老虎报"。

打倒假装派[1]

张竞生

叶正亚在《语丝》新文化上的广告一段，扯了一篇满纸荒唐话，而且极有党同伐异的嫌疑。凡是不与他们合作的便被必被诬为坏人。叶此篇文章的动机也不出这样圈套。

我与褚的关系，详我的《美的情感——恨》一文，本来无在此赘述的必要。但我今作简单的声明者，我非恨褚氏有情人，也非恨伊不与我好。我恨伊不是真真实实讨情人，做情人！恨伊是一个假装的女人，满嘴如叶正亚一样的谎话。我是主张情人制的，所以不能容忍这班"假情人"能在这样青天白日之下欺骗人。

我的情感是极热烈的，故可爱时真实爱，可恨是则真实恨，断不肯如叶及周作人一班人的阴险吞吐、半生半死的情感。可是，我终是一个好人。假我杀人，尚是好人，因我所杀的皆在可杀之列，而况如叶所说我对褚某不过打骂而已，而且就叶所说褚终竟说我是好人，若使我如叶所说那样凶恶卑贱的人格，既身受之人断不肯再说我是"好人"。

我在本刊上登骂褚的广告，乃由友探得褚先向吴某写信骂我而发的，叶既承认此层之有根，那么，只可容许褚的扯谎，而不容我说实话吗？

总之，我佩服人真，若如褚之假，当然为我所反对。我前爱褚爱其真，我今知褚面之假所以反成恨，这不是前后的变迁，乃是一贯的

---

[1] 本文原载 1927 年 3 月《新文化》第 1 卷第 3 期。

态度。倒如叶攻击我完全是假,所以我反驳伊,若伊说真话,我就佩服伊了。

我们与这班假装者的作战正在开始,今后的炮火正加剧烈。我们幸而打倒这班"假的情感人"或不幸被他们所打倒,胜败原是常事,但我们终不肯妥协,终不肯如周作人的戴中庸的面具。我们要的是将一班假人赤裸裸地攻击到无一点能再去欺骗世人。这也不是有什么恶意,只为保存一点真气于人间罢了。

《情波记》我是拜服的,因为崔的假应该攻击,《美的情感——恨》应该做的,因为楚之假应该攻击,至于一班人如叶与周等的爱假不爱真,只好听之,可是我们终要向假的人作战,作战到"身败名裂"而后止!

至于周作人君说我的"思想错乱、行为横暴、信奉旧礼教的男子",恰好此语转以奉赠周君。我们是真正的殉情者,认定爱有情而恨假装,如此思想何会错乱,对褚某的攻击乃系实事实指,如此行为何会横暴?新女子为中心,我主张的,但必具有真情感及会牺牲的女子。我们不是一味"女性狂"的,女性柔弱比男性应当原恕,但不能一味听女性的专横凶暴而不制止。爱之爱得其道与恨之恨得其法,对待女子也应如此态度的,必要如此而后才是信奉新礼教的男子,若周君的一味"女性狂"才是礼教的拜倒裙下的恶劣状态呢。

周君思想错乱到说我的反赤即与军阀相接近,他原不是国民党人,自然不知国民党人应有的态度。若说我攻击应该攻击的褚某为横暴,那么,周君与我们不相干,只凭叶某的片面话,而又自己信口对我漫骂,这样行为不是横暴吗?有说他为乃弟周建人君报仇,其或然欤!

周作人君真面目的讨论[1]

华林　湘萍　竞生

（一）华林致周君的一封信

作人先生：

　　林与先生素昧平生，唯林宣布崔氏事，独先生不加明察，屡屡关怀，今读《语丝》第一二四期有叶正亚女士之信，并有先生按语都提及鄙人名字。小子何幸得大文豪屡加赏识，则先生主张"爱不加害"竟能彻底了解一素不相识之人之密事，似亦有情于我也。今特为先生言之叶女士信中有云"想以谎话骗得社会一般的同情"，就此一语而言已领略叶女士为何人。余与崔氏多年关系且有崔氏信可证。"谎言"二字指何事实而言？如此无故加害于人，亦违先生之本旨？所云骗得社会一般的同情更觉浅薄无聊，你知道社会是什么东西，我心中早已没有社会，没有人类，"同情"简直是呓语是幻梦，永远不能表现于人间，我可以定下一个条例：

　　"真正有同情的人绝不能得当时人了解且遭世人陷害污蔑，可见有同情的人，一生永远是孤独的、寂寞的、为众人抛弃的人。"

　　我所宣布崔氏是安慰我自己，我与人辩白是发泄我的苦闷，但把谁也不放在心中，不过像你们二位浅薄无聊之言论不得不加以纠正，我大声教训你：

---

[1] 本文原刊1927年5月《新文化》第1卷第4期。

"能爱人的才能恨人能爱人恨人的才能杀人……所以我主张情杀！"

你们敢断定人类是可以无"恨"乎？你们断定爱不能变成"恨"乎？

你们敢断定"爱不加害"就没有恨不可恕乎？果能如上肯定回答，我则呼之曰：腐儒！假君子！不知人情的浅薄无赖子！万万想不到，大文豪竟有如此下井投石之巧技！我不是宗教家，也不是无抵抗主义者，何故被人欺负而不能反抗，谁又有何种威权使被欺负之人而不能申诉自己之痛苦。

算了罢！我心中没有一个人影，我判定人类是没有同情的；我赞美"情死""情杀"，因为有情的人，万万得不到爱，只有留下永远不磨灭的"恨"！

（二）湘萍由金、罗的事情想到了周作人先生

当金、罗的事情发生后，因我自己是金、罗的朋友，也可说间接的是罗莘英的朋友；并且外面不明惨杀时的真像，以及他俩怎的历史，彼此家庭间的关系。至于说到惨杀的主动因，不用说，我想大家也该猜个差不多。青年们恋爱破裂的结果以至于惨杀，不是三角恋爱这个问题在作祟，其他任何的原因，断乎不致有这样的下场。所以在去年写信给岂明先生说，想在《语丝》上发表金、罗二人惨杀的情形及恋爱的历史，还有彼此的情书。我的发表，可不是想表彰金君，虽然我同情于金拓；更不是攻击已死的罗莘英，我与她无仇无恨！因有这是青年男女们要紧的问题，没有妥善方法去解决的社会上的问题，所以我将他俩的情书及历史披露后，使社会上关心于男女青年问题的人们加以讨论，加以批评，试大众心理的向背而得到正当解决的方法。

金拓的杀人事情，是人人共同知道的不对，可是我们不能不佩服他的勇气。佩服他的勇气，并不是助桀为虐的帮他去杀人。拍手喝彩看热闹的朋友们，你们愿不愿意，你们的唯一心爱的人儿去弃绝你

而另爱别人，或是眼看着你的爱人被别人 kiss 或 embrace 以至于……呢？最好是设身处地的替当事者想想，如若是我自己是如何呢？不要把良心搁在一边，真诚的自欺罢！

哪知岂明先生回信说（《语丝》一〇八期），没有发表的必要，还说了些隔膜的话，诚如李小峰先生所说。隔膜没关系，一旦不隔膜了总可了然。不独是也，他还下了许多的批评、许多的攻击，甚至连这个无辜的我，他也想推到旧礼教的袋里去喝迷魂汤，这真冤死我也哉！

无论哪一种事情，在没有知道他的原因与结果的时候以先，决不可下批评的，怀疑是应有的态度。甚至连大概也还不知道是怎样的一回事，就妄下批评，肆行攻击，并意在言外的连着其他不相干的人。这样不太孟浪么？

别说是活活的两个前进有望的青年，就是我们家里的小猫小狗，陡然丧了它们的性命或杀伤，我们也不能不有点怜恤的同情罢？"恻隐之心，人皆有之"，何况青年们突如其来的惨死与一息仅存的创伤，除非你失却了知觉，或者你是石做的心肠、铁做的心肠，恐怕没有不为双方的生命叫声同情之泪罢？事情的如何姑且不论。不然那不太残忍了么？

我在看到《语丝》一〇八期的时候，发生了上边两层的感想，所以我就老实不客气的将岂明先生的错误的地方一一解释了寄去。我想岂明先生是素来接收别人对于他自己的意见的人，定有相当的答复，或是公然承认。就是承认了，也不见得就失了堂堂一等大文学家的身份。"人非圣人，孰能无过，过而能改，善莫大焉。"哪知在《语丝》一一四期中答复我的竟那么样的囫囵吞枣所答非所问。我才如梦初醒恍然大悟，现在所说那些什么名人，尤其是特别被人尊崇敬的是这样一个虚伪者，现在我们党人不是高唱打倒帝国主义、资本阶级么？现在我也另唱个打倒戴假面具偶像式的学者名流，虽然大众正在狂热推崇的当儿，我做个犯徒罢。

我本不打算再来费劲儿去吃钉子了，偏偏李小峰先生来信又要我赶快将金、罗的照片及情书等通同寄去，由北新书局出版，那时金君仍在病院，于是我立刻地去同他商议办法。金君说，这是他一生历史上最大而深刻的痕迹，等他好了后，他自己要整理一番，那其间许多我摸不着头绪的，到那时再出版罢。我们常向他说，你安心保养，以后是没有问题的。对病人不怕说诳语，所以他也疑他自己无罪，哪知出院后尚有长期的监狱的生活等待着他。但他同时又向我说，你可以将事情的原片写出来，并抄录一两封罗女士由东京写给他在星加坡时的情书寄去。由病院回来的时候，我就照办了。不久李先生回信，对金、罗二人表深切的同情并说我写的太多了，《语丝》的地面又小，问我如何的发表，我回信说听他处置可也，不是不发表的意思。并附了有点损岂明先生的尊容的话头。后来也没有见李先生回信，更没见李先生如何的处置，我又去了一信说，我的意思与李先生的意思是一样的，想使社会上对于金、罗的事情明了真像，现在他既不发表出来，请速寄回。哪知这一封信去后又是石沉大海了。现在想起来还是百思不得一解，难说李先生被岂明先生酸化了不成，不表同情了？同情与否，没有关系，那在各人的心肠与见地。但此不免使人想起岂明先生的戏法真妙，魔力真大。

金拓已于去年十二月入狱。他与她的父与母都早已来到了东京，办理善后已得一段落，前日回国去了。金君的供词已录完，初番已终了。将来判罪，至多不过一年来，这是律师说的，也许判决无罪，这是法庭审判官说的，我们局外人与局里人的金君都干急不发汗无奈何的。

关于金、罗二人详细的种种，在给李小峰先生信里已尽述了。将来李先生能将原稿寄还时再发表罢。现在我也没有如许的心情去重三复四的唠叨。金、罗两人的往还的情书太多。我同金君打算将来单出一本，可是现在已全数的送到律师那儿充作辩护参考的资料了。

罗荠英的生母系金拓的后母，金拓同罗荠英自幼年就在一个家庭里，在几年前，他俩的恋爱成功后，由金君的父亲同罗女士的母亲四人当面定的婚。他两个互爱的程度,在他们的信里可以看出,如何的赤诚、如何的真切,又如何的热烈。哪知事出意外,竟演了这一幕的悲剧呢!总之人性是易变的,爱情又是易变的又易变的罢了。

竞生先生:接你来信,询关于金罗的事已尽如上述,书信的发表,以后再说。末了还有几句话要说的就是:现在所谓一等文人也都带些帝国主义的态度与口吻,只容你喝彩捧场,不许你看出破绽来喊句倒好。所以我主张同帝国主义者一样的看待而打倒!

四月八日,东京

(三)竞生的评论

竞生看了上二信后,又以自己亲身得到周作人君的事实不少,遂特于此附说几句。

一班少年说周君的头好比太太们缠过的脚,虽自己努力解放,但终不免受旧日束缚的影响以致行起来终是不自然。这个说的极好。周君终是抱守中庸之道的,说好点是稳健,说坏些是不彻底、不新不旧、非东非西,骑墙派的雄将、滑头家的代表。但各人有自己的性情,若周君以此为他个人立身之道我们也可不管了。最令人不满处,就在他偏要以此为准绳去批评人。

因为他是骑墙派、滑头家,故凡对于一切彻底及极端的事情皆认为不对的。根本上他就不知彻底的情感是什么事,不必说极端的恨为他所攻击,就以极端的爱说,如恋爱一人至于憔悴为情而死的,也必被他骂为癫狂。他理想最好的行为就是普普通通平常无奇的人物,若有一些超群拔萃的举动,他就容受不得了。可恨是在这个死气沉沉的中国,他竟得了一部分人的同情而说他的批评是极稳健的,而不知他的遗害极大。

周君为人甚阴险,这个自然与他的滑头态度有相关的。他的阴险事甚多:如他家门前挂起日本旗,被人骂后,他就说他有"妻党"的日本人住在家内的缘故。他要辩明他不是日本化,自动地在去年说他今后不再定阅北京《顺天时报》了。这个报纸若干年来为著名的日本机关报。周君定阅许多时日，怎样不知，何以于最近期才能看出此中的奸诈呢。章炳麟是周君自认为老师的人。（我对章向来就取鄙视态度，不是如叶某所说我与他合作办《建国报》也。）去年周则写了一条"谢本师"的文字，示与章绝。章固当绝，但以素持"爱不加害"的周君，而又曾拜章氏门墙之人，则不应该如此公然侮辱其师长。这岂是看见章氏快要到倒运了，就不免做出那下井落石的手段？这样"由爱变恨"的变态，周君所声声用以骂他人的，请转用去骂自己吧。外貌看来，周君似看得起女子的，但前因某教授写一书给某女士而被女士闹翻时，周君就大骂"女子的可畏"起来。他自己骂与他素不相干的女子则可，若他人骂身受骗的女子则不可。这样的尊重女性实在不敢领教了。《语丝》他为主办的人，除载些无聊赖及攻击他人阴私的文字外，毫无正当彻底的主张，而处在北京军阀黑暗势力之下，此报竟能长时平安无事继续出版，这可见得周君的滑头态度善于对付时局了！他的阴险事实尚多。有些太过于伤厚道，故我只好待到不得已时再说。

周君自认为有"师爷态度"的，这个尚有自见之明。师爷态度以之对付前时的官场文章则可，若以之对付现时的青年界则大大不可，此风流传，我恐少年除具有根基雄厚不受蛊惑者外，不免受了他那种师爷的态度，阴险狡猾，毫无特立独行的气概。故我以为章炳麟一班腐败人的势力不足畏，因为人皆知其腐败而不肯听了，而最足畏者是章氏弟子如周作人君这班人，因为他们把少年人活泼浪漫之性情摧残了，而养成了一班阴险狡猾的人物，其为害于社会甚大。又因他把人类彻底和极端之性压了而奖励一班平常无奇的人物，其阻碍人群的进化甚大。

人群的进化全靠一班特出人物，时时将大多数的普通性质促进与提高。虽则极端与彻底的行为有时不免于伤害。但特别善与特别恶是极少数人才能做得到的。这种特别的伤害固无损乎大体的存在，而反足以促进人类的醒悟。譬如我们几个人主张正当的情杀但这个不是说凡中国人从事于用情者，就必至于杀人及被杀与自杀，究竟事实上断不会如此的。这个提倡的结果唯有增高用情者的程度而已。故极端的动机，虽恶而结果尚美善。（例如读《少年维特的烦恼》的德国少年有些不免因此而自杀，但大多数的情感反由此而热烈。）那么极端的动机美善，其结果的美满更不必说了。这样道理，当然不能使周作人君懂，但他自认不懂就可以了，而他偏要从阴险龌龊普通平常处，制造他的理想的人物，所以使人不能不大加反对了。

我在此仅就周君的德行及批评的态度一说；至于他的文章，其油滑无骨气一如其人，因非本题，恕不在此多论列了。

美的情感——恨[1]

张竞生

导　言

儿离母虽已月余，在大哭时尚叫"妈妈"不止。当其母初离他那些日子，每日夜念"妈妈"何止千万遍，有时且大哭大闹非立刻见伊不可。我夜伴儿眠，常听他作梦喃喃呼"妈妈"，更深人静，倍觉凄凉，每每不觉为之泪下。二年母子之情，到此生离，惨过死别。婴儿恋母，而母竟弃婴儿，人之无良，一至于此！畜生尚知爱护其幼少，尚有自然的情爱，尚比楚崇石[2]的不情强得千万倍。当伊因儿故或家庭别事麻烦，辄戴帽穿衣示要离弃我们状，常使我想及儿无母亲的痛苦与今后怎样养育的渺茫。果然，今后我儿的痛苦永无尽期了。好父的殷勤终不如劣母的适性。我虽毋负其母，但我则极负我儿。二岁大的小孩最要是母亲的情感。我极负我儿使他不能得到慈母的安慰。我今后无论怎样所得的伴侣总比楚氏好，但我儿则无论怎样终不能得到慈母般的鞠养人！

自儿生二年以来，我尽力勉副为父之责任。我不但尽父职而且兼母职。每每其母外出，我则踵步不离我儿。我不但尽父母职，而且尽

---

[1] 本文原载1927年3月《新文化》第1卷第3期，本稿为张竞生未完之作。
[2] 楚崇石，代指褚松雪。

夫职。我对伴侣之情甚诚挚而且热烈。我爱彼母子可说是一样的自然与精细。可是伊三年来未尝真实地爱过我，只是一味虚伪假饰不过利用我为傀儡而已。及知我不可利用了——就扬长不顾而去。我与伊结合后不久就发见伊的假情薄爱，但终望以我那样热烈的伟大的爱力能够一日感动伊，到如今已经是完全无望了。

"爱是不加害于人的"——这是消极的说法。"爱是相互勉励的"，这才是积极的行为。我在本书确实不客气向楚氏攻击。对伊的名誉上虽不免犯了"加害"的罪名。希望伊今后对其"得意人"实实在在的爱。如有生子女时也望实实在在的爱，切不可再拿伊对我的手段对待他。更不可再弃伊的子女如弃置伊和第一丈夫的女儿于山西和我们的小孩于上海一样的残忍、冷酷与不情。那么，我这样对楚氏爱力的勉励，其功劳也得以抵消对于名誉妨害的损失了。

况且有爱，然后才不加害。我们现在已无爱的可言了。无论伊怎样对待我，与我怎样对待伊，不过是一种社会人互相对待的行为，不能说对于爱有加害了。

不特此也，从伊使我种种的损失及使我儿感情上的伤害想来，我对伊不但无爱，而且实在有恨！我既恨伊了，对伊有些伤害也就可以告无罪于爱神了。

我是懦弱者，对于他人"正当的情杀"，唯有健羡之不置，可是我终竟懦弱者，我对此事终不敢，又不肯，更不能，尤不忍做出来。那么今我以纸笔代刀枪，也算是甘居于懦弱者之列了。美的爱与恨当各如其量，可爱时当热热烈烈地爱，于可恨时则当痛痛快快地恨，断不可于可爱时则不敢爱而且似恨。于可恨时，又不敢恨而且似爱，这些无定的心情，唯有不知情感的中国人才能做出，我虽懦弱，但终望不至如此的不肖也。

恨也有时值得可赞扬的。我不恨楚氏，则一肚抑郁气如何排泄得出。我不从纸笔发泄我的恨气，则我结果唯有二途：或则郁闷而死，或则暴力杀人。我自恃自己前途辽远，我的价值总比楚氏大，故与其把我精神与肉体来摧残，反不如将楚氏来骂得痛快，恨得痛快。两害取其轻，这样行为，在我个人为得，在社会也不为失了。

爱确实比恨值得矜贵的，但我何必爱一个不宜被爱的人。我三年来的爱已经牺牲够了。今伊已完全将鬼脸揭开了，而人尚强我向可恨的鬼脸行爱吗？我总有博大的爱也保留此一点而不与了。假使伊渐渐把鬼脸变成人面！则我三年来对伊的热情具在，伊和我儿母子的关系尚深。虽我们今后彼此各有眷属，终不能使我再爱伊，但也不会使我再恨伊，唯有彼此相忘于天壤之间耳。但伊一日鬼脸不去，我对伊一日的恨不消。可说是天长地久有时尽，此恨渺渺无穷期！

恨虽比爱不温柔，但比爱来得更痛快。我恨楚氏我恨天下类楚氏一样的妇人。我恨这样的伴侣，这样的情人，这样的母亲，这样的家庭。我恨中国人不知恨为何物也如恨他们不知爱为何物一样可恨。我恨我的爱的艺术的失败，我更恨楚氏不能接受我的爱。但使我特恨而痛恨者，我恨中国人不能了解我的恨，而以我不应如此的痛恨！

《美的情感》共四书。这第一书写恨，计四章；为奇情、热情、真情与余情。今先宣布第一章，不过总冒而已。第二章已写好，第三、第四两章，情景历历在我目前，而文字尚不知在何处。我写此书时太刺激，以致费力多而成效少，悲哉！天乎！我每闻儿啼哭声，尤其当哭叫妈妈时，我心已碎，神已昏乱，我不发疯已算侥幸，我尚敢望作有好文字以见人。但在此书，我所写的皆凭良心与记忆。有什么则写什么，楚氏有好处我也不隐灭，我有恶处我也不假饰，但求把我们二人真情感写出来能够由此引起人类一些"感情"，也算此书的成功了。若蒙老天庇佑，使我得到一个得意的伴侣，我将于第二书时写出我们的爱情，此时心情既愉快，当能较得美好的文字以补偿此第一书的缺憾。恨与爱是姊妹行的，我期望从恨引出爱来。我的爱力太大了，我总期有一日能够使用我伟大的爱来抹煞这个恨。

民国十六年三月十七日发稿

第一章 奇 情

　　奇女的发见——奇形怪状——奇与怪的分别——伊愈要表现其奇，我愈觉其为怪。

　　在四围青山高峰里生长的我，因与自然太接近了，自少时就养成了孤高不羁，难免对于社会一切事情格格不相入。我所喜欢者当如野马一般时常驰逐于山野树林之间，闲则和小朋友与牧女谈笑开心。最烦闷是客至，父叫烹茶，而使我每每把茶具打破。我那时好似一个小野蛮人，几曾惯受家庭的约束，又目中何会有所谓中国传统的礼教在。

　　自到欧洲久住后，把先前自然所给予我的真挚热烈而且伟大的情感更加扩展膨胀与发扬起来。同时我总觉得欧人比我们会用情。他们父母子女、夫妻、兄弟、姊妹，及社会人的相与何等亲爱，何等表情。返观我国人的情感何等薄弱与虚伪假饰。我于是立了一个宏愿，愿以情感救中国。卢骚的情感教育，与孔德的情感社会学，最使我喜欢研究的，我回国时别无他物，只带回了一个极热烈与伟大的情感。

　　我先将这个热烈与伟大的情感给我的学校——潮州金山中学校，我为校长，每日必检查学生大便所一次是否干净。我每亲送药水到浴室给有疥疾的学生。一切一切，自起居饮食以至教习功课，散步休息，我皆出其充分情感以爱我学生，究竟，学生反对我，甚且受了恶教习的诱惑而煽起了极大的风潮呢！我又想将这个热烈与伟大的爱以爱世人。可是中国人太坏了，太不讲情感了！他们所讲的是势利、残忍、凶横、假面具、冷酷不情。以是我不但不能见容于学校而且不能见谅于社会。我悲哀极了，我想唯有白茫茫的大海才能容受我热烈与伟大的爱罢。可惜我跳海不成！又转想到新疆、青海去，或许得了一班能了解我情感的人。可惜此种到西北去的计划又不成！

　　还是在北京大学教了三年书较能使我从书本上得到情感的安慰

吧。终日蠹鱼似的,一心一意把我理想的情感宣诸讲坛,著诸词章。但不久我又觉得这样用情太虚泛了。对那一班讲势利的大学生谈情感,无异对牛弹琴究竟有何用处。我终想到把我的情感从书本上再转到人类去了。

可是我此时所爱的人类与先前不同,这回用爱的对象不是男的却是女的了。自回国后有三年期我对中国男子极形其怨恨与鄙视,我不叫他们为"人"而为"猪狗禽兽"。这个名词,当然不雅听,我实在寻不到别的代名词比它好,你可知道我那时恨中国男子到什么地步了。但我对我国女子则抱万分的同情。我终想伊们是富有情感的,不过受礼教的压迫与男子的摧残以致把原有的情感不能发扬扩展起来罢了,到底伊们的情感是不能否认的。例如我想五伦在我国无一伦站得住:上待下的骄横、父对子的严酷、夫视妻的不情、兄和弟的相侵、朋与友的欺诈。可是妻的对夫总有一点真意,而母亲对子女,更具有一种自然与热烈的情爱。总之压根儿我认中国女子是有情的,而不情、薄情为变例。大纲上,我想以我这样热烈与伟大的爱以爱了有情根的女子,不怕伊是谁,伊是江城也好,马介甫的妻也可[1],闺女也可,离婚也好,学界更好,别界也不嫌,只要伊是具有情根的女子,定能有一日为我爱所感动以报答我。我不管伊爱不爱,我唯先用我的爱。这个大纲,对楚氏可谓完全失败了,但我仍然相信她不错。

鬼钟响了,地狱之门开了,一晨上我在某报副刊中见到一篇为我们所要求者的女子文字。此作者为楚崇石女士。大意是伊看不起伊丈夫不争气,愤而脱离家庭关系,只身从遥遥的南方到山西教书以自给。末后叹惜婚姻由兄命牵累到这境地,并誓愿今后为社会而牺牲等语。此时的我,竟引起了非常的同情心。

"同是天涯沦落人,相逢何必曾相识。"我也因不愿意在家庭过了

---

[1]《江城》《马介甫》均为《聊斋志异》中篇目,两篇均以"悍妇"为主题,即《江城》中的江城,但本文中"马介甫的妻"表述不确,《马介甫》实际上描写的是马介甫的朋友杨万石之妻尹氏的"悍妇"形象。

无聊的生活而出来的，我也因婚姻不得志而摆脱的，我也想为社会奋斗而生存的。一切的境遇俱同，难怪我即时起了同情心，立刻就写一短信去安慰她，并向她诚实地说我简略的身世。

如此通讯几次，我于字里行间，似乎发现她不是寻常的女子，或者是一个奇女子也未可知，这个推测也非凭空捏造，乃由我从下几种根据而判定的。

第一，伊信说，我在报上所发表的"爱情定则"极为伊所赞同，这一层最使我心折。因为我发表这个"爱情定则"——即爱情有条件的，是比较的，可变迁的，夫妻为朋友的一种。——一时引起了社会上极大的攻击。不必说是女的不肯赞同，而尤是反对最力的为许多自命为开通的堂堂须眉大学生。今于举世不表同情之中，而竟得了一个女子的赞许。我由是钦仰伊对我具有高大的眼力。

第二，伊来信说欢喜革命。在十余岁时，伊在上海已和社会党人往来，这层又与我投机。我遂告诉伊我于民国元年曾携款购械助烟台独立而身几及于难的故事。伊来信更表示对我的崇拜。

第三，说到婚姻一事，伊更加奇了。伊不想结婚，仅愿与一同志者过了情人的生活。

在这些表示之中，我确实看伊是一个奇女子，最少是中国的奇女子，我就写信坦白地告诉我对伊不止同情心，而且具有一种敬慕心，敬慕伊是奇女子。伊复信高兴得了不得，至引我为现世界独一的知己，并说伊怎样跌荡抱负不能见谅于母家、夫家与世人。我此时实在上了麻醉药了，我何幸而得到一个奇女子以承受我最大的及独一的爱。我眼前忽现了伊就是蔡文姬，或是班昭，不，就是红拂之流。我当然更希望伊为卓文君。谁知伊竟是阴险奸淫的武则天！

伊自命为奇女子了，我也目伊为奇女子了。对待奇女子，当然不可拘泥于俗道，我们就逐渐谈及我们共同的生活了。就于这样通讯中以定我们二人的生命。为什么不可能呢？我们知道日本女子与其住在南美的日本男子，互送相片以结婚而得到极好的成绩。我们今照这样地做去已嫌蹈入窠臼不算稀奇了。我们奇人应当更有奇事。伊尝想使我到伊那边去后，一同到石窟寺观赏那六朝最著名的佛像雕刻。可惜我因功课所迫，不能与伊如此结"欢喜缘"。我则请伊来北京聚合。究竟我的意见采纳了。我们互寄相片。伊极满意我相的英伟。我则观伊相的眼光凶狠狠，头发做日本装束，白帆布鞋，站立于课室窗外，伊相愈显得利害，我愈觉得伊是奇女子。我此时确实被"奇女子"这个偶像所迷惑了。

这是民国十二年冬，那一晚上我觉得分外兴奋，"奇女子"快来了，"奇女子"快来了，我那日何止这样默念千百遍。我眼几望穿了，才见京绥车中有一位由信中所约定穿的服装的女郎下来。在这样相见之下，我真喜之不胜，而伊则面上竟无现出特别的神情。伊那种不动声色对我的一瞥，使我觉得奇女子应有这样严重冷酷的态度！而使我觉得伊仍然是一个奇女子者，伊网篮内有一古斑的长剑。孤身女子，在这样荒凉的去处而能以长剑随身，我想竟然结得一位剑侠了。

中央饭店是我预备欢迎奇女子的住所。在未相见之前几日，我确实下了一番决心，甚至写了字条，挂在我的胸前，誓不愿与伊有即日"肉交"的事情。可是在我们一个月来心心相印"神交久矣"！伊貌虽不扬，但一团骚气，引诱得我若干年来的制欲行为，到此时真是临岸勒马勒不住了。又被伊那双似嗔非嗔的三角眼摄得我神不自主。我第一晚与伊亲吻时同时就要求更进一步的"满足"，伊以旅行困倦期以明晚为辞。我们遂留在第二晚实行那二人合一的甜梦。

谁知事有出人意外者！我意以伊三年的旷偶而遇了得意的情人，于此云雨久别胜新婚的时候，定必表现出一番不可描写的愉快。不，不，完全不然。裤已脱了，刘郎已问津了，伊则视如无事一样。这样心灵上的怪状已使我暗中惊疑到万分了。而于尝试肉欲的滋味中，更使我失望得非常。一个松放无丝毫收缩力的去处，使我觉得在大洋中漂泊而不得一归宿，及见到伊给我一团极旧似久用过的棉花球为避孕用之物时，我始翻然觉悟奇女子对于性的行为特别有许多奇的事情了。伊性欲所以弄到这个不堪的地步,大概是由于自己不卫生,与手淫,同性爱,及被伊无数情人所摧残,此事容我在下头再详谈。

我与楚氏因同情而起怜爱,因误会为奇女子而至于倾倒。这个固然是由我太轻信伊的所致。在伊那时大过其多数情人的生活而我竟信为寡居无侣的可怜人!伊有特别的怪状而我竟误认为可取的奇态。我的用情固然全错了,但我的判断尚不至于无根据,不过我一时为情所迷惑,不能精细地判别奇与怪的不同罢了,我请于下面写出些伊的怪状。

伊情感固极薄弱者,这个由于先天后天者各半。伊出身为小姐,父亲举人,曾任知县而以名士派自豪。(参看伊署名为松涛女士在《新文化》第一期《我的诉状》。)据伊说其父亲极嗜酒而犯有酒精病,以是伊有遗传的刺激病,而神经不免衰弱,性善疑而喜妒,脾气极坏。不幸而生在富贵之家,自少就学习了家庭的虚假欺伪与过了那打惯骂惯了人的生活,遂养成了一种视自己为金玉、以他人为粪土的恶习惯。更不幸,伊竟伴了几年不得意的伴侣,生了一个不得意的女孩,遂使伊的刺激病加重。而尤其不幸者,伊仅仅受了不完全的普通教育,只会弄得几百文字通,遂学了伊父亲一样的名士派,目空一切,大有不可一世之概。故伊有极怪的论断:"凡男子的话皆不可信的。"伊有极怪的感情:"凡对人皆当恶意。"伊有极怪的志愿:"愈使人痛苦,则愈以为得意。"伊不怕人骂泼妇,伊说泼妇乃是好名词,凡一妇人愈泼,愈见得她能欺负男子,也愈见得她能保存女权。伊开口向我说:"我把家闹散,才使人知我能打破家庭!"

伊来北京时,满牙堆积黄屎,伊眼睛几张不开,满身粗皮,数月不洗澡,头发尘垢到臭气不可向迩。下身流白带,流到裤底如一片大饼干,而尚不肯换。脚趾是将第二趾盘在大趾上以便装脚小,伊有一件粉红的长袍,一迹一迹皆是溃痕,这些皆是怪女子的标志!

伊到北京时,除些诗词外,仅有一部《六法大全》[1]。伊每对人与

---

[1] 实际为《六法全书》,民国时期宪法、民法、刑法等六个门类的法律法规汇编。

对我说话时,皆含有一种讼师的口吻,我那时尝戏呼伊为"讼师",这是怪女子的学问!

伊在家少时的花名为"阿猫",这真名称其实。猫者为至不忠诚而易于变脸的动物。无论家主如何爱它,若遇它不喜欢时,就给人一深刻的爪痕。这是怪女子的武器!

伊十七八岁时,尝携歌妓逛船以取乐。伊有男子脸与男子性情。喜欢唱昆曲,但所唱的不是旦乃是净的曲本。伊极喜欢女性,遇一女子美貌者其垂涎之状比男子对之更甚。伊常向我谈及伊怎样在学校使二女教习互相争醋的趣史,故我料伊必喜欢"同性爱",虽则不肯对我明白说破。这是怪女子的嗜好!

伊极喜欢多数的"面首",但不为情感而为给伊玩耍及办事的作用。伊曾与韩国男子二三人极长期游逛于包头镇绥远之间。伊所要的男子,须具有女性美与比伊年少,最好是十七八岁的小白脸(伊则年约三十左右),无学问而肯受其指挥者。伊也爱屈某(详情容后),因为屈的阴险,能四出乞怜,代伊寻求位置。伊又要与广东李结婚,和上海陆通情,及与北京、山西许多情人继续旧好,为的是看男子作玩具。总之凡能供给伊鞭挞的便为好男子,这是怪女子的行为!

我由此可继续写出再多若干关于楚氏的怪状,但这样直接写出去,使读者觉得太无聊,遂暂在此截止,待在下面有机会时再谈。

总之我认怪女子为奇女子,我的失败自然是意中事了。而我三年来的努力与痛苦,意在引导这个怪物为奇人,我的白费气力,也属意中事了。误认木瓜为金锤,我知罪矣!我知罪矣!(本章完,全书未完)[1]

---

[1]《美的情感——恨》只刊出这些文字,后文未见连载。

与张竞生君脱离关系的经过[1]

褚松雪

我怎忍重提起已往的创伤？所以自从今年一月和张竞生君脱离关系以来，直到今天，还没有在任何地方发表过片言只字；一则是提不起我这枝震颤的笔；二则是回想三年同居之谊，虽没有多少爱情，也不忍反面成仇；况兼我的小孩，要靠他抚养；投鼠忌器，更不忍使失母之雏，再失掉他最后之依托。因此我的眼泪，只有向肚内倒流，而不敢为外人道者，就是这个缘故。

最近在友人处，得见《新文化》第二集，有张竞生君的广告两则。第二则骂得很凶，我只看得几句，手颤色变，气为之塞。孔德芷[2]同志把书夺去，强拉我到外面去散步。迨回来，书已不知去向；云在杨同志处，也就无从查考了。其后多方购买，都没有买到。

前天有友人自北京来，谈及《语丝》上载有我的近事和周岂明先生极公平的评语，积愤之心，不觉为之一快。昨日得读《中央副刊》尹若先生的一篇文字，题目是《又一个〈情波记〉的作者》。他是竞生的朋友，而肯从客观上立论，更是值得我钦佩的。懦弱的我，也只得把真相诉诸读者，但关系较重大者，仍旧略而不说，冀为竞生稍留余地。

现在把三年悲惨的同居生活写在下面。

---

[1] 本文原载1927年4月30日《中央副刊》。
[2] 孔德芷，疑为孔德沚（？—1970），茅盾夫人，1925年由瞿秋白夫人杨之华介绍入党，在上海从事妇女工作。下文"杨同志"疑为杨之华。

三年以前，我们彼此的思想很接近，并且他是满怀不合时宜，我也抱一腔孤愤，而且又都是国民党的同志。他在北大教授中，是激烈分子，提倡"新武化"主义，主张"美的死法"，鼓励青年们要作壮烈的牺牲。我看他性情刚直，意志坚强，是个有为的青年，必能提携着同走革命的道路。在同居以前，真看不出他的破绽来。同居以后，渐觉他的性情暴戾，遇事专制，不尊重对方的人格。自从友谊变成夫权后，一切俱由平等地位而转入奴主的关系了。和他谈话，只可以唯唯听命，不能取讨论形式。倘然答案与他意见相左，就可以使他恼怒而至于骂人。在第一个月中，已经被他骂过两三次。但骂完即赔罪。一日之中，喜怒万变，人皆说他有神经病。我始而不信，后来越看越真。见他对待用人们，也非常暴戾，有小过必痛骂严责而后已；婉劝不听，反益迁怒，待气平则又偏向他人说好话。于是知其喜怒无常，确系神经病了。然在平时，则又十分琐碎。我的一切行为举动，日常小节，必须遵从他的意思。他说的话，就是原则和命令，不得违抗！然而物质上的爱护，又是无微不至。冷则为我加衣；食则殷殷劝进。出门必叮咛嘱咐，唯恐有失。凡此种种，在旁人看来，必以为美满姻缘，毫无遗憾的了。孰知与神经病者同居，所苦乃在精神，而不在物质。自从怀了小孩，他就盼生男孩，好继续他的事业。果然小男孩出世了。他喜极如狂，费了许多钱，为小孩购置一切贵族式的用品。因为爱子心切，偶闻啼哭，必责人失于看护。我是母亲，当然是首当其冲。

北京什刹海的旧居，是四合式一所平房。我带小孩老妈子大小三人分住三间北屋，而教他住在南屋；晚上小孩独睡小床，我每夜要起来三四次；喂奶及一切零碎事，他必须教我自己做，否则就不放心。小孩哭一声，他就问询；哭至三四声，而骂人；再哭则披衣赶过院子来，悻悻然似乎要将我这做母亲的一拳打死才好呢！疲倦得浑身酸痛的我，逼于母性的爱，恐怕吵起来，使小孩受惊，只好一颠一顿地，抱着小孩来回地走。晚上失眠，白天还须受零碎的气。他不可怜我的憔悴形骸；

不体谅我衰弱的心力;偶然一件家事没有料理好,他就将我斥责。例如"半瓶酱油又教老妈子偷去了,好主妇……混账……给我滚"等等竟成为日常生活的口头语了。记得大前年冬天,一间房晚上没有加锁,而且是他自己不让锁的;忽然被窃贼光临偷去了一只洗澡盆(小孩的)、两双旧皮鞋、一面镜子等类。他心痛失物,又将我大骂;并连声叫我当夜就滚蛋。我至此已忍无可忍,冒寒走出大门,越过柳堤,走到冰上。意思是希望跌落下去,好了却这悲痛的生命。(懦弱的表现、蠢的表现!)走不几步,被一个老妈子硬拉回去,他也向我屈膝赔罪,并立誓不再骂人,其事始已。第二天我因受寒而病,他因找不到东西,又开口骂我;在发热至三十九度的我,勒令起来找东西,实则就在手边,他向来乱丢乱放,尤其不会找一件东西。这一次实在让我灰心,看穿他待我之情竟不如路人。所以不许走者,徒为小孩故耳。

最不可恕者:他不愿意参加社会运动,也设法不令我去参加。他自和李守常先生意见不洽之后,思想渐渐右倾,反而嫌我过于激烈。我的同志们来信,不论男女,概被检查;实则我其时对男朋友早已弃绝通信,女友之有色彩者,也因遭他的冷淡而形式上表示疏远了。把我围困得有如铜墙铁壁一般,不怕再会飞到天上去了。每当家事顺遂、小孩安乐的时候,他不发怒,或一怒即平。但有时从外面过了不如意的事回来之后,必须拿我出气;气得我胸口还在痛,他又调好了牛奶拿来赔罪了,然而我如何喝得下去?如此家庭,真同牢狱。但懦弱的我,因怕社会嘲笑,及小孩失母的两重关系,因循不进地去在专横的夫权下过了半年多的生活。胃病是一天比一天深;人也消瘦得不像样子了。暑假到来,北大要快放假,我和老妈子们,都惧怕他在家琐碎,遂想一个敬而远之的法子,提议到西山去避暑,而留他一人在家照料。他也急于要编《美的社会组织法》讲义,乐于清净。各无异言。我们住在万花山半山一个庙里。一天,他去看小孩,因包饭事,和管庙老太太吵闹,要打她。被我劝急了,老羞成怒,竟把我顺手推下山坡来。幸亏有一株树挡住,否则早已粉身碎骨了。西山万花山娘娘庙的一家人,均亲眼看见,也替我气愤。我此时真想拉他到巡警局去打官司,无奈黑暗的北京习惯法,两口子吵架,女的无罪也是有罪。我何必再去看这种人的嘴脸!这次他不赔罪,竟自回城去了。我忍着气,只和庙里的老太太们说闲话,一面心中打主意,先雇奶妈子,让她管了孩子,我抽工夫再去教书作为恢复人生的一个根本办法。并且经济上活动些;因为他虽挥霍,我却没有一个大钱在手。每日买菜等钱,都要从他手里去领;菜少了嫌吃不来;多了又嫌费钱;自己用多了钱,却在我面前愁穷;我是硬气的。他不给,我也不要。我偶然做一件不得不做的布衣裳,他总要这样数念两三遍,"没有钱了还要做衣裳",然而一转眼,十多块钱吃的东西又买来了,实在他自己好吃而不好穿;每一季从没有一套以上的衣裳的,凡认识张竞生者,当知我言之不谬。

据他自己说,在法国爱过一打以上的女子,从来没有长期的;最多不过一两个月就吵散了。我这才明白他为什么现在这样恨我,就是时间太长了的缘故。

他又口口声声说:"爱情是要创造的",但这样骂人打人,不知算创造还算破坏,可见言与行违之甚了。其时他早又和北京某太太、西山某太太发生爱情关系,但我却并不妒忌,因为早把他看作路人了。他对我说,那两位情人都比我好过万倍。所以还留我者,就因小孩的缘故。读者试思,哪一个人听了这种话不冷心的。

我视他为雇主,他待我如保姆。预计再过二三年小孩长大,定必是个分离的局面。

忽一日异想天开,要登报征求各人两性关系的自述,作为研究材料。一月之后,欣欣然拿了所征得的文章,要去出版,题曰"性史"。我一看都是小说体裁,不但全无医学根据,而且绘影绘声,意义甚是卑劣。我就劝他说:"性教育未始不可以提倡,但是须用庄严的口吻,有科学的根据,方能使青年界得到益处。像这些材料,都是无益而有害的……"话未说完,他就大怒道:你懂得什么?第二天,竟然把它付印去了。《性史》畅销之后,他十分高兴,常以中国的 Ellise[1] 自居,要到各处去周流讲道。北大考毕即南下,在汕头招学生讲授"美的性育"。乃听者寥寥,不能成班,于是到广州,上书国民政府,要求设立"考试局"而自为局长。不得要领,又谒广大校长褚民谊,求为教授,亦无结果。愤极!遂回上海,大骂广州政府被共产党把持,非打倒共产党不可!张继本是他的老友,闻之大喜,遂相联合,拟办一杂志名《建国》,专作反共产的宣传;而以竞生为编辑。他就写信到北京来报告一切,并教我勿与共产党合作。我大惊!想他从前虽则凶横,还不失为一个站得住的学者;不料竟堕落至此,甘为反动派的走狗,而以每月二百元薪水自卖其身!真于我意料之外!从前还敢敬重他的人格,虽痛苦犹能忍耐;今既如此,是不可与一日居了。然而还希望他能够悔悟,遂写了一封长信,苦口规劝,并以去留为争;得复信,谓已采纳我的意见,无论他们的杂志是否办,他本人决计不当编辑了。张继闻知此事,遂大不满意于我!

旋应艺大校长周勤豪[2]之请,任该校教务长之职。十月初,我和小孩回上海,也暂住艺大。初尚相安,不到一月,又因家常细故,大闹大吵,竟至全校哄堂;女生辈恶其横暴,相率不上他的课!

每天晚上到张继家去,不知作些什么事?

十一月底,又和庶务打架,校长鉴我前事,竟置不理,遂愤而辞职。被某资本家邀去办《新文化》杂志,移寓法租界。我在市党部工作,距离很近,总是回家吃饭。饭时他必指我数骂共产党之罪,我向有胃病,至是竟视吃饭为畏途!他的同乡黄树芬君,思想很左倾,也常来我家便饭。他就一并带骂在内;一面又大嚼我所做的江瑶柱、火腿等菜,而不嫌其为共产党人之饭余了。

本党改过之前,他就向我提出两个条件:一,今后脱离国民党,

---

[1] 今译哈夫洛克·霭理士,英国性心理学家。
[2] 周勤豪(1901—1952),广东潮阳人,刘海粟姐夫。

服从他的命令，帮助他办一种报，每月给我津贴一百元。二，否则就叫我滚蛋！

舍不得我那可爱的小孩！他每天依依怀抱，一点钟不见必叫"妈妈"，并且身体强壮，聪明活泼。我倘一走，怎能够了得。他父亲虽然疼爱，究竟是个神经病者，喜怒无常，小孩怎不吃苦？倘由我一人抚养，将来或可造成一个良好的青年，然而竞生曾声言："小孩是我的性命，决不给你。"看看小孩，又看看我自己；走罢！牺牲了他！不走罢？牺牲了我！然而我的胃病已深，且易咳嗽，竟有肺病的嫌疑；即使不走，也必活不到几年；我死了，小孩还是要遭后母的。好！硬着心肠走罢！

几夜不眠的结果，答复了他第二个条件，就是"准其滚蛋"。那天，是一月十三日，遂登广告招请保姆。三天之中，他已选定一位广东人，答应二十一可以就职。

我的苦痛及被压迫情形，刘尊一[1]同志，知之最稔。一天晚上，她带病来看我。我就告诉她已和竞生决裂，现在走到哪儿去好呢？她也替我凄惶。最后我决定到武汉去，索性痛痛快快干一下；省如在上海这样环境里，欲求牺牲而不可得！她又问我："有没有盘费？"我说："还有四十块钱，是市党部给我的薪水，留着没有用呢。大概可以到得武昌了。"在竞生表示逐客令之后，我送她上了黄包车，凄凉的暮色，遂隔断了我俩的视线。最近听说她已被万恶的蒋介石所捕。我焦躁极了。在写这篇文字时，不知她已作何情境，怎不令人急煞？

关于准其滚蛋事，知竞生无意挽回成命；用话试探皆遭失败。二十下午，楼下客人甚多。我独自在楼上写一篇文字，预备编入《女伴》第三期。他抱小孩上来睡，因照料稍迟，竟逢其怒。又复大吵。适有寄L君一信，也在桌上，我是公开的，况他已叫我滚蛋，夫妇之义已绝，即有所爱，也于他无涉；而况他是主张"爱情可以变迁的"

---

[1] 刘尊一（1904—1979），四川合江人，曾留学日、英，解放后为西南师范学院教授。

呢？谁知竟大不然，故将此信，定我死罪，汹汹然如拘罪犯。时众宾客闻声咸相遁去，只存华林、徐子仁、黄树芬三人，出作鲁仲连，无效，立刻叫我滚蛋！遂立凭据。其中警句是"以后竟生与小孩，松雪不得过问"。意恐日后母子相认，于彼不便，故出断语也。友人辈也均不直其言。

第三天，我遂离家，只身来武汉。蒙妇女协会同人们不弃，留我在会中居住，直到现在。

可笑！竞生大骂我"跟人逃走"，不知他先自绝于我，证据俱在；迨到真的走，又大骂不已；其实二十那天，他倘肯宣誓脱离西山会议派，任我在国民党服务，则最后之决裂，犹能避免。无如迷惑已深，不知悛悔，自诒伊戚，又能怪谁？

至于我的好友 L 君，那时的确是在武昌。不过我已是劫后余生，知道所谓爱者，也就如此而已。所以至今，还只是一个好友！

革命事业，是我终生的伴侣。爱之花已变成革命之花；儿女之情，将永不能影响我冰铁似的怀抱了。

在这样紧张的环境里，一天都是忙不过来；真没有工夫和张竞生去翻闲话。此后如他再有攻击我的文字，决计不再答复！

又一个《情波记》的著者[1]

尹若

岂明老人在最近的《语丝》上说他读了张竞生先生的《新文化》上底广告（为张先生与褚女士脱离关系的申明），令他想起华林的《情波记》来。是的！我也有同样的感想。这虽不能说是"英雄所见略同"云云，但至少岂明老人的话，是为我"闻所欲闻"且"恰中心坎"而听起来，同声附和的。

几年以前，华林兄发表的《情波记》，至今犹令我们能够想起，这实足以表示《情波记》之给予我们的恶劣的印象太深了。《情波记》的著者华林，是太不懂得自由恋爱的真义了。所以在当时曾引起了京沪各报许多上至大名鼎鼎的学者，和下至一无名气的小卒的批评和攻击，我个人是和华林有相当友谊的，但他这种行为（发表《情波记》）也为我所不取。

然而，张竞生先生又做了《情波记》的著者第二了。他痛心于褚女士和她脱离夫妇和其子的母子关系。于是在《新文化》第二期上大登其广告，大骂褚女士"为无耻的妇人"，并说将要发表一篇什么《美的情感》来述说他俩的经过。呜呼，吾知张竞生又将继华林而发表《情波记》矣！

记得在上海去年的一个严寒的冬天，已是午后了，我约着几个朋友一起到一家川菜馆里穷作了一回乐，并喝了几杯苦酒，精神十分兴

---

[1] 本文原载1927年4月22日《中央副刊》第30期。

奋。出门后,大家都不知道往何处去,我便提议去访张竞生,他们都赞成。于是我们便走到法界丰裕里九十四号了。进门后,我才知道华林兄也在那里。我们互相闲谈了许久,我个人为了与张先生交涉投稿《新文化》的事,更和他多说了一些话。他一面说话,一面又与我们调合咖啡茶。正在这个当儿,他忽而停止了工作,转身上楼去了。我们都知道他和他的夫人都是住在楼上的,我们去坐谈的地方,是他的会客室。我和一些朋友在客室中坐谈了许久,大家觉得有些倦了,然而张先生却老不走下楼来。最后,我主张回家去,而且主张"不辞而去",于是我们都一同起身往外走。但此时,张先生却匆匆下楼了,他拉着华林兄的手,他说他的夫人和他起了口角,要华林上楼去为他排解。他一面对于我们的走,却不强留,他只说了一声:"对不住,改天再来说罢,今天我的家庭起了变故。"

走出了他的后门,我们大家都笑着说:"他做了许多关于性美的书,想来总会对付他的爱人了,但是,今天为甚么他会和他的夫人口角呢?"我回答:"这怕是学理与事实的冲突罢?"

自从此日以后,为了我要帮助《新文化》做点关于社会和经济方面的文字,他说一定要约我聚餐(其实在此次访他以前,他已约过了),但此事终未实现。后来,我始知道他和他的夫人褚女士闹翻了,终至于使褚女士逃走了。他因为"自己的伴侣跟随他人逃走,郁闷极了,眉头不展,笑口未开者若干日",故索性把约我聚餐的事也打消了罢?自然,这于我,不过少喝杯咖啡茶及其他而已;然而,张先生之"悲哉,三年间同住,一旦分离……言念及此,心碎神迷"的可怜状态,亦可想见矣!

但是,自己的伴侣跟人逃走了,便应该大登其广告,大骂她是"无耻的妇人"吗?岂明老人说张先生欲借礼教的威风,博得世人的给他的同情,并由此处看出了张先生的卑劣的心理,这话是千对,万对!

我现在对于张先生与褚女士的事件,还是要唱我的老调子。我就把我对于金罗事件的批评转介绍到这里来：

"所谓自由恋爱的真义，是指的男女两性，每个人有他和任何人发生恋爱的自由。不管男性或女性，他愿意爱某人的时候，他便可与某人相'亲近'，相'结合'；他一旦不爱某人了，别有所爱了，他便可和某人相'离弃'，相'拉倒'。"（《新女性》二卷三期。）

听说张先生与褚女士，三年前也是自由恋爱结婚的，那末，现在他俩因为"感情不好"，而褚女士又有了"情书可证"了。这离弃就得了！这互相"拉倒"就得了！还有旁的话说吗？

然而张先生竟要做第二部《情波记》，一定要口出怨言，实行"爱之欲其生，恨之欲其死"主义，这就错了！这就根本违反了自由恋爱的原理，而且是蔑视了妇女的人格！

我批评金罗事件时，曾说："现在还有许多青年做着与金拓同样的恶梦呢！"呜呼，吾不幸而言中了！

一九二七，四，二一，武昌

食 经

又名：新法长生术

哲学博士张竞生著

导　言

我第二次到法国时，即加入自然主义派运动。此派全无政治意味，只是提倡自然的主义。当我到此派所实验的小岛上时，觉得别有一个世界，而经过几个月之自然生活后，觉得自己变成另一个人一样。尝过都市生活后，愈觉得自然生活之可贵。自然生活固极多端，但食为其中最重要之一。故先将此问题做成小系统以问世。名曰"食经"者，使人知食乃日用经常之道，至通常而又是最重要者也。

在食一问题上，有一特点须提起者，凡愈机器化，与工业化之食品愈是糟糕。衣、住、行，愈文明化愈好；独至于食，则愈野蛮化愈好。食品是要原质不变，愈朴素则愈佳，故机器米与面，万万不敌乡民用石磨磨出来之米与面为有含维他命素[1]与香味，及经济与卫生。一切罐头物品均有害无益，一粒生梨比罐头内的十粒梨为有益。未经机器做过都是好的，一经工业制造后，无论最好的食品均变为最坏的了。又食品愈便宜的愈有益，菜蔬、五谷与水果都比鱼、肉、脯料及奇巧的食品为佳。这几点，都是此书所特要提及的。

我于此书宣布之目的有二：一、希望个人从饮食讲究，既可节俭，又可卫生。凡富人都患多食的毛病，故节食为要着。我人当提倡"单盘菜"的风气，虽不能餐餐如此，至少，每日或每二日当应实

---

[1] 维他命素，即维生素，下文的维他命、生活素、生素均同。

行一餐"单盘菜"省起钱来做好事。二、希望组织多个"卫生食合作社",有系统地将自然食的方法,普及于人间。

念三年春补序于上海[1]

---

[1] 以上载1934年5月1日《时事新报·青光》,标题为《食经·导言》,题目旁注"又名新法长生术,哲学博士张竞生著"。

第一章　生　素

（论维他命素——生活素——生素的重要）

人类的食物约有五种：

一、蛋白质——其效用在补充细胞所消磨的质素。含此质最多者为肉、鱼、蛋、奶、奶饼，及植物中的杏仁、香菇等。

二、碳水化物[1]——它提供给身内的热力与筋肌的能力。凡薯、豆、五谷、动物油、植物油、糖等都属之。

三、纤维质[2]——以青菜及水果为主要品。它介绍"太阳素"[3]进入食者的身内，到了肠中则如帚子一样将腐朽者排除于外。

四、矿物质。

五、水。——各项详细当于大申论之。

于此，应请读者注意是上之分类法，乃新式的为自然派所新定者。若照旧式，则第三项的纤维质不过视为第二项——碳水化物——的附属品。而将脂肪质列入为专项。今我们乃把脂肪质附入于第二项内，因脂肪质所含的，也以碳水化物为主要，不过其量较多而已。但依人体需求的重要，故特将纤维质提出为专项。看下解释，自能明白此中的道理。

自近时维他命素发现后，食界起了空前的大革命。先前以为蛋白质或碳水化物最为重要者，今则以食物所含维他命素多少及何种，为

---

[1] 碳水化物，今称碳水化合物。
[2] 纤维质，即纤维素。
[3] 太阳素，即叶绿素、类胡萝卜素等的统称。

食物的根本问题。因维他命素为食物的精华，其余质料不过为其糟粕。此素不在量之多，而在质之精，故烹调之法甚见重要，以免精质之散失。盖至是不但"食的学问"起了新观念，而"食的艺术"也发生了极大的革命了。

既然是维他命素（以后简称为生素）为食物的精华。又为生命的柱石，故我们有把它来详细解释与介绍之必要。[1]

维他命（Vitamine）一质乃由樊克[2]（Funk）先生在一千九百十一年所发明。以后逐渐发现的种类甚多。今概括为下八类。

（一）生素甲（在欧美则以 A 字名之）

（能使身体发展与避免肿目及盲目之生素）

这件素，植物不用他物帮助而自能生有。并且能够自己去制造。至于动物全靠从植物获得此质。可见其所占地位的重要了。

植物中之叶，尤其是绿叶，为最富有生素甲者，绿叶乃吸收"日光素"之结果，故以多见日光的菜蔬类为好食品。例如菠菜、大菜、芥菜、青菜（西人生食之用），以及绿及黄色的海藻与及牛马食的菜豆科类刍料（西人专种养牲畜），均含此素极多。

谷粒类通常缺乏此素，唯在粒子做种将发芽时以及存糠内才含有。他如黄玉蜀黍（白的较少）、黄麻粒、黄黍、胡桃、杏仁、黄小豆均有。而以大豆为最多。

水甜类的水果（看下水果的分类）于此素含蓄甚少。但香蕉、柑、番茄、大瓜、胡椒、新鲜豌豆等尚称富裕，唯柠檬则全无。

在根类食物中，如白萝卜、荷兰薯[3]（现西菜馆所用者）与甜萝

---

[1] 以上载1934年5月3日《时事新报·青光》，标题为《食经（二）》。
[2] 樊克，今译卡西米尔·冯克（Kazimierz Funk），波兰生物化学家，鉴定出在糙米中能对抗脚气病的物质是胺类，它是维持生命所必需的，所以他建议命名为"Vitamine"。
[3] 粤东一带称荷兰薯，即马铃薯，俗称土豆。

卜并无生素甲，反之，如蓟之心甜薯（乡人多食，市上在炉内所烤卖者）与紫萝卜则包容不少。

植物油，如橄榄油、花生油、芝麻油、苎麻油、棕油、玉蜀黍油、可可油，不见此素的踪迹，但棉籽油以及需用力压榨的大豆油，则其含量不能轻视。[1]

奶油含此素之多少，乃随其季候的牛草而异。鳖鱼[2]肝油蓄量甚富，但有时因制造之法不好而致消灭。鲸及鲨的肝油所藏也富。

蚝（牡蛎）与日本鳗也富含此素。

肝、肾、胰、肺，比心与脑多含有生素甲。但油料，除猪油及牛油外则不见有。瘦肉（筋肉）也甚少。唯蛋黄几与奶油同量齐观。凡母鸡多外出食鲜草者，则其所生之蛋，所含生素甲之量可比平常增加五倍。

奶，当其将水份蒸发时，则其生素甲多见散失。凡市上所卖的一切罐头奶皮及奶粉不但无益，而且有损眼之患。

今以小鼠做试验（因鼠食量小，而且其生命长不过三年与其生后三个月即能生育。录这两项有定之数目可查，故极可为实验上之标准）。如给以食物而时特缺乏这生素甲时，则其变态可分为三期：一，初期自念五至六十日，生长之情形尚无大异。二，此后，则体量渐轻，身也渐缩小。三，到第三期，鼠态甚变异，毛蓬松，进而无光彩，耳与尾变得不相配；有时筋肌颤动，到末了，则致于死亡。[3]

若将此死鼠剖开，则见其中之骨骼也呈许多变态呼吸系，成炎病，皮肤缺乏养料。

在幼时无食此维生素，雌雄均不能发育。但在缺乏不久时即给生素甲，尚可以恢复原状。到了百日后，雌的无法救回了。

又自生后百日缺乏生素甲的鼠：雌的卵巢虽变动，但尚能产育，

---

[1] 以上载1934年5月4日《时事新报·青光》，标题为《食经（三）》。
[2] 鳕鱼的俗称。
[3] 以上载1934年5月5日《时事新报·青光》，标题为《食经（四）》。

至于雄的不能传种了。

此症中最特异是眼病；初则眼皮肿，眼毛落，以后则眼膜生脓以至于全眼球倾陷。患此者，不但在鼠；凡缺乏生素甲之养料的猪、兔、狗、鸡，也然。

在人类，少孩比成年更易罹此种眼患：医学至于特别名为 Hiken。

（二）生素乙（即生素 B）

（能抵抗神经病的生素）

若把鸽子来试验，给以一些食物而无生素乙（例如白米，即米舂得甚白而糠膜已不存者，不但缺欠生素乙，旁的好素也均缺少。这点要请我们注意是我人食的乃是白米，而且是闽广方面从南洋来的又且用机器磨的白米，这些米食后不但无益，而且有害卫生！）不过十余日久。急症的：身量减轻，内毒骤发，不久就死亡。缓症的：则鸽初觉胃口不佳；消化系统缺乏胃汁及膵[1]汁；肠的作用变迟缓；时有水泻，泻时，常见有青色胆汁；体温降低；掌、翼、及颈之筋变劲；掌感觉痛苦；毛落甚多。这样延长下去也必至于死亡。反证是：若病发时，就补食以生素乙，则有些鸽即可恢复康健；有些尚不能好。[2]

在初病时，脑经且呈变态，鸽子常站起掌，环绕自己乱滚，呼吸急促如喘。

此外，则有些机体变成缩小，如颔下腺[3]、睾丸、脾、卵巢等。有些则变大，如上肾腺[4]等。

总之，此中病态最重要的为神经伤害。同样，如鸡、鸭、鼠、鹅、鹦鹉、雀，以及猫、狗及一些飞虫，缺乏此素的养料者，均得这个病症。

---

[1] 胰的旧称。
[2] 以上载 1934 年 5 月 6 日《时事新报·青光》，标题为《食经（五）》。
[3] 今称颌下腺。
[4] 今称肾上腺。

生素乙之来源：

最多的在谷及菜类之粒内，而尤于内皮、糠膜及种子时为饶裕。除麦及粟外，如荞麦、玉蜀黍、大麦、扁豆、大豆、豌豆、菜豆、赤小豆，都有此素。

白米（米舂得太白，已无糠膜者），麦已经机器磨成之粉（现市上所卖之面粉已被机器把麦糠除去者），豆已磨碎，或赤小豆已去皮者，则生素乙已消失殆尽。

又这些物因所下肥料不同，而含质也异。凡用"农家肥"比用"机器肥"者，较多得生素乙。[1]

以上所说物件，叶比其粒较少生素乙，虽则较多养料。他如荷兰薯、紫萝卜、葱头、番茄、香蕉、大瓜、花生、杏仁、榛子等，也有此素，不过较谷类所含的为少。

葡萄酒也有此素，啤酒则无。

卵黄甚富，卵白则全缺。[2] 牛奶比人奶为少有。市上所卖的奶糖，及蔗糖或萝卜糖，均无此素，蜜也无多含，动植物之油均未见到。

肝与心，牛、猪、鸡、鸭之瘦肉，也藏有此生素乙，但稍陈旧及落罐头之后，则已无存。

鱼类如鳖、鲱等也有一点。

（三）生素丙（即生素C）

（清导血液的生素）

太久食不新鲜的物料，则犯了崩血病。若改用新鲜食物，则血病就好。这因新鲜料中有生素丙之缘故。

除崩血病外，尚兼有贫血，血中缺少红血输[3]及铁。又有肝、液

---

〔1〕 以上载1934年5月7日《时事新报·青光》，标题为《食经（六）》。
〔2〕 卵黄即蛋黄，卵白即蛋清。
〔3〕 即红血球，今称红细胞。

管[1]、筋、淋巴络[2]、脾、唾腺[3]、盾形腺[4]、睾丸、上肾腺、肾,各种病患。[5]

这个生素丙并不在粒子及谷内,但将当这些粒及谷做成种子时,则生素丙就同时生出了。荞麦及大麦当其为种子十余日(大概在将要发芽时)。以及豌豆、菜豆等,虽放在阴暗内发芽,也能发生此素,不过得了日光更较富足。

新鲜及酸类的水果,如番茄、小红萝卜(如指头大,西人用以生食)、柑,及柠檬,于此素之供给甚充分。葡萄与香蕉,虽含素不多,但用为治坏血病则极有效力。苹果、梨、香瓜、孟果[6]等,则较缺乏。(这些水果含生素丙之多少,乃随年候而异。)

青菜类如白菜、生食菜中的"力地""皮松里"(均译名)均形丰富,紫萝卜(新稚的)、葱头、荷兰薯,则见不多。白萝卜、酸白菜(白菜发酵者)、香菇、啤酒酵沫、蜜,等则未见有。

卵,动物油及植物油,牛肉等几无此素,有些肝如鸡肝等则甚多。

牛奶,如牛母在山田间生活,且装运时之罐能装得饱满,则尚能够保存此素的大部分。罐头奶在十五个月尚可,过此则能生崩血病。

牡蛎(蚝)含此素最多,为治血病之灵验品。[7]

(四)生素丁(即生素D)[8]

(使细胞生长的生素)

这个素放在啤酒酵内甚能使酵母细胞发育,依发明者樊克先

---

[1] 液管,即血管和淋巴管。
[2] 今称淋巴结。
[3] 今称唾液腺。
[4] 今称甲状腺。
[5] 以上载1934年5月8日《时事新报·青光》,标题为《食经(七)》。
[6] 疑为杧果。
[7] 以上载1934年5月9日《时事新报·青光》,标题为《食经(八)》。
[8] 依本节所述内容,当时的生素D应为今日之维生素B_6。

生所说："因为在动物细胞内甚多遇到此素，则它必与一切生机体有大关系。"

似乎细胞得到这个生素丁后，始能吸收含有养料及抵抗神经病的生素。

这件素散布得甚广：

一切粒子均有，尤其在成种子时，大麦养成发芽后，尤包藏宏富，麦及玉蜀黍则较缺少。

奶、奶饼、一切兽筋、肉汁、大脑、小脑、肝、肾、心、内分泌腺，以及于小便，均有此素。

而尤以植物类食物为最多数含有生素丁者，今将其最富的举下，荷兰薯、芹菜、苹果、番茄、香瓜、白萝卜、小红萝卜、大白菜、葱头、紫萝卜、豌豆等等。

（五）生素戊（即生素E）[1]

（能生骨干的生素）

凡食物中缺乏这件生素者，例如以生后廿八至四十日之幼鼠做试验，则见这个鼠的骨病自第二至第三星期后就发生，同时见到它失了精神，骨干极软弱，两骨连络之中间甚行放松，逐渐鼠体缩小，毛成刺状，行动不能自主，久后，则瘦损到极点以至于死亡。[2]

当其骨病起时，如给以一点富于生素戊者，则自五至十五日后，即见其恢复康健。

这件素最多的为鳖鱼肝油，实则一切鱼的肚油（除海狗鱼、鲸、海豹鱼之外）均含有。

牛奶与妇人的奶，甚少此素。

一切植物油均无此素。但可可油勿经过机器制造而为纯天然土法

---

〔1〕依本节所述内容，当时的生素E应为今日之维生素D。
〔2〕以上载1934年5月10日《时事新报·青光》，标题为《食经（九）》。

提出者，则含有。

蛋黄含此素，唯鸡母能自由行动及得食鲜草料者所含更多。（蛋白并无）

许多菜类，如大白菜、芹菜、菠菜等则缺此素。

读者当注意是骨中缺乏石灰病[1]（多由食中缺乏生素戊之所致）在小孩时期尤为危险。据上说妇人的奶极缺此素，故于受孕期及产育后授乳的妇人应多食生素戊，以便间接给予小孩。这个不是必要食鳖鱼肝油（因其制造法不同故市上所卖的鳖油有些极少有生素戊），只要多食新鲜的各种鱼肝与菜类及水果类就好了。尤其要的应常让小孩多见日光，日光能促使骨中吸受石灰质，可免患软骨病。[2]

（六）生素己（即生素F）

（使生物能产育与有奶的生素）

如把鼠来试验，给它的食物内除去生素己者，则五日后即见睾丸逐渐缩小，精虫逐渐减少以至于完全净尽。至于雌的卵珠虽能成熟与受孕，但胎孩未到成形之前，已被消灭。

当小鼠食奶时，如缺乏这件素，则变成为一种特别瘫痪之症。如继续不救，则百分三十五死去，百分四十八成为终身不遂病。

如食了含有生素己的物时则雌雄照常生育。

读者当然急要知道这件素在什么物件了。

第一，许多植物油，如花生油、橄榄油等均含有；

第二，水果如香蕉、柑汁等；

第三，许多青菜中；

第四，五谷中如麦、大麦、米、黄玉蜀黍等；

---

[1] 缺乏石灰病，指缺钙。
[2] 以上载1934年5月11日《时事新报·青光》，标题为《食经（十）》。

第五,蛋黄与瘦肉;(其五脏比较含生素己为少。又睾丸及胎盘似为此生素的贮藏所)

以上诸物均含有生素己者。[1]

再说一遍,这件素不但与生殖器官有关,而且奶汁之相连。当母给奶的时候,其身内所需求之生素己分量,比其有胎时则应有四倍之多。故奶妇更应多食上所说的富有生素己之物料。

(七)生素庚(即生素G)[2]

(使皮肤健康之生素)

如把狗来试验,给以食物无含这件生素庚者,则逐渐见它困惰,发热,食得无味,至全不下咽,口、舌、唇,渐生脓泡,好似成为一连红肉堆。牙齿如常,口液甚多,呼吸气味臭,雄的阴囊有破裂状。大便如水泻,带血且臭。若把病狗剖开,见大肠及肛门肠流血甚多。十二指肠也有病。

如于病未深时,给予生素庚,则病即可消失。

生素庚最多的在啤酒酵液中。

他如新鲜肉,尤其是牛的瘦肉、猪肝、梭子鱼、麦芽,也含此素极多。

番茄汁、奶干、一些奶油、蛋黄、大豆、紫萝卜,也多具有。

(八)生素辛(即生素H)[3]

(供给养料充足的生素)

例如一样鸡无食这种生素者,到了六星期后,只有二百格朗姆[4]

---

[1] 以上载1934年5月12日《时事新报·青光》,标题为《食经(十一)》。
[2] 生素庚(即生素G),今称维生素B_2。
[3] 生素辛(即生素H),今称维生素B_7。
[4] 格朗姆(gramme),质量单位"克"。

重；但食此素的鸡，则在同一时久，而可得四百八十五格朗姆。将后比前，几重一倍。而且缺乏此素的鸡除重量减退外，则见其瑟缩可怜，毛色枯槁，竖起与稀少。到后即且至死亡。[1]

这件素的存在，似是凡有生机之物均含有。

青菜及水果包藏最富。

其次，在大麦、粟、菜豆、豌豆、扁豆，以及一切豆类也有包蓄。

牛奶——尤其是食好鲜草的母牛之奶，供给此素极多。

麦芽中也不少。

蛋黄极好。

一切筋肌并无此生素，但肾、肝、膵，则见极多，心与脑比较为少。

附记：此章取材，都由下头这本富于经验的书籍所采出：Raonl Leoog, *Les Aliments et la Vie*, Paris, 1919 版。

所有生素区别法及命名也依上书所规定。

---

[1] 以上载1934年5月13日《时事新报·青光》，标题为《食经（十二）》。

第二章 论抵抗衰老的方法

（青菜水果之效能与自然派之作用）

照上章所说，生素的效力甚大，自生长以至于产育，自骨干以至于皮肤，自营养以至于精神，一切皆以生素有无为决定其康健与疾病之标准。

故可说所有康健与疾病均决定于食物之生素中。[1]

此中食物最富有各种生素者首为青菜，次为水果，两者均属植物类，所以植物（内当加入五谷一类）为最重要的食料。它们在上章所举的八项生素中，只缺乏了生素戊，但这个缺乏不是表示水果与青菜的缺点而适形其长处。因为生素戊乃给骨干以之石灰质者，青菜、水果，因无此生素，故凡多食此项物质不但少病，而且未易衰老（因成年者缺乏生素戊原不要紧）。

我国人比欧人少食肉类，故其面容常较幼稚。但因我国人对于种种卫生不知讲求，以致平均年龄反较欧人为少。这不是素食之过，素食只有延长年龄增加力量。素食并非衰弱，我国北方人，与日本人均是素食，而成为极雄壮的民族。欧人固都为肉食者，然其强壮——乃在各项卫生，并非由于肉食。

以下是从法国巴黎《自然主义报》所译出者。"五年前，全世界报纸载出一件惊人的新闻，即左惹·格纳先生在巴黎某实验室发现一

---

[1] 以上载1934年5月14日《时事新报·青光》，标题为《食经（十三）》。

种'神秘的物质'能把细胞保存康健与长命到一个期限为向来人类前所未有者。"

我在此时极留心看世界的报纸，都说这个人必是奇怪荒诞、神秘的人；或则必是传者故神其说。因为不能得到此人住址，遂即放下。忽于一晨间看到报载他将于巴黎"瓦郎厅"讲演"长生不死"之术。[1]

我按时而至，不必说不但我个人好奇，此为夜会，但未到八点钟，满厅已无隙地，我于此会实在保存一个极长久的纪念。

当格纳先生出场时，众人均拍掌欢迎，主席并这样介绍："你们看这位格纳先生面容尚是三十余岁人，而实则他已六十多年纪了，请诸位寻求他那个'却老返童'之方法。"

即时，听众分出两派：一派极相信此事的，因为不管学理如何，事实放在面前。一看此人那样铜声铁骨，那样矫捷少年，新鲜，和他那双清蓝活动的眼睛，面上无一点折痕，无一条皱纹，一切都足证明不是一个冒牌的六十几岁老人。

余一派，虽少数，但嚣嚣然大声表示不服说："滑稽！荒唐！走江湖！假伪！皮肤装饰！绉痕搽粉！这是不可能的事情……衰老乃是一种科学规律，谁也不能反抗的。"

可是经过这人的一下眼神感触之权威，这班反抗者竟不自然地沉默消声，让他自由讲下去。

他先说怎样现世纪的人类生活不合法，怎样先前人类得了自然的福荫，怎样今日的城市使人快于衰老与死亡。

他继说他的著名与神秘的返童法：[2]

"我所创造及实行的方法乃与天地同样初始，并无何种秘密，不过实施之步骤有两项不同。

"第一，在使'生力'不散失，故应实行素食及自然主义，此事

---

[1] 以上载1934年5月15日《时事新报·青光》，标题为《食经（十四）》。
[2] 以上载1934年5月16日《时事新报·青光》，标题为《食经（十五）》。

一行，即时生命就延长。

"能这样实行则到六十岁时尚未衰老，因他矫捷与壮健，不会如那班同年纪的食肉类、饮酒精、吸纸烟的种种颓唐老朽。

"人常说素食的人都是瘦弱、青白，不能振作！完全是诬造！试把我的臂膀一捏，便可打破这个传说。

"世界上最雄壮的，乃是芬兰人，他们在竞赛体育时终是胜利，但他们纯粹是自然派及食素食的，尼米，这个芬兰人乃食素的，当他跑时，你们用脚踏车去赶也赶不及呵！

"人说许多无意义的故事，以为要好身体，应该食肉。

"嘎！我来问你，哪种动物最好肉体，与最康健？这是牛呵！〔1〕

"牛只食草。每日约略一样食料：干草或青草。它终久不食肉。究之它的生机长久不坏，偶或有点口热病，还是人类的过失，因为他用机器肥中的硫质物去种牛草，使草成酸。除此外，它永远没有病痛。至于人食牛后，终日去问医生或往药房呢。（听众大笑）

"这就是第一方法，即在维持生机于平衡。如人在三十岁时肯素食，到四十岁时仍然如卅岁人一样。以后无论食到何期，终比实际的岁数幼稚有二三十岁。"

格纳先生又说："第二方法，比较更新，更科学，但非现时一般民众所能望得到。这个就是'想后退'法（我国应译为'返童'法）。骤看去，似乎不可能，因为这非医学所能承认的：岂有一个老、朽、瑟缩、瘫痪、失声、失记性，失了矫捷与勇气之人，一旦竟能变成为明眸皓齿之少年？

"可是一班极少数而大有金钱之人，似能得到此幸福。到此金钱竟成为万能了。

"但你们不要怕：因为要达到这个第二法，非先实行第一方法不

---

〔1〕以上载1934年5月17日《时事新报·青光》，标题为《食经（十六）》。后附有更正："《食经》（十二）自'再说一遍'起共三行，应排列在（七）生素庚（即生素G）之前，特此更正。"本书已据此改正。

可。那班有钱者岂肯舍眼前之穷奢极欲，而采用自然派的素食法吗？

"尚有一件事更不可能，假如大多数人采食了极多的维他命质（生素），则工业上许多的制造品必被淘汰，而许多外运商业必至衰落，这是现在的人类（至少，一班商人及资本家）所不愿意的。"[1]

忽然间，桌上钟响，主席宣布演说期间已过：应即闭会。

我一生中，未曾见到一回听众中有这样的淆乱：大家要格纳演讲他的"长生之秘术"。大家向主席要求延期；有些竟执拳向他威吓，但主席并不因此退缩。

在这样僵局中，格纳先生只好在听众中行来行去，这些人乘此机会就向他身体遍行考察，看看这个六十多岁的老人究竟是什么情形，到后，他被盘问不休，只好作下头几句宣言：

"我答应你们十年后在此厅再聚会，我今只给你们这个'长生术'的想像，好似寓言里那个老农人遗嘱其子们去掘其田的金宝，其子由此时时去掘田而得到丰收之同样希望。

"我又敬告你们：从今起好好预备好生机——素食——以便得到一个新生命。在十年内，我当将这个'长生术'用极简便的方法传授给人们。至于今日，这个第一步预备尚未成熟，若我就授给你们这第二步方法，使你们不但实际上不能得到，而且连希望也失却，在我实在是有罪过的。"

十年的一半已流去，我又遇见这个奇人：第一事使我骇异是这个五年前的人到今日更比先前少年。（现他七十岁的肖相——好似三四十岁人。）[2]

似乎他确有一个"返后退"的法子在他手内。

以下就是他对我简单的谈话：

约略有六十年，那位德国外科医生，朗格汉[3]在解剖膵部时，于

---

[1] 以上载1934年5月18日《时事新报·青光》，标题为《食经（十七）》。
[2] 以上载1934年5月19日《时事新报·青光》，标题为《食经（十八）》。
[3] 今译保罗·朗格罕（Paul Langerhans），德国医生。

"膵尾"发现了一排光明的小点如金刚石一样。但一直过了二十五年久,并未一人得到此中的作用。

到一八八九年始由实验家凡猛林[1]与孟柯斯基[2]证明糖尿病乃由膵尾由所谓朗格汉的小点一部分或全部消灭之所致。

自后,许多实验家如利滨、格肋等发现膵内排泄一种液,其效力如"胶兜"(katalysis)[3]质一样,即是说此质不变,而能将膵内糖质拨入身体,以免使它入血液,成糖尿病。

自后,又过了若干年久,并未对此有何种新发见。一直到一九二四年有两位加拉大[4]大学教授发明了阻止糖尿病的药,名insuline(因须怜)。

这件药乃由动物的膵尾含有朗格汉的小点者所制造而成。把"膵尾"晒干,磨为粉末,凡服此末,则一时间可止糖尿病。

到今日,都已证明膵乃最重要的机关,把它割去,势必连带犯糖尿病而死。但我假设它的"胶兜"质,必尚有其他的使命,例如它能制造胆汁之类。[5]

别方面,如巴克、柏特滴贡,等最近试验出这种"膵质"[6]也可从植物中得了大部分。如青葱头、荷兰薯、糖萝卜、大麦、青菜、紫萝卜、芹菜、麦等等。

我自己也去证实,而且得到了许多具有此质的植物。遂后,我就自己配合一些植物,使其中含极多的膵质。由此食下,使与膵起了谐和的作用。

我自采用这种食法后,觉得身内发现一个新力量,似乎愈食久愈少年。其在他人,则因不知发展膵的效能,遂致易于衰老与死亡。

---

[1] 今译冯·梅林(von Mering),德国医生。
[2] 今译闵科夫斯基(Minkowski),俄国内科医生、病理学家。
[3] 即催化,下文的"胶兜里施士"同此。
[4] 加拉大,即加拿大。
[5] 以上载1934年5月20日《时事新报·青光》,标题为《食经(十九)》。
[6] 胰岛素的旧称。

我今就将这个奇妙的食法写下：

晨餐勿用，使晚餐得免拥积，同时使胃得尽量吸收新来的食料。

于午餐时，在一切食物未入口之前，先将下混合物盛了一大盘食完，一会子，始食他物。这个混合物就是：青菜中如"力地"，或"罗孟"，或"西哥肋"，均可任择其一；（青菜，在西人乃特种为生食者，其类甚多。此中生素极好，我国人应当购籽种用。）一大个紫萝卜切碎；一个煮熟的荷兰薯；"皮松里""马次"（以上译名均是较坚韧的青菜）；芹菜；红糖萝卜；四分之一苹果，极成熟的，并切成碎块；一小块青的荷兰薯切碎；一个胡桃切碎；又凡不怕强味的，则可加上一些青蒜头及青葱头。[1]

以上均切碎拢成极调和，然后多多和以菜油（如橄榄油，或花生油之类）及盐，但切切勿加醋，或别项酸辣味。而因其中调合味之缘故，已觉有一种自然的辛酸气了。

在此一日未食之前，今投以上物，那么，胃内将起何种作用呢？

这个想有交联的作用起于膵内"因须怜"与植物所包含的"因须怜"之间。因"内缘"之作用，由胃膜之介绍，而使植物的"因须怜"质，提起膵质的兴奋，使此中"胶兜"更起劲而造成了雄壮的新生机。

二十年以来，我把这个食法试探各种人，今得成绩如下。

在一班多食酒肉及嗜好各种过度行为之人，若于食前食上开的物，则觉得其身内的毒气（所受肉食的毒气）减少，胃液加多。

一班有骨节痛、下腹病、肠炎及皮肤症者，若照上法采服，则见其病痛减少，虽未能全愈，因为致病之原因并未取消。

若就一班本来已经实行自然派主义及素食者，又肯采用上法，则觉生气更加旺壮，健康愈见增进，并且愈老愈见少年。

至于一班自然派常将其身与日光相接触，又复加以上食法的实

---

[1] 以上载1934年5月21日《时事新报·青光》，标题为《食经（二〇）》。

践，其生力更由此发展，愈能打退衰老的相侵。

到此，格纳问我：[1]

"这是第一方法，你尚要多知道什么？"

在我自与他起始谈话时，已经极急切地要问他下头的话：

"当你前在'瓦郎厅'时，答应听众于十年后，你当能给他们一个简便的'返童法'。到今已五年了，你已预备好吗？"

格纳顾我而笑，说道：

"这个问题已经引起全世界的人向我诘问。他们极要知道这个秘密——极著名的秘密。可是他们在自己地方报上对我种种诬蔑。今为自己的利益来问我，常常不免被我推却回去。

"我今告诉你下头一些话，便也同时算做答复一切人了。

"在二十年前，我算是其中的一个最先买有銧[2]（镭质）的人。那时每一尨[3]卖三百佛郎[4]，现时须一千六百了。我在此时，也如别个实验家一样相信銧能使衰老的身体变为少壮，谁也知我们的希望虽已归于失败了。

可是，到今日，銧又成为最时髦之物。究实，它虽一方面成为生机的破坏者，而一方面能创造一件与人类生机有利益的物质。不过所用銧的量数要多，始能把细胞打动。如万兆家私的富翁要取用，则全世界的銧，不过仅够他数星期之用，而一切医院要求一尨也不可得了！[5]

今日銧价比一切最珍重之物都较贵。一克（即一公分，仅合我国二厘六毛余[6]）之銧值二百万佛郎（约合现时我国市价三十余万大洋元），故一切人类均不能利用。但以科学的精进，不久必有发现一件

---

[1] 以上载 1934 年 5 月 22 日《时事新报·青光》，标题为《食经（二一）》。
[2] 镭的旧译，读如光。
[3] 尨，毫克的旧译。
[4] 佛郎，法郎的旧译。
[5] 以上载 1934 年 5 月 23 日《时事新报·青光》，标题为《食经（二二）》。
[6] 1929 年 2 月颁布的《中华民国度量衡法》规定 1 公分为 1 克，1956 年 6 月废除重量单位"公分"。毛即毫，为市制单位。

与銩同样效力，但其量极多而其价极便宜者，那时一切人类均得受其荫赐，人人食到百岁以上。幸而我们一班自然派有素食家，定能延长生命等待这个新发明呢。

然有一部分人，要他们先履行第一方法，即须素食，而后始能借銩质以延年，则他们必定大反对。因为他们宁可贪一时的口腹与酒精及烈烟之快乐，而不愿享此清静淡薄的长生呢！

格纳说到此，送我出门，同时叮咛我勿忘记他这几句话："我虽快到七十岁，但终能与你一气同上六层楼，在十二点钟内一气跑四十粁[1]路远，上山与落岭包在内。再过二十年，再来看我吧……"

最后，他把指放在唇边低下音说：

"你看喜生食紫萝卜切块的人，怎样保存皮肤、筋肌，怎样使人矫捷、强健，怎样使眼神光辉……又怎样使人聪明呵！"

竞生按：上所说甚有道理：

例如废止朝食为一件极有益的事，[2]朝食废止可由习惯养成。例如法人在此餐甚少食，上午也能照常做事。至于英人朝食极多，但晚餐极少，引与法人相反。实则一日只食两餐如粤人一样就够了。若一日三餐，在朝或晚必要一次少食。例如朝时只食些水果。或晚餐只用些水果和面粉之类做清汤可也。

多食青菜又为一事。青菜，在欧美甚多种类，人民甚喜食。其菜甚娇嫩，香甜，无辛辣之味，而极易消化。不过西人多和醋，此应避免。

至于銩质的应用，当然属于理想。但我发现一个至利便的方法，使它有銩的效能，而其物又极易取与省费，并且可以日常服用，这个就是泉水与矿水之采用：其详看下泉水与矿水一章便知。

说到内分泌之作用确实伟大。格纳先生着重在朦液一项。其实，

---

[1] 粁，千米的旧译。
[2] 以上载1934年5月24日《时事新报·青光》，标题为《食经（二三）》。

所有各项内分泌都属重要。至于怎样激动其泌的多出与浓厚，则我也有极切实的方法，不是如今日有的人对此神秘也。此中详情待下论列。现先说内分泌的种类以便引论。

"荷孟"[1]质的研究

即内分泌之解释。[2]

内分泌即普通所叫的荷孟质，有一特点，它以极微细的分量能够坐镇其中而使别物经过者均受变化，这个现象，科学家名为"胶兜里施士"（katalysis）。关于"荷孟"，格肋（Gley）区分为四类：

一、任刺激者：如"消化孟"（即消化荷孟之省字，下仿此）乃用为刺激消化系而使生津液者，此项也名为真荷孟。

二、任调制者："因须怜"，及生殖腺之荷孟等。

三、由生命之吐纳而成者：如尿素等。

四、营养料类：如脂肪素，肝与肠所制成的蛋白质等。

今将此中之重要机关申说于下：

一、消化孟乃主宰消化液之发生者。

二、上肾孟乃使"血压"提高者，同时又主宰身内糖的变化，与使性的副质发动：如能使男变成女性，女变男性之类。

三、在上肾中又有一件"荷孟"名"梭怜"，其作用与前的相反，乃使血压降低者。

以上属第一类。

四、膵的"因须怜"孟：我们已在上文说过乃制止糖尿病者，同时也能增加身内的营养料。[3]

---

[1] 荷孟，今译荷尔蒙（hormone），即激素。
[2] 以上载 1934 年 5 月 25 日《时事新报·青光》，标题为《食经（二四）》。
[3] 以上载 1934 年 5 月 26 日《时事新报·青光》，标题为《食经（二五）》。

因下头这个效果所以膵之服用，能使瘦者变肥。

五、喉前腺[1]，它所泌出的荷孟之作用甚多，它司物质之变化，瓦斯之交换，水与盐之排除，营养料与蛋白质之激进，又能使骨、皮、毛之生长与性欲、聪明及记忆力之发展。它含有碘质。

凡人缺乏此荷孟则变痴呆，其腺过大则成为肿喉症。

有人从牛及羊的喉前腺中提出其质为药品。

六、副喉前腺[2]——它所排泄的荷孟乃供给血内的钙质，若把此腺剪去，则不久就发拘挛症而死。

近医药界，将兽的副喉前腺提取出以医此腺有缺点之人及过于肥肉者。

七、颈下腺——这项的功能尚未明了，大概是它所分泌出的能消除腐化之毒，能使身体生长，能避免筋肌之困乏。最后，它与生殖器——尤其是睾丸互相关系：因把此腺剪去，则生殖器停止发育。

现在的医生不知对此症怎样治法，只好将牛母的颈下腺提出为此项病之药品。

八、脑下腺[3]——其分泌能使人身体与性欲发达。它能使月经前期的女子成熟一种黄色素的排泄物。此腺液特别在怀孕的女子血中及小便多排出。

人们从孕妇的尿提出此种分泌，以治妇人生殖器对于此项排泄之缺憾者。[4]

九、生殖器腺——此中应分男精孟[5]、阴黄孟[6]，与卵珠孟[7]。

男精孟的储藏所为肾囊与睾丸（睾丸另有一种孟），它有使生物

---

[1] 今称甲状腺。
[2] 今称副甲状腺。
[3] 今称脑垂体。
[4] 以上载 1934 年 5 月 27 日《时事新报·青光》，标题为《食经（二六）》。
[5] 今称雄激素。
[6] 今称雌激素。
[7] 今称孕激素。

成为雄性的特效。至于阴黄盂,乃月经的主动者,也即求雄的冲动物。卵珠盂,为母性的来源,即阴类当其孕孩将成熟时,则此盂就排出,在其中指挥为母者应怎样怜惜与顾视其产孩。

凡动物缺乏这些分泌者,则男女性与母性全失。

或将雄鸡精盂射入被阉割的雄鸡内,则就恢复其雄性,或将雌鸡的卵珠盂射入雄鸡内,则雄鸡就变成为雌性。

一〇、前脑腺——它的功用能使身体长大,毛发发育,与性欲也有关系。

一一、肝腺——此腺的分泌能医治极危险的贫血症。美德两国人甚至设专厂提出牛肝精以为此项的药品。

总括起来!颈下腺为情感与性欲冲动之所;肝分泌糖素,使筋肌健壮;上肾腺使身体与性欲壮健;脑下腺之功用与上肾腺相同;前脑腺使睾丸排泄得当,与使由性欲所生的附属物如声音、羽毛、形状等男女性各得其分。至于雄精盂及女子的"黄色物"乃为求爱与性欲的要求物;其卵珠盂则为母性的主动。[1]

在此,我们有一点应行注意者:一,这些内分泌(荷盂)之效能乃是"生理化学"之结果,完全与上所说的食物所供给的维他命素(生素)相同。例如以贫血症来说:凡缺乏营养的生素也能发生贫血,其状与凡肝腺不好分泌者所生贫血症相同。可知肝乃营养料之机器,而营养的食料生素乃供给此机器的动力,故要身体营养充足,须要两方并进。一,肝腺的效能要好;一,营养的生素要充足。由此两者的关系而使我们知道内分泌不是神秘的,而由我人可以操纵的,这个理由待在下头专章去讨论。

其次,这些内分泌大多数都与性欲的发展有关系,可知自然对于性欲之重视。也可证明"食为色之供给,色乃食的结果"之有据。故要身体好,不但食要讲究,色也要讲究。我们将于下一章夹论食与色的关系。

---

[1] 以上载1934年5月28日《时事新报·青光》,标题为《食经(二七)》。

第三章 素食与肉食的比较

先说素食比肉食好的理由有五：

一、凡动物都食植物，今我人不直接食植物，而食动物，是由间接而失却植物的精髓。因植物本身的好处为日光素，及许多生素，和纤维质。一经动物食后，日光素已完全失却。生素只剩了一部分。纤维质也完全消失。故食动物，无异于食生素的糟粕。[1]

二、凡食物无论消化系统如何完善，总不能在身内完全消化。但植物及水果等纵使留一部分不消化在肠内，也不至于发生什么毒害。而且因其有纤维质之作用，它经过肠内如"帚子"一样，即把肠内的污物扫除出去。

至于肉（鱼在内）在肠内就变成为极毒，尤其是一班不劳动与不出汗而又多食鱼肉之人，则其毒质不能从汗与尿排出，而全储积在胃与肠，因是肠病甚多，而间接发生他病更多。近时医界统计：谓今日欧人（多食肉者）死于肠毒直接或间接，其数占死亡数百分之七八十。而据著名医家说，谓今日人类之所以不能长命，也由于多食肉类所致。

三、植物供给我人之叶，或花，或根，或实，这些均极美丽，而且气味清香。说及肉类则骨肉狼藉，气味重浊，两相比较，文野自别。这就美术上说已觉有天渊之不同。

---

[1] 以上载1934年5月29日《时事新报·青光》，标题为《食经（二八）》。

四、若就人道说法：素食者既不残杀生灵，而且由此可以养成慈祥和蔼的风度。至于肉食，每易流入于凶暴。因食物文野之不同，而身体内随其养料供给之关系遂而影响到心灵。此项因果之奇异，更有出人意表者。（参看下章，食与新灵魂。[1]）[2]

五、素食比肉食为经济。此项在今日生活程度甚高之社会实为切要，例如数个铜元就可买青菜充一家数人一餐。同样养料，若用做鱼肉，则非数角银不办。

今且来说素食本身的好处：

一、为"日光素"——植物由其"生理化学"的作用，而能吸收日光素。它们所生长的绿叶，即为含日光素最多之物也。日光素为极生动而能疗治腐朽机体之物，所以我人要求健康，当多见日光与日光浴。（详下文）可是这些日光仅能及于身体的外面；而对我辈最黑暗、最腐朽的肠腹内实在无直接的方法能把日光素打入去。今幸得植物——尤其是菜类之青叶——之食料，而能将日光素引入肠胃，间接使这日光素引到血脉中去。由此能促使肠胃活动，有力量去吸收与消化，至于血液则由此而浓厚，清洁，而且富含有抵抗性的白血输[3]。

二、为生素——我们在第一章已经见到植物富有一切的生素。中有戊项的生素，青菜及水果类未免缺乏，但五谷类则含生素戊甚多。此项生素戊的作用在生骨干内的石灰。故青菜及水果等无此项生素，不是缺点而是优点，因为这个正足以证明植物所含的多为娇嫩的生素，不是粗劲的物质（如石灰之类）。故食植物的人能比较长久保存少年的神貌。当我们在欧洲时，若问其年纪来，欧人常把我们三四十岁的认为念余岁人。当我三十岁时，我曾举实数以对，而法国教习嘱我只说念岁就好，若岁三十，他们欧人必以我为说谎呢！[4]

---

[1] "食与新灵魂"，成稿后实为第九章。
[2] 以上载 1934 年 5 月 30 日《时事新报·青光》，标题为《食经（二九）》。
[3] 即白血球，今称白细胞。
[4] 以上载 1934 年 5 月 31 日《时事新报·青光》，标题为《食经（三〇）》。

三、供给合度的好蛋白质及一切好的矿质。

几年前的卫生家以为蛋白质乃至好的养料,故未免流于滥用——尤害的在多食鱼肉类的蛋白质。按:此质固甚重要。我们在上已经说到它的功用在补充细胞所消磨的质素,但多用则不能消化而变成毒病,以致各病丛生,命不久长。蛋白质最多者为鱼肉等,但这些蛋白质甚坏,至于五谷(如米、麦、豆等)中所含有的蛋白质则极好,故素食的人既在五谷中得到好的蛋白质,不用向鱼肉等坏蛋白质吸收;又得青菜、水果等之少具蛋白质去调剂,故极少有蛋白质病。

写到此,见到法国杂志一条论文引用先前有美国一位化学家乃由Nebraska大学[1]派到北平去考察者,曾这样说的:

"一个法国人,假其为搏节者,每日尚食了七八十克(公分)蛋白质;一个中国人不过三四十克而已,并且所食的蛋白质,极少从动物来。

"一个美国人平均每日食一百四十克肉;一个英人为一百三十克;一个法人,九十二克;一个比人,八十六克;一个西班牙人,六十一克;一个意人,二十九克;一个中国人,仅有十五克。"

他的结论是,因中国人少食蛋白质之故,所以极少去问医生与食药。[2]

这个荣誉,乃第一次听到的。我们不是被人所称为"病夫"吗?实则于国人的毛病在有钱者太多食肉,而作工者太不够养料,以致富者脑满肠肥,臃肿而无人色,贫者则养料不够,闹成面青肌瘦,而犯了贫血病。

依上那位美国人的统计,我想必依照于我国城市人有钱者的生活。若乡下人,我极知自南到北所有一切的乡下人(几占全国人数百分之八九十!)一年中并未有几日食到一次十五克之肉类呢。

---

〔1〕 即美国内布拉斯加州立大学。
〔2〕 以上载1934年6月1日《时事新报·青光》,标题为《食经(三一)》。

但这不是说，无食或少食肉类，便会身体衰弱。我们乡下人衰弱的因由，乃在谷及菜类并水果等，完全不够食用。至于一班富人日日食肉（假设如上所说十五克），虽幸而不过多，但因彼等不晓卫生，故也终身有病。（乡下人虽患贫血病，但终比富人少病。至于少问医生之缘故，不是我国人无病，乃是无钱，与无求医的习惯。）

自"生素"发明，食物起了大革命。先前以为蛋白质及碳水化物为重要者，到此一齐被推翻，而代以生素。故先前以鱼、肉等为重要者，今一转而为植物类执掌生机之权柄。我们今当在此将植物类细说一番。植物食料可分为三大项：

一、五谷及各种豆类；

二、青菜类；

三、水果类。[1]

今先说第一项：

谷类的重要，因它为主粮，我们南方的米与北方的面，几乎每餐全靠它饱腹。可惜制造法与做法不好，食后不但无益而且有害。

如白米说：通常舂得太白，把糠膜以至于米肉都舂去了。殊知米的益处在糠膜，一切生素全在此膜内。米若舂去这层糠膜，养料已无，而且食后生了肿脚、疲胃、泻腹、精神惰倦等毛病。这个已经由许多医生在爪哇食机器米的人民实验过了。

故食米的条件是：

一、要粗米（即糙米），

二、要本地米，

三、不要机器磨舂的米。

一、要粗米——因为粗米，即保存糠膜的好质。粗米如做得好，比白米香，比外来米当然更香。

二、要本地米——因为本地米保存自然界所有一切好气质。至外

---

[1] 以上载1934年6月2日《时事新报·青光》，标题为《食经（三二）》。

运米不免受了轮船运输上的湿气与臭味。

三、不要机器磨的米——因为机器米，乃把糠膜完全除去。至于我们民间的土磨，其磨齿乃用木片做的，且磨力不大，所以米出磨后，糠膜完全保存。再经过舂，然舂□不如机器的利害。况且我们要的是粗米，故舂时不要久，但求糠膜稍去就好了。（如能食出土磨后不经过舂机之米，当然更好。）[1]

到此，一个极重大的问题即时摆在面前，就是我们南方的米是不够自己用的，势非仰给于外来米不可。……尤其是南洋米。

汕头以至香港最大的商店乃为代运南洋米，可惜这些米完全犯了上三项食米的条件，它是用机器磨的，故米显得极白，但糠膜全去而且经轮船运来，臭味极大，故此等米食后，不但无养料而且生出种种的病害。（最重要的为脚病、胃病、肠病，特别重要的为神经刺激病。）

我曾在汕头食此种米饭，觉得毫无气味，完全如沙土一样（潮人做饭去米汤，更使这种南洋米恶劣）。故我们一班穷民无菜肉为辅助，只食这些南洋米，所以更加生出贫血病。（乡民百分之七八十都犯贫血病！）

为今之计，政府方面当饬令南洋业米耆者改良机器，以使米糠膜勿全去为主，及改良运输法，免罹湿臭之味，否则禁止其入口。一面当鼓励本国米（如安徽等地米，汕头所指为芜湖米者），其磨舂机器与运输之改良法同上。

在这公令未实现之前，凡稍富裕之家，当采用本地米，及勿太白。本地米（即本地人食本地米之谓）虽比外洋米稍贵，但极有益。彼外来米便宜，一因无味而因生病，则虽便宜有何益？在万不能采用本地米之际，则当少食米而多食别种食粮，如番薯、豆、菜、青果等（详下文），一面则当改良饭的做法。[2]

----

[1] 以上载1934年6月3日《时事新报·青光》，标题为《食经（三三）》。
[2] 以上载1934年6月4日《时事新报·青光》，标题为《食经（三四）》。

广州人做饭极能干。大概饭锅要高，使热气得藏蓄，水满米上面仅些些。锅盖要紧密，锅初下时，火力要猛。及一滚后即把猛火抽去，只存些温柔的火候，仅使米能缓缓熬煎就好了。这样隔有十几分钟，饭就熟了。不但味好，而且生素能够保存。

兹当说及面的食法。现在由外洋运来的面都极坏的。理由是它由机器磨出，把麦面的精粹除去，以致这些面无多养料而且有生刺激病之虞。最好的面就和麦皮做成的。我们北方乡下人就用此法，所以他们虽极少食别物，而能单靠面，或高粱粒，或别种谷料得以生存，并且身体极好，极雄壮，极高大，极有力量，极无疾病。说来真有趣，凡一切物由机器制出都是好的；可是一切食物，凡由工业机器制造过的都是恶劣。因为一切生素与味道，都由此消失。如上所举的机器米与面都是坏的最大证例。

一切罐头物品，都是不合卫生。

一切制造的食品，如粉条，如豆腐，如皮蛋之类，都有害无益。

总之，工业机器所出的食物都万万不及自然的食品。凡愈自然的食品愈好，凡愈近原料的食品愈好。食与一切物不同。一切物愈工业机器化，愈见美丽淫巧。唯有食物，愈工业机器化，愈失原质，愈不合卫生。[1]

例如以豆类来说：凡一切豆都是好的，但以从豆架摘来的为上上；摘后已藏有几个月，则已不大相宜。这种豆不但难消化而且有毒，故以少食为佳。至于由此制造为各种物品，则更难堪了。譬如大豆是极好的物，但藏久的应当细心多食。及其做为各种豆腐，因其中和以石膏或别种药料，以致大豆的精粹多失，而且夹入一些劣质。我今特举出此类，因为豆腐乃我国普通的食品，常人以为有许多益处，实则完全相反。故大大不如食直接的大豆粒为较好。又如豌豆，新鲜时为无上食品，因其味好而且含有各项生素。同样豌豆藏蓄一久已经

---

[1] 以上载1934年6月5日《时事新报·青光》，标题为《食经（三五）》。

变恶。至于罐头的豌豆，真是毒物了。推而至于一切豆，一切菜，一切青果，凡新鲜的为大有益；藏久的则变坏；落罐头的，则味已全失，而且生毒。再说一遍：工业机器的食品，完全是自然食品的敌人！卫生的凶手！生素的毒害者！

说完这第一类的植物食品后，我今当来说第二类——青菜类。

青菜类因其颜色可分为三种：

一、青色的：如蕹菜、菠菜、芹菜、蒜、韭、葱、芥蓝、青茄，及许多种西人所生食的青菜等。这类青菜最好，因其青叶中最富含有日光素。不过性辛辣的如蒜、韭、葱，则以多炒熟及少食为佳。[1]

二、红色的：如苋菜、红与紫的萝卜、红茄等，此类也好，不过比上类较少日光素。

三、白色的：如白萝卜、白茄、白菜（包心的白菜，有些白菜近于青色的）等等，则尤较上二种为少日光素。

可是它们的特长都是富含日光素：能扫除肠内积秽的纤维质，富有生素，与无毒害的反动。

（植物比较鱼肉类虽为难消化，但不生毒质。至于鱼肉只存一点在肠内就即变毒害。）

青菜的做法，最好的是生食。可惜我国不尚此法。仅有时用些青萝卜丝，或些芹菜，但此乃和青鱼肉（鱼生）与醋酱而食的。这样的青菜食法并不见益（鱼生是无益于卫生的）。至于西人，极多生食青菜。法人几乎每餐都食生菜，可惜他们和以醋与椒，未免将生素杀死多少。生食的菜甚多种，欧美市上随处有。这项菜极有益，故我国应购种子如法繁殖。至于本地白菜、芹菜、萝卜等，当其稚时也可生食，只和盐，或酱油与一些植物油，如花生油等就极合味且多生素。[2]

---

[1] 以上载1934年6月6日《时事新报·青光》，标题为《食经（三六）》。

[2] 以上载1934年6月7日《时事新报·青光》，标题为《食经（三七）》。

其次,用炊法。这要用炊器,如炊各种糕之器皿一样。炊法好处就在使菜最多不过熟到四五十度,生素不会被热气杀死。

其次,潮人所用的"烫法"也可。这个,如将各种菜(蓊菜)放入开水,不久就取出。菜叶尚保持绿色,生素尚得保存大部分。其次,用"生炒法",如粤人之生炒芥蓝甚好。生炒要用猛烈之火,落锅不久就取出。这样菜不大熟,原味存,而生素也有大部分不消灭。

其次"久炒法"。若能缓缓用柔火去炒也好。可惜是火又猛,炒又久,这样菜太熟,原味与生素俱失。

其次,为"速成的菜汤法"。将菜放落滚汤,即时取出。

最下,为长久熬煎的菜汤法。这样菜汤不但原味与生素全失,而且菜汤中起了酸质,使肚肠发病痛。我们乡下人的做菜法,普通犯此毛病。故他们虽多食菜,而未得其益,反受其害。所以他们面青身瘦,常生胃酸病与贫血症。救治的方法,不可将菜作汤,只好干炒,能生炒更好。如得其法,则多生食更妙。

炒菜当用植物油如橄榄油最好,花生油及芝麻油等也极佳。这些植物油,无论怎样炒及怎样多食不至于变毒。奶油还可以,最坏为猪油,尤其是藏久的猪油,到肠内能生怪物!(新鲜的猪油尚好。)[1]

香菇一类甚好,可惜价太贵,不是一班人所能食。

在此项上,我们应兼说及瓜及薯两分类。

瓜甚多种,都是好的(除苦瓜外),最好就用为生食。"吊瓜"生食,味极香甜;西瓜专用为生食,可以消暑止渴而且富于生素。

不过瓜因含水质太多,故不宜多食,尤不宜于多生食。俗语:"半夜食西瓜",必至于大泻,但能节自己的肚量。如食得清洁,则西瓜甚有益,最好就于晨餐前食二三片,何等爽脾与清神。

说及薯类关系民生更大,外国人不论贫富都喜食荷兰薯(现西餐馆所用者)。这物味道确实不错,而且多含各种生素,我们富人是鄙

---

[1] 以上载 1934 年 6 月 8 日《时事新报·青光》,标题为《食经(三八)》。

视薯类的，这是富人的受罚吧。若贫人（尤其南方贫人）几以薯为第二主粮，我们食的极少荷兰薯，而极多"甜薯"，其好处并未多让。薯类虽不富蛋白质，但含生素甚多。此物出产极多，价格便宜，故贫人能够多食。其质能抵抗酸素，彼等之多食菜汤，幸赖有薯类为调剂，遂未全变为"肚病夫"耳！

现应说及植物类，第三项的食品了，这就是水果类。

水果如能成熟与食用得法，则其效用甚大，彼有胃病者、刺激病者、有毒气者、瘫痪者，若能逐渐采用合法的水果，则其病可消灭。[1]

水果就其性质可分为五类：

一、酸质类——如酸樱桃、柠檬、橘、柑、美国来的橙（柑有二种；一为漳柑，即属酸类；一为蓬柑，乃属甜类）、酸苹果、番茄（香柿），这项因其酸质，故不可多食。其中比较好的为橘与漳柑，但也当搏节。

二、油质类：如杏仁、花生、椰子、榛子、胡桃与橄榄。这类果子最好，其中所含油质极富生素，应当缓缓咀嚼。

三、粉质类：如栗子、香蕉等。此类水果甚富养质、生素，极易消化。

四、收敛质类：如石榴、山李（野小李）、木瓜等。这类水果应列次等，但石榴好的甚属高贵。

五、水质与甜质类：如杏、波罗蜜、甜樱桃、枣、无花果、草莓、山莓、梨、甜苹果、李、葡萄、荔枝、龙眼等。这项水果当待完全成熟（稍青摘则含酸辛），则其益处难以枚举。例如它们极易消化，而且助消化甚富矿质。其皮甚富日光素与生素，故当和皮食（当然波罗蜜、荔枝等除外）。它们的纤维质能助肠清除污秽。它们的糖质，乃最好的糖质（详下糖质一条），可以供给身体所需求。

---

〔1〕 以上载1934年6月9日《时事新报·青光》，标题为《食经（三九）》。

水果当然以生食最好。但食得不合法，往往生病，这个不是水果之咎，而乃食者之过。故食水果应有下面三项要注意。[1]

一、要水果成熟得度。

二、要清洁，如第五类的水果可和皮食的更须将皮洗得干净。

三、当按自己的食量，不可多食；不必与他物合食，最好是代朝食（即晨间勿食他物，只食水果，如食二三个香蕉之类，包管最好的），或于餐后十余分钟才食，可助消化。

如能这样食法，断不生病。如有胃病及不习惯的人也可先从第二类的水果少少试食起（最好是熟的青橄榄），同时并做各项运动（详下一章），就能逐渐多食一切好的水果了。

通常食水果的毛病，第一未成熟，以致辛酸之质妨害胃部；第二则因不干净，以致偶有毒菌在水果之上者引入身内。例如时常有许多地方传说荔枝及西瓜乃传霍乱吐泻者，这必是其果不熟或太肮脏，或则食太多，否则这两项水果断不至此。我常在乡间大食荔枝，一些家人也同样食，并未见有什么病象。

除生食外，许多水果可以烤或晒为干品，如李子脯之类。烤或晒干时最好听其自然，勿加盐，或别项物件以害原质。这样果干将来要食时和水与糖煮熟就好了。这也极有益的物品，虽然比不上生食之富有生素，但它可储藏为无论何时之用品。[2]

可是所有一切罐头的水果都失原味与原质。食此，只等于食陈腐的糖水，故费钱多而又无益，有时且有毒害。

说到此，我们可以总结植物类的利益处如下：

它富有蛋白质与碳水化物，而且这些质在植物类的比较鱼肉类的为好。

唯植物类具有纤维质，到肠时能任排除污秽的工作。

---

〔1〕 以上载 1934 年 6 月 10 日《时事新报·青光》，标题为《食经（四〇）》。

〔2〕 以上载 1934 年 6 月 11 日《时事新报·青光》，标题为《食经（四一）》。

它们比鱼肉类富有各种的生素。

独有它们富有日光素。

又有自然的水分,自然的矿质与糖质。

能助消化,不生毒害。

种类繁多,各种口味都有,适于各项的烹调。(详"美的食法"章。)

价格比鱼肉类更便宜。

可以储藏为全年之用。

以上各项都可见到植物类的好处,尤其是青菜与水果两项。

但是现在一班人不知素食的真益处,只认为素食为先前佛教徒的迷信与今日人道主义的主持;或看它们为一种贫穷的物料,而以鱼肉为富贵的食品;或则因为食鱼、肉太多,或少运动与不卫生之所致,以致胃有病痛不能忍受青菜与水果之福气,遂视植物类为无益。[1]

今后我们当应知道的是:

一、素食乃根据最近医学及科学所发明的生素为立足点,乃全为卫生起见,并非有什么迷信。虽间有一部分为人道主义,但从这个修养而成为自己的和善人格,也值得做的。

二、素食乃极高贵的表示,并非寒酸。今后当反前此之观念,以素食为荣,而以肉食为耻辱。

三、无病的人,采用素食,更加无病而且能延年益寿,壮体健神。有病的人,即有胃肠病的人,也须逐渐采用素食,庶病可治而命能长。

---

[1] 以上载 1934 年 6 月 12 日《时事新报·青光》,标题为《食经(四二)》。

第四章 水食与饮料

一瓶泉水或矿水在自然价格上可值二三十万元。

食生水之提倡——它的方法。

人一身内含有百分之六十水分。而一个壮年人在二十四点钟内应从尿，汗，与呼吸等处排泄水分至二千四百克（公分）之多。故人身内时时刻刻需要水分以补上所说的排泄。如稍不足，则成为口渴。

水比食粮在动物身内更重要。以鸽子来试验：全无食粮而只食水则到十二日始死。若给以食物而缺水料，不到四日就死去了。

这个可见水与饮料在我人身内的重要。[1]

今先言水：

我国今日许多城市尚无自来水，仅食溪流水或湖水，污浊而含微菌，纵然煮熟，已嫌秽气，当然不好生食。有些城市幸而有自来水，又因无消毒，也难生食。实则，水的功用除煮菜饭，作茶汤外，最要与最好的莫如生食。

这个理由是生食易消化，含有各类好的矿物质（此项矿物质，一经煮后，就结成微粒，不但无益于生机，而且甚碍于消化。关于身体各项需要各项矿物质的事实，请看下章），尚有一事更重要是，如水直接从山泉，或矿泉出的，则其中含有千分之一的锐质（极端的雄猛质）。

---

[1] 以上载 1934 年 6 月 13 日《时事新报·青光》，标题为《食经（四三）》。

镭质，乃一种至宝贵的物件，它能治一切病，尤能铲除腐朽而生新鲜壮健的细胞。我们在上第二章看到格纳先生对于镭质的研究了。他只恨现在镭质太贵，除非亿兆家私的人才能利用：而普通人未免向隅。今我们在矿水、泉水中，竟能得到镭质最便宜的用法了。

究竟，现在一克（公分）的镭质，须值银三十余万元。今用一罐约能盛斤余的瓶去取泉水，则以其中千分之一含量的镭质计算，应约盛有一克之多，然则这瓶泉水或矿水可值三十余万元了。[1]

此外，泉水本含有别种矿质，但因其量微末，遂不易于觉察。至于矿水，则以其中含蓄一种矿质特多者而取以为名，或以所出地方的名名之。此中最普通的为温泉水，因其温度高低而考究其所含的硫黄质及别项矿多少。这些矿水或温泉，可饮可浴，可治肝、胃、肠、小便、皮肤等病及各种痼疾。

所以普通泉水，温泉或矿水，不但有至高贵的镭质在内，而且有各项矿质，于人身内为不可缺少之物。

但注意是，它们所含的镭质在三天后即全散失，故这项水的饮法应在三日内为限。这当就镭的气质而言，其余矿质，尚能在水内，存留多日。

这些泉水、矿水等，在多少地方出的，所含的矿质有毒。故一切水，应当由专门家分析过后，始能取用。不过普通的泉水，如色清洁，味香甜者，大概都为好质。

说到此，还是乡下人有福气。他们极易得到这项泉水，那些樵人更有机会享用。离我乡不远，有几处山乡因得享用这项水利，其男女都有好颜色。（西施竟是越溪人，必定多饮了好山水。可惜许多乡人不能利用泉水，坐使天然好质遗失！）[2]

城居的人现在所食的水恶劣不堪。如我尝住杭州，杭州人所食的

---

〔1〕 以上载1934年6月14日《时事新报·青光》，标题为《食经（四四）》。
〔2〕 以上载1934年6月15日《时事新报·青光》，标题为《食经（四五）》。

为西湖水及附近的沟渠。(现在不知如何了。)有时在人正在大便不远的地方,挑水夫就把桶一掇就挑去了。闻朱家骅先生为浙江民政厅长时,曾议设自来水公司,但被一派腐败绅士所阻挠,竟于不能成功!其他尚有许多城市都犯有同样毛病。

今后我们一切食水,无论在乡间,在市上,都应改良,而又常提倡生食泉水及矿水的风气。外国——尤其是法国这项水的销售甚大,人家桌上,市上,饮食店,都是满满装了泉水与矿水的瓶罐。这个卫生而便利的好习惯,我们也当推行。这个不但于卫生有至大的利益,若能由国家或团体经营,而且可得极大的收入。例如法国把著名的矿泉收归"国办",专利发售矿水,并在出泉的地方建筑精致的浴室以备人洗沐吸饮,如此每年得利常在数千万以上。

现今我国也已销售不少的"汽水",但这些汽水因含"瓦斯"太多,故饮后有工作而出汗者尚称舒畅。否则,胃腹常因此损伤。

啤酒含酒精不多,有时少饮尚不坏。其余一切酒类——尤其是我国的高粱酒等,极有妨害卫生。

可可茶少饮甚补益。咖啡甚刺激,偶尔遇要兴奋做事,则极可帮助提神。(详转七章。)[1]

在通行的饮料中,茶算极好之一种。但茶宜薄不宜浓,而且不好泡过十几分钟,过此,茶就发出一种毒质。

饮茶量要有节制。我国有些人饮茶太多,以致胃液薄弱,不能任消化之工作。故饮茶须在渴时,客来也当以口渴时始行斟茶,否则,勿执先前的客套,客坐数点钟,则主客彼此也就饮了数钟强迫的茶水那种恶习惯。

在外国于茶外,尚有许多种植物花或叶,如小菊花、菩提花、薄荷叶等。这些花叶泡水后,或和些糖料,可以助消化与安神催眠之用。我国对此层也当多采用。我们固有菊花、莲花、莲叶、竹叶等的

---

[1] 以上载1934年6月16日《时事新报·青光》,标题为《食经(四六)》。

饮料，这些物于新采时，其味清香有益。（茅根也极好，但有些根叶类应注意其毒质。）

牛奶，为极重要的饮料与食料。新鲜为好，罐头极坏。可是奶为一岁下的小孩独一的好食品，因为此期的婴孩胃内具有一件消化奶"素"（给小孩以母奶为上）。到了一岁以后，这项胃素已经不存留，故对奶的消化力极薄弱，愈大愈薄弱。故壮年人（一岁以后小孩也然）要用奶，当与别物混合，如和以红茶、可可粉、咖啡，或饭、粥、粉、面等类。[1]

许多水果做的汁，当然是极好的饮料。此中最著名的为葡萄汁，它的条件应纯净，无含酒料，与新鲜。现市上卖的瓶装，当不大好，因太陈旧了，生素已全消失。他如各项"果霜"乃由水果与糖炼成的，饮时须和以清水。这些都不好。充其量不过等于饮糖水罢了。

病人最好的饮料是将各种菜类如白菜、芹菜、各色萝卜（以白的占多数）、一点蒜，和以荷兰薯，缓缓熬煎，须熬了几点钟久，将菜块提出，只剩菜汤，加上些盐（但勿加何种油类），俟病人渴或少饥时，就给他饮。这样菜汤，极易消化，又富有生素，能治各种病与补身体之剂（比药品更见功效！）。

将各种水果煎为汤水，也是普通人及病人最合卫生的饮料。特别好的，如梨汤、苹果汤、桃李等汤。

实则，饮料以从自然之物直接得到的为最好，如西瓜，如椰子内乳，如各项富于水分的水果。这些生食甚有维生与合卫生。

凡经过人造的饮料都成劣品。

熟煮过的，已不大好。

含多份酵质及酒精的更有妨碍。

故总结一结。[2]

---

[1] 以上载1934年6月17日《时事新报·青光》，标题为《食经（四七）》。
[2] 以上载1934年6月18日《时事新报·青光》，标题为《食经（四八）》。

独一及最好的人类饮料是生食的泉水与矿水（如留心的人，可将泉水由沙滤桶滤过）。这项水能于晨起未食物时饮一二杯，或于渴时多饮，自能清胃消脾，洗涤一切脏腑的污气，激增身内的生素与内分泌。就这饮水一项能够如此做去，已可消灭许多疾病及各项痼疾，而益寿延年的基础也经由此深深竖立了。须知一瓶泉水或矿水所含的锑质，在自然价格上可值三十余万元。若要用实价去收买，则任何世界的大富人也不能够日日去服用。我们何幸而知此理！能于最微细的偿价中而得此无上价宝的泉水与矿水。故我们要设法多多取到与多多取用，至在乡间住的更是"取之不尽，用之不竭"了。

第五章　盐、铁、铳的重要

矿食——与极微细的化学物质

人身体内百分之六十是水，而百分之四为廿几种矿物质所合成。这廿几种矿质的名称及其百分表如下：养63（即在人身矿质中占了百分之六十三）；碳18；轻10；淡5；钙2；磷1；钾0.30；钠0.15；绿0.15；硫0.25；镁0.045；铁0.005等。其他尚有碘、弗、硒、铜、锌等等[1]，虽所占量极微细，但所关极重要。应于下特别论之。[2]

一个成年人在二十四点钟内所排泄的矿质份量如下：

钙1.47，磷0.90，钾3.22，钠7.70，绿8.50，硫2.37，镁0.55，铁0.04。

以上乃根据哥支那的数表，其单位为克（公分）。当然这不是说这些份量全由生机所排泄，而其中大部分乃由食物内不消化所存留者。依摩肋（E. Maurel）考究所得以一个人的身重一瓩（一千公分）者起算，则每日身内应得矿质的分数如下：

钙0.01；磷0.05；钾0.06；钠0.16；绿0.18；硫0.06；镁0.005；铁0.002。

以上全数为0.487（即公分〇之四八七）[3]，这些矿质吸收后，一部分留为自己的用途，一部分变为"胶兜"（Katalusis）即能以极

---

[1] 以上有些元素当时名称未定，养今作氧，轻今作氢，淡今作氮，绿今作氯，弗今作氟。
[2] 以上载1934年6月19日《时事新报·青光》，标题为《食经（四九）》。
[3] 以上全数应为0.527，不知是否有缺漏。

小不变之质力，而使别质受其影响。

今将这项矿物质逐件归类叙述一下：

第一类，钙、磷、镁的作用

钙——百分之六十八用做骨。

磷——有百分之六十八至百分之七十五也做骨用，其余乃做筋、腺、脊髓、神经、血、奶、卵之材料。[1]

锰——它的作用与钙相反。脑、颈下腺、上肾囊、筋、血、卵、心等的构造需用它质。

凡缺乏上三项物质，或太少或太多者，则上所说的各项机体就发生疾病。

在食物中常常缺乏钙质，故应以牛奶等富于此质者补充之。（看下食物表）小孩期尤为重要。否则，常至于发生软骨病。

第二类，绿、钠与钾的作用

此类最重要的为食盐。它乃由氯与钠二质所合成。此中有各项效用。如使血输强壮有红色，使食物有味道，胃肠等有维持与调和各种腺液及消化之功，又能使身体长大。

可是如食盐过量，则把纤维内的蛋白质克除于肺病甚能进助。又食盐过多者，放尿甚多。

食盐，或取于海，或由于矿，都不大好。尤其是市上所卖的机器精盐，少见利益。

食盐最好的为从海水取盐时，同时将水中的各种物质——尤其是海藻等一齐采入，如此，盐内有原来各种好质。

又最好的食盐应从植物如青菜、水果、五谷中取得的，则为最有益于卫生。（看下食物表即可知道何项物质有氯与钠之分量多少。）[2]

至于钾的作用乃在细胞，在筋，在红血输内。心的跳动，也借这

---

〔1〕 以上载 1934 年 6 月 20 日《时事新报·青光》，标题为《食经（五〇）》。

〔2〕 以上载 1934 年 6 月 21 日《时事新报·青光》，标题为《食经（五一）》。

质的功用而得维持。

钾在身内太少，则身体不能长大。太多，则又有助长瘤病之虞。

第三类，硫黄质

这项质在血、肝、肾、右皮质，均有它的作用。其中尤以肾为最重要。凡硫质未消费于身外的，则为纤维所利用，以供养细胞内硫质的需求。

第四类，铁质

凡人类的纤维及各种液质均有铁质在内：而尤在肝及脾内为多。由铁在血液内的功用，而使血成红色，同时并能吸收空气内的养气。

母奶含铁质甚少。幸而婴孩生时，身内储蓄此质。故小孩吃奶期不可过长。（大约八九月间。）否则，常有发生疾病的危险。（因缺乏铁质而生的病。）

含铁质最多的食物，除雄牛肉与脑外，蛋黄、燕麦、杏仁、菠菜、香菇、蚝等为最富，看下表就知道了。

人身内如铁分过少时，则发生贫血病。

这个贫血病，乃我国人今日最普通的病症，故对含有丰富铁质的食物应该特别采用。可是市上所卖的各类补血药水多属骗人。[1]

第五类——这为许多极微细的矿质，微细到不能称量，可是它们在生理的作用则甚显著。今特举出数种极重要的于下：

一、锰——使身体长大与延长生命。其储藏最多的机关为肝。

二、铜——到此时止，人们只知凡肌体肿烂愈厉害时则其含铜质愈多，至对其余现象，铜质有无损益，尚未考得。但食物中含铜质者甚多种。

三、锌——在肝及各种纤维中，可以得到此锌质。它能助成身体长大。同时与肿烂的肌体也有正比例的关系。我人食物中含锌质者也极多种。

──────────

〔1〕 以上载1934年6月22日《时事新报·青光》，标题为《食经（五二）》。

四、镍与钴——最近考究有二十余种植物中同时含有此二质。至其作用，似能延长生命。在我人的颈下腺与胰部均有此质。

五、碘——最多在喉前腺内。缺乏此素者则常犯肿喉症。许多食物中均含有此质。

六、溴——似乎常与氯素同一气以呈效用。

七、弗——助长牙的成长，身体与生育。可是此项素甚毒。多用则害牙，以至于伤身。[1]

八、砷（即砒霜）——这项素甚毒，但其作用似与磷一样，许多食物中含有极微的分量。

九、矽[2]——与硒[3]——也有极微量在我们身内与食物中，其作用尚未大明白。

依照上说，此中最可注意的是这些矿质都以极微细的分量在身内则呈极巨大的效力，这个现象名为"胶兜"（Katalusis），完全与生素及内分泌一样，故求生命壮健与长久的秘钥，应当从这三项着力。

可是，我们时常说到是这些质只好在自然中取得，最好就向植物采用，至于市场上的药品毫无利益而且有时生出极大的危险。

今将食物中最重要的矿质分量写成一表于后以备采用。

（表略，另见将来单行本，编者。）[4]

除上二表外，尚有许多食物的矿质表，今概从略，只有弗与砷（砒霜），乃极毒之质：我们身内虽需要它，但不能过度以伤生，故把这两项表开列于下以备参考。

新鲜的食物一千克（瓩）中所含的弗量（以瓱为单位）：

米 8.00；面粉 8.30；白豆 17.00；大麦粉 20.00；赤小豆 15.60；小麦 3.00；葡萄 1.20；番茄 2.00；咖啡 12.00；□□菜 5.20；红小萝

---

[1] 以上载 1934 年 6 月 23 日《时事新报·青光》，标题为《食经（五三）》。
[2] 今作硅。
[3] 今作硼。
[4] 以上两表为该报编者省略。

卜 0.60；荷兰薯 0.84；猪肉 1.20；[1]小牛的肝 1.90；雄牛脑 2.00；蛋黄 51.40；蛋白 8.60；牛奶 1.80（此中以蛋黄为最多，故蛋虽好也不宜多食）。

这为含弗最多者，余不录。

新鲜的食物一千克（瓩）中所含砒霜的量数（以甠——一公分/1000 为单位）：

米 0.070；小豆 0.040；白菜豆 0.100；苹果 0.050；梨 0.070；紫萝卜 0.050；荷兰薯 0.080；香菇 0.060；白菜 0.200；白菜花 0.080；"力地"（青食的小菜）0.130；菠菜 0.090；雄牛肉 0.006；小牛肉 0.001；菰鱼 0.025；蛋 0.080，又砒霜量数最大的应算在粗粒的（自然的）食盐中。

我们应知这些矿质在食物中与在身内不是一种死的硬质，如我们通常所见的。它们乃是一种电化的物，故其作用能以至微小的分量，在生体中起了极大的效用。

在此章结论上，有几点应促起我人大注意者：

一、这些好矿质最大部分乃从植物类来的，故素食总比肉食者多得此项好质料。[2]

二、应从泉水与矿水中得到这些电化的矿质，但万不可从西药房的化学药料得到的，因为它们的药料乃是死硬的僵质，并非具有生机与电子化的物。（泉水及矿水尚含有铫质——其助进各项生机的作用力甚大。）

三、这些电化的矿质，与上的生素及内分泌均以极微细的分量在生理中起了大作用。可知食物不在多而在精。身体的健康也不在食物之多，而乃在这些食物中有无含了这些好的矿质，与生素，与其身内的内分泌是否旺盛合度为标准。

---

［1］ 以上载 1934 年 6 月 24 日《时事新报·青光》，标题为《食经（五四）》。

［2］ 以上载 1934 年 6 月 25 日《时事新报·青光》，标题为《食经（五五）》。

第六章　美的食法

美食的条件第一要经济，第二要卫生，第三要美术。今就逐条来论列。

经济——食是民生经济最重要之一。因为别项如衣，如住，如玩耍等有时尚可缺乏，至于食，一日不能缺少。而且别项生存的条件有时不讲究，尚可敷衍。独至于食，则在在与生命有直接的关系。

我国人食物不经济处，在于富者用肉太多，而且食了许多奇奇怪怪的物：如蛇，如燕窝，如鱼翅等，这些物件价贵并极难于料理，其实也无多大裨益。富人尚有一件食病，就多于"食太饱"。食过饱甚害卫生：肚肠膨胀失却伸缩之效用，食物拥塞不能清通，肥肉满身，易生病与短命。故我人今后要经济与卫生，最切要的是少食。不可多食。食到六七成时就应出食桌。[1]

至于贫人呢，他食的不经济在于餐餐食一样与多食。例如南人食米，他们餐餐食米，每日三餐都食一样米。本已欠米，如此滥用更觉不支。于是不免多和水煮成极稀的粥，或和番薯一块煎，以致水过多量而不卫生，与不好味，徒使胃满水液而极缺少滋养料。

为今之计食最经济的法应当：

一、废止朝食。

即早餐勿食。凡读书者，或商人，或无事做的人（富与贫），都

---

[1] 以上载1934年6月26日《时事新报·青光》，标题为《食经（五六）》。

能养成这个习惯,唯一班吃苦力的工人似难做到。但这也可由习惯奏效的。若万不得已而要用三餐时,则最少一餐少食。(如晚餐之类只要淡淡地用些汤粉类。)有钱者或有病的人,与稍得厚利的工人,晨餐非食不可者,能够单食些水果类更佳。

二、午餐可多食些,但也勿过饱,就约七八成吧。晚餐则只要五六成就够。

本来食之多少,一半由于身体的需求,而一半由于习惯。例如日本人与我人同一样身体的工人,总比我国工人少食或少食到一半。结果他们身体比我辈壮,作工比我辈多。因为普通是食的分量比身内所需要的为多。[1]

这个理由是胃的容积可以伸缩,凡习惯食多的人,则胃袋变大,或则变到太大,失去伸缩机能,而成极严重的下垂胃病了。这样胃袋既习惯于多量的食物,故每次非到这个容量,则胃筋不觉满足。实则,身内要求不用这样多量,而尤以一班坐食无事者其所需求的物量更少。故这班人常常犯了多食的"胃弛病"。(个人食量合法表详于此章下。)

三、饮料也要节制,除却如我们在第四章所说专为养生而于晨起多饮(一二杯)泉水或矿水外,则凡非遇渴时勿饮。我们有一班自晨到晚饮茶过度的人不但不经济,而且胃液薄弱,消化力损失,这些人都是多病与短命鬼。

客来烹茶,本是极具情感与美致。但有些人的客太多了,而且作客的时间太久,不管有事无事,一坐就要几点钟。故有些主人太客气,自早到晚竟陪客饮茶到腹便便了。今后应把这个风俗改除。客来,如客不渴,就不给茶。给茶也以客止渴时为度。西洋人会客例便是如此。这个不但免费茶炭,而且省却交际时间的经济,因无茶,客就不好意思一谈就几点钟了!我现也有一新例!客来就给以泉水。他

───────

〔1〕 以上载1934年6月27日《时事新报·青光》,标题为《食经(五七)》。

们这班乡下人最怕水而喜茶。为的是茶要钱买而水则随处有。无智识的人大都以用钱多少为定一物贵贱的标准的。今我所给他们的是泉水，则虽我怎样和他们说这瓶泉水在自然价格上须值二三十万元，总不能使他们满足。但这恰是好处，他们不饮岂不省却做主人者之许多事吗？〔1〕

四、副粮之采用——我前说米在南方太缺乏，例如我们潮州，每年只够供给自己四个月粮，其余八个月全靠外来米。（南洋米特多，芜湖也有。）这些外来米，不但不经济，而且极害卫生。（说详上文。）

今后补救方法，应于米外，力求副粮去代替，如此，不但免费米钱，而且可得卫生与口味之益。因为餐餐食米何等乏味与讨厌，若能组织到每日只食一次米，米钱已减去三分之二，食洋米者由此减少了三分之二的"米毒"。究竟这些副粮是什么呢？

一、朝餐勿食（这个好处已详上文），不得已时，则止饮泉水或矿水；或食水果，或用番薯。

说到番薯这一项，甚为重要的副粮。番薯极多种，最上为甜薯，次为荷兰薯，其次为各种薯。就以次等的荷兰薯说，虽养料不多，但别种生素甚富。西人无论贫富都嗜好。英国贫人、比利时人、德国一部分人，并且把它视为正粮。我有友人留学伦敦者向我说：在此虽午晚两餐食荷兰薯和白菜，因其做得清洁与好味，故虽日日这样食，觉得比在本国食鸡肉、猪肉等更好。这确是实话。〔2〕

我个人也曾经尝到此好味。至于甜薯更好了。不过在北方甚贵。若在南方谁也能常时买食的。这些薯类，在南方贫人已经通用了。今应提倡的就在使一班半富及富人也当食薯，这个理由是薯比洋米便宜许多，而且比洋米有益几千倍。可恶是普通社会心理要摆架子，以为番薯便宜，食此者为贫民，故不敢食。食米为富人，故明知价高而且

---

〔1〕 以上载1934年6月28日《时事新报·青光》，标题为《食经（五八）》。
〔2〕 以上载1934年6月29日《时事新报·青光》，标题为《食经（五九）》。

无益（无益指洋米言）但不能不食。这些是大错误的。其实一碗好番薯比了几碗坏米尚有益呢。我们今后应该对番薯大大提倡，或使其为一餐的正粮。

午餐在南方人可以用米，也如北方人用面一样。这是正餐，应食极有养料与粗硬之物。故米与面不可白，不要外洋，或本地的机器物，不要陈腐的。换句话说：要粗米。这些米乃用我们土磨磨出之后就好了。若嫌它粗糙，则可用我们土舂稍为舂白，但当使糠皮尚有一部分留存，才是好米。

这样粗米之做饭法，应如广州一样。这个方法上文已说过，但因极关重要，故再来说一遍。把一个高度的煎锅（锅度要高以便积热勿散。这种锅或用生铁造的。潮人可取用缶做的"炖参锅"，米只要用清水洗一次。下水到稍稍满盖米顶，把锅盖紧紧封后（锅盖周边用洁布渗水塞紧），初下时用猛火。一滚就将火退去，只留下温火，到后，就全免火。[1]

用炉温就够了。这样经过十余分钟后就熟。这样饭极香，硬中带柔，甚富养料与生素。（在下水煎时，可用几点花生油，饭熟时更香，更有色彩。）这样饭极经济，因粗米比白米量多，煮得多饭，而且多得益，多耐饿。如上做法又极省火，省水与省人工。

米要本地（能如我辈所拟的副粮代替法，则我国各处米均足自给），要新鲜（现在有一班富人须食隔过半年的老米者），而浙江等处尚要食仓米已成红蠹者，当知一切谷类要新鲜，不但味好而且有补益。一经陈朽甚有损害。

午食既定为正餐则除粗米饭外，菜类一项尤为重要。我们主张素食的，故在此正须餐用各项豆类较富蛋白质之物。例如大豆（或名黄豆）、白豆、红豆、黑豆；一切豆均好，只要新鲜，能用新摘下的更好，又这项豆就用水缓缓熬煎。熟后只加上花生油或些蒜头。

---

[1] 以上载1934年6月30日《时事新报·青光》，标题为《食经（六〇）》。

在此正餐上素食者也可加食一二个新鲜的鸡蛋。鸡蛋最富养料与生素的。但不可多食，多食则恐患不消化与蛋白质病。最好每日只食一二个。如午餐已食后，晚餐就不好再食。（鸡蛋不但要新鲜，而且要知道它从卵鸡有运动及青草场来的最好。）[1]

食肉的人要经济与卫生者，每日也只好在午餐上食点新鲜娇嫩的鱼肉。这些鱼肉最好是要干煎或烧烤，切勿熬成肥汤，一切肥肉都不可用，一切老且陈腐的鱼肉更不可用，鱼比肉较好，鸟肉类如鸡等比运动肉类好，牛子比大牛好，壮牛比老牛好，猪肉在一切肉中最坏，许多地方尚有宰杀病瘟的猪，这尤更为毒害。凡食什么物就一部分变成为什么性。中国人喜欢猪——尤其是一班富人每餐非猪不入口，难怪这班人也变成几分猪性了！——什么是猪性？肮脏，怠惰，苟且，偷安，雄好淫，雌的多生子！……终日猪猪然！言不及义！如有钱与讲究者，则于饭菜之外应食二项物件。

一、甜食——最好是用奶和各种粉，或面或五谷粒做成的。如无奶，则只用糖和上各种物做成了甜料就好。

甜料是最好的物，它能助消化，供给身内极多的碳水化物，多生能力。此中最重要的当然是糖，故在此有特行讨论之必要。

糖从甘蔗与糖萝卜而来，后的万万不及前，可惜现在市上所卖的许多为萝卜糖，即幸而为甘蔗的，也因经过机器的制造与药物的渗入完全将好质遗失，以致多食者则有犯刺激病之虞。[2]

这应特注意的是愈白的糖愈不好（盐也同此患害），愈机器化的愈坏。故洋糖不如本国白糖，白糖不如赤糖，赤的不如黑糖，黑糖不如糖水。因为糖水多保存甘蔗的原味，当然是最好的，可惜保藏的方法不容易。但至少也可保持三四个月，我人在每年有糖水的时期应该多量食用，过此则可用黑糖赤糖或本地白糖，但切勿买外国机器糖。

---

[1] 以上载 1934 年 7 月 1 日《时事新报·青光》，标题为《食经（六一）》。
[2] 以上载 1934 年 7 月 2 日《时事新报·青光》，标题为《食经（六二）》。

（连带说及是甘蔗为最好的糖料，能直接食到的，当多多采食。）

糖食动物如蜜蜂、蚂蚁类等为最灵敏的生物。故糖食中必含有一种"聪敏勤劳的生素"，这个生素或者是无法分析得出的。唯有从其结果去推论。

蜜也为糖食重要品之一。它比糖虽用途不广，但其精美处迥非糖所及。蜜全要生食，如此全能保存天然的美味。凡一切饼或"布丁"于其熟后就桌时，和以青蜜，实为无上的食品。（现在我国蜜较稀奇，但将来如能提倡养蜂，定可得到蜜的丰多与便宜。虽然蜜中无生素但其美味别有一番用处。）

二、水果——食后食点水果能助消化与清毒。水果也最富于糖质的。（尤其是上所说的第五类。）[1]

现在来说晚餐应怎样食法。

晚餐除那夜要性欲与用功作事外（看后"食与刺激"一章），应该看为"副餐"。即是说不可多食。最好仅食些水果，或豆类，或瓜类，或粉类中之一二物件，尤要是此项食物能都做成甜类更好。

例如水果，可以做甜汤。我于此次欧战后，曾久宿一个北德国的人家。我们晚间所食仅是苹果，或梨，或李，或桃等水果，切成碎块，和以面粉与糖一同煮熟的汤料。这样食品！色美，味香甜，易于消化，但难于多食，一人只食一二大凹盘的分量就够果腹了。这是一个好食法。

又如将香蕉与粉或面与糖一块捣成膏，再做为饼，放在花生油中缓缓煎熟。这样物品在无香蕉地方本为最贵重的物件。但在多出香蕉的处所，每人食十几小薄饼只需数个铜元就够了。可是这样味与生素都属上上品。食后或酌以薄茶，最好在暑天时，就饮泉水与矿水，包管一夜得到香梦。

豆类或成粒或捣碎后和以汤与粉面类，也能得到一件好食品。（最

---

[1] 以上载1934年7月3日《时事新报·青光》，标题为《食经（六三）》。

好就做为豆汤。或把豆和水果做成为糕饼等类,也极合口有益。)[1]

说及瓜类本也为最好之物,不过水量太多,须要猛火干炒后成单食,或和以粉片或粉条,做成甜料或卤料均可。

总之,上项各物如能掉换与变化,则晚餐都可不用米饭而能得到极经济与极卫生及合口味的食品,我主张在晚餐偏重甜类者(应以自然原有的糖料,如各种甜水果及蜜或好黑糖等为主)。因为糖质能以极少的物,给予人身多量之热力,故晚餐可以食极少的糖类而得恢复日间的劳苦与夜间身内微细的需要,又因糖乃聪明之原素,强毅的动力,应当多多取用,而我国人极少用糖,北人尤甚每有终身不识糖者,故尤应竭力提倡。

总之,经济在食物上的定义是:(1)价钱便宜,(2)但有时物价便宜反不经济,例如洋米比本地米便宜,但因其物不好,假设一斗洋米比本地米价钱仅值五升,可是一升本地米其益处比洋米值一斗,那么洋米外面虽比本地米便宜一倍而里面实在,本地米反比洋米便宜五倍了,故食物上经济不经济不但在价钱,而且在物质,物质比价钱更重要,其(3),普通经济界说,凡一物价高的,其物质必好,但在食物则未必尽然,例如,一个罐头的水果,当然比原来的水果价高几十倍,但罐头水果毫无益处而且有害,至于原有水果虽极便宜,但又极好,大概就食物上说,凡工业机器的物品,不但价高而且物质不好,在此可说为"二层不经济",至于原来的物品,不但便宜而且好质,这可说为"二层经济法"。[2]

普通人当然不晓得食物经济法。希望此书给予他们一个概念,使知食物最经济的方法是:一、在素食,二、在食原来品不食工业品,三、在食新鲜成熟与质好的,虽价稍贵,而比贱价的陈腐不成熟等物

---

[1] 以上载 1934 年 7 月 4 日《时事新报·青光》,标题为《食经(六四)》。后附更正:"昨日《食经》第十行第十六字起以下'与其生素'四字应删去,附此更正。"本书已据此改正。

[2] 以上载 1934 年 7 月 5 日《时事新报·青光》,标题为《食经(六五)》。

更为经济。

现在应说食物的卫生法

食物的卫生，除清洁外；

第一，要少食。——我们在上文已说过：食是一种习惯，凡多食之人则胃筋放松。故愈多食，其胃筋愈松，而非多食则不满足，以是食愈多，胃筋成弛放病，而身内并不需要这样多食料，以致肥肉臃肿，不但多病并且短命，至于少食也是一种习惯，只求养料充足，以愈少食愈好。因为少食易消化，胃筋有伸缩力，身内免多生肥肉之患。

究竟每人每日应食若干就满足呢？这个可分二项：一是普通人所需的分量；一是个人特别的分量。

今就普通人说：一个北平人，每日夜（念四点内）应食的物：

（一）水料——2600 克（一克即一公分，等于二厘六八）

（二）各种矿素——13 克

（三）盐——13 克

（四）蛋白质——81 克

（五）碳水化物——310 克

（六）脂肪类——100 克[1]

这些以何为标准呢？以人身中消费的"热量"（Kalories）为定准，因照个人大小与其作工多少轻重。生理学家者定其人在二十四点钟内（一日夜）应消费若干热量都有一定数目，各人与其数相差不远的。

例如一个人体重六十五瓩，做事轻微，则在二十四点钟内（一日夜）应费去热量 2340 度[2]。

今依上数计算，除了水，碳素，与盐，三种只发生电子与助成生

---

[1] 以上载 1934 年 7 月 6 日《时事新报·青光》，标题为《食经（六六）》。
[2] 这里的度即卡。

素充量发展，本身暂看作不生热量外，则我们剩有：

一、蛋白质81克；二、碳水化物310克；三、油类（脂肪类下依次）100克。但依考验所得则蛋白质一克在身内能发生热量3.68度；碳水化物一克为3.88度；油类一克为8.45度，合共计算起来则有

蛋白质 $81×3.68=298.08$；碳水化物 $310×3.88=1202.80$；油类 $100×8.45=845$。共2345度，恰合身内所需求。

此外，如作工多而且粗重的则其身中所需热量当然增多。换句话说：则其食物也要加多。今以上数为标准，如将六十五𨫒除2345度，则每𨫒约得36度。[1]

上项数目就做事轻微之人说，如家内用人、公事房办事者、用脑阶级、裁衣者等，再说一遍，这等人的身体有一𨫒重者于廿四点钟内应吸收一些食物能够发生热量36度就为最合度的食法。

至于做中等工者，如工厂工人、使用机器者、木匠、画家、鞋匠、洗衣人等则一𨫒身重，在一天内，应消费热量40度。

作粗重工课者，如木工、筑屋匠、石匠、体育家等则为45热量度。

最苦的工作，如挑工、苦工、农人（当其农作时），则需要50度。

在上三项的人，当然应照其工作多少以增加其食量，但又应该留意者在什么地方，寒地之人当然比热地者需要食物多些，同一地方又要计及什么时候，如夏天当然比冬天少食，老年又要比少年少食。

尚有一事应特注意者，食的卫生不但在少食，而且在选择与各人性质相宜的物品。

今将人类的性质区分四类：

一、筋骨性的，例如一班办事首领、战官、探险家等，他们动作甚多，故应多食，尤以碳水化物为重要，如蜜、甜水果，和些许鱼、肉、蛋，及极多的青菜等。[2]

---

〔1〕 以上载1934年7月7日《时事新报·青光》，标题为《食经（六七）》。
〔2〕 以上载1934年7月8日《时事新报·青光》，标题为《食经（六八）》。

二、神经性的，例如那班深远的思想家、文学家、科学家、发明家、哲学家、艺术家等。他们食物要多变易，要少食，而其次数要多，一点好葡萄酒，如他们食了一些刺激而有毒之物（如酒精、香料、鱼、兽肉等），则当饮茶与咖啡，他们更当多食青菜与水果及富于乙类的生素之物品（看上第一章生素乙一类物）。

三、多血性的，如那班律师、买办、车夫、农人等应该多食些滋养品，青菜水果尤为重要，又应多食丙类的生素物（看上第一章生素丙类）。

四、消化性的。凡大牙槽、大肚腹、身肢分展之人属之。他们应食那些不刺激与多纤维的物品，故青菜类为最好。辛类的生素多与这种人极合（看上第一章生素辛类）。

除成年人外，在此食物的卫生法一项上，我们应说及儿童的食法。

到二岁大的小孩（今以其体量十二甡重为准），则其身重一甡者，在念四点钟内，应吸收碳水化物九克，脂肪类三克或三克半，蛋白质三克。

自二岁至十二岁，则以其身重三十甡为准，于念四点钟内受脂肪质四十至四十五克。碳水化物八克、蛋白质三克。

十二岁后，蛋白质一项应照身重三十甡者减少〇点〇五（克为单位）。[1]

就上科学的标准看来，则可知道我人应食的物量极少。例如用脑界（教习、学生等），假如有六十五甡体重者（约一百零七八斤），则每日夜只需蛋白质八十一克、碳水化物三百一十克、油类（脂肪质）一百克。综合起来，不过五百克，仅合"国量"十三两，若分为三餐，则每餐不过四两物品，就够食了。

况且我国智识界，极少有这样体重的，通常不过五六十甡重而已，故每餐食量应比四两为少。今以极粗浅来作举例：

---

[1] 以上载1934年7月9日《时事新报·青光》，标题为《食经（六九）》。

早餐不食。或仅食些水果。或食一碗稀饭（粥），和些小菜。

午餐；中碗一碗或一碗半饭，青菜一中碗，或加一个至两个新鲜鸡蛋。如要食鱼或肉，则勿食蛋。但鱼或肉也不可过一至二两。

食后加以时鲜水果，如香蕉一或二个，或桃、李、奈等各数枚，或波罗蜜（番梨）四分之一个。

晚餐饭一中碗，菜半中碗。

（凡在午餐食蛋及鱼肉者，晚餐断不可再用。）

能依上所说，晚餐勿食饭，只用些番薯或别种"副粮"更好。[1]

以上物料尽够一个壮年的智识阶级或无事做的富人与商人的食量。

必要这样养成少食的习惯，然后才经济，免病痛，有精神。

若多食的，则食物到胃肠内不消化，起了停积及淤塞之病，身体痛苦，精神疲倦。

再说一遍食多食少是一种习惯，最要是养成少食的习惯。各人应当按住自己的体重及职业，而依上所开的食物定量去实行。但求能够分量就好了。切切不可多食。

我在上文说，我国人多犯多食的毛病。（除一班乡间贫人外。）现要矫正此失，当应逐渐改减。如常食两碗的，则改为一碗九分，以至于一碗半，或一碗为度。其他各项食物也当照数递减。初改革时，或者觉得肚困，但必要时只饮点泉水（或清洁之水）或食些水果。虽觉肚未饱尚极眼馋时，但一到所预定的食量时，当应离开食桌，不可迟滞流连。

食的卫生法除少食外，尚有第二项，即应食植物类。因为植物比动物卫生。因为植物有动物之益而无其害。

动物内所富裕的只有蛋白质与淡气，但植物类对此等质也极含有。可是动物的质，稍稍不消化，则变成毒害，至于植物类则无此反动。

植物极富有各种矿素，动物虽也含有，但不如植物的电子化。

---

[1] 以上载 1934 年 7 月 10 日《时事新报·青光》，标题为《食经（七十）》。

植物的许多生素，则为动物所无。[1]

欧洲学者曾把鼠去试验。结果，食肉，或纯粹食植物，都是一样生存与繁育。但食肉有许多毛病。今举其大处，则有糖尿病、瘤病、各种不消化病、皮肤病、血毒病等。

至于植物类，如能照我们所配的表去做，则不怕食料不够，而且有种种益处。

如不能纯粹食植物，则可加入新鲜的鸡蛋与牛奶。（食法与量数，当如前所说。）

第三，食的卫生法，不只图饱腹，而当求消化。因食一物不能消化，无论何物，不但无益，反成毒害，如能消化，始能将食物的利益处吸收。

消化之标准物

一、汤类（尤好是菜汤），汤中下些植物油为好，如猪油及别的动物油太多，则极不易消化。在此须知是一切菜类都好，其食后致病者，乃在菜中加猪油太多之故。

二、菜类应当干炒不可下水久煎（有些菜如菠菜、芥蓝等猛火炒得半生半熟更好，至于蒜、葱、韭等则当久炒。但此种辛辣物不可多食）。

三、五谷类要熟煮。[2]

四、水果类要甜的，成熟的，要生食，要在餐后食。

五、不可时时同食一物，也不可过度食一物，应当时时变换食物与做法，务使胃口大开为要。

说到此有一重要的食法，既能消化，又能使食物多发展生素，这个有二法：

一、将一切五谷类、薯类、菜根类、豆粒类等使其发生种气，其时间应依各物迟速去定规，但总不可使芽发生，只要待其物身已肿

---

[1] 以上载1934年7月11日《时事新报·青光》，标题为《食经（七一）》。
[2] 以上载1934年7月12日《时事新报·青光》，标题为《食经（七二）》。

大，则把这些物煮为食品，不但易消化，而且比普通同样的物品含加有极多倍的生素。

例如豆芽菜因其芽过长，生素已被芽食去了，若能取其芽愈短的，则愈有益。

二、将大麦，和粟，如上法使其发生种气，将百分之七十大麦种和以百分之三十粟种，烤干（或晒干）后去皮擂成粉末，每遇食饭，或食薯、豆、菜根等物时，则将这等粉末撒布其中，如此不但使所食之物易于消化，而且这样的粉末能助所掺和的物，增加生素的发展。

这些发种物，单独的或加入别项之食物，比较先前同样的食品都加多香甜之味。[1]

现在当来说及美的食法第三项，即是"食的美趣"。

食与色一样，如用得当，本是人生的乐趣。顾视我国人的食法类多蹙眉低头，似有痛苦一样。这个或因食者消化力不佳，对所食物厌恶。或因餐餐一样物，致胃口不开。或因食法不对，如提起碗来紧靠嘴边，用双箸死力拼命把饭送入口内，真是痛苦之至！我今来把食的兴趣各种条件开下：

一、食物要清洁。色彩要美丽。切法要讲究。——同一样物，清洁令人爱，污秽使人厌。色彩的美丽腐败，当然不止使眼界起了好恶并且使舌味感觉快与不快，同时引起消化液与筋络的迎拒。至于切法，应长，应短，宜圆宜方，应随其物以相度，务使悦目而赏心，快舌而乐意者为佳妙。

在此，即时而足以判别肉食与素食的优劣美丑。动物之肉，不论整个与切块，生和熟，令人一看免不了有"死尸"之恶感。故当托尔斯泰有客同食时，每问："君食死尸否？"托氏自己素食，但其家不免照习惯备鱼肉以飨客。彼之问，乃是实情，非以此吓人也。但人类

---

[1] 以上载1934年7月13日《时事新报·青光》，标题为《食经（七三）》。

自少已习惯食"死尸"了。社会上又以这些"死尸"为贵品,遂彼此忘其死尸而争之如鹜了!

说及植物类则完全相反。谷粒类其美如珠玉。青菜类有花者、有叶者、有心者、有芽者、有苞者,我人看之无异茹香餐霞,不但其味清沁肺腑。[1]

抑且其色令人魂醉神摇。(素食数个月后骤闻鱼肉之味要呕。可惜习惯死尸者不能辨别。)

至于新鲜成熟的水果,种种色色极尽美观:苹果之粉红,如少女之颊。梨之青,李之紫,桃之娇羞,杏之轻盈,荔枝、龙眼之饱满,葡萄有像乳者,有似玛瑙珠者。凡这些物,若论其味无异于琼液玉浆。昔人所以有蟠桃的神话,即半个桃就可使食者长生不死;而今日的卫生家也有,餐餐一点水果,医生门生蜘蛛之谚语。

二、食桌要合时,食具要整致,食客要修饰。我所谓的食桌与食具,不是要红木柴与金银器,这些都属富贵粗俗不是美术之物。我们所要的为木桌、竹椅,与稍佳制的瓷器盘碗。桌能披以花布更好。这些都不华费,只要人工加以洗拭,使之光莹无尘,自足以适意了。

至于食客,我们太过随便,以致发蓬松,脸肮脏,指甲满塞以污物,手不洗,衣服不整洁,一群人围起聚餐如一群猪就槽一样。

我们当然不必如洋人穿起礼服赴餐堂一样讲究。但至少(虽一家人会餐也要勿太随便)同食者总要手脸干净,衣服齐整。遇热天时,或可裸上体与穿短裤而食,但赤体上与短裤总须干净。[2]

三、大概美的食桌上应有这样布置。

桌清致,或披以白布或花布。——中间有花瓶插以时花。否则放上一件玩具。——主菜不过一至二样,但"小菜"要多。

我潮的小菜甚好,如腌白菜、酱芹菜、碱大菜、鲜甜的小萝卜

---

[1] 以上载 1934 年 7 月 14 日《时事新报·青光》,标题为《食经(七四)》。
[2] 以上载 1934 年 7 月 15 日《时事新报·青光》,标题为《食经(七五)》。

干、金烘的大豆粒,以及其他。此等物由自家做更好,市上买的要洗洁,或重做一回。此项小菜中又要有甜味的。另有一件物极重要,即取海藻为小菜。海藻种类繁多,但都富生素,比地上青菜更好。此类海菜,最好作小菜用,或煮为汤。

——各人箸两双,碗、盘各一个。一双箸到公共的盘碗去取菜;一双自己用。匙两枝,一到公共的盘碗取物用;一为自己用。(此指有客时言,若一家人而知无病者则免此麻烦。)——食桌上要有些水果以助兴趣,并可为食饭后之用。——青蒜头为助消化,除瘤虫,激起各种生素及内分泌之物,故宜视为最多用的小菜类。——花生仁,干炒后甚香,甚富营养,为素食者最好的助品,故应多食或列入于最多用的小菜类。它的香气可以减除青蒜头的辣味,故宜于食蒜后用之。[1]

总之在这样食桌中,因小菜种类多,故价甚低,而兴趣甚多,外观既美而内质极好。胃口常开,卫生适合。(主菜与小菜,都以植物类为主。有时则和以蛋。)(蛋糕最好为副粮之用。蛋煮熟后,切为细块,极可为小菜碟。)介壳类都不合卫生,只有蚝(牡蛎)一样好。但以新鲜者为主。过时则反有害。(蚝之好处,看上生素一章便知。最好尤在生食,或在海取来时其壳有海水同食更好,但切勿和以酱辣物。)

四、美的食客应有这样态度。

第一,要食得温徐。每件物少少入口。入口后闭嘴,使他人不见口内食物。然后缓缓用大牙磨碎,不可有怪难听之食声。凡一切物味,愈磨愈出。这样不但得到好味,并且代胃肠先磨碎,免使其有不消化之病。我国人食时最大毛病就在每次入口的食物太多,致口合不来。口又不闭,则凡食物在其中的烂糟,完全露出于他人眼前;而且声音怪难听;食起来,使同食者起了不好的感触。又他们一物入口囫

---

[1] 以上载1934年7月16日《时事新报·青光》,标题为《食经(七六)》。

囫囵吞下，毫不咀嚼，其状如饿鬼的抢食。不到几分钟，碗盘狼藉，饭菜俱空。所食不知何味，有食等于无食，只求塞腹。腹固塞了，最苦是胃肠受不来，消化不良，只好向大肠冲去，变成为不消化的大便。故这班人连制好粪的本领也缺乏呵！[1]

美的食客，最要是缓缓食。大概一中碗饭要到二十分钟始食完（当然和食菜的工夫在内），好好咀嚼，时时和同食者谈些有趣味的话。

又我意，我们将饭碗靠嘴唇用箸硬把饭塞入，最不雅观，也不卫生。因此食法，不免为催促快餐的一原因。故改良的方法，只有将箸代以长匙，不把饭碗靠到嘴唇，只要放在自己面前的桌上，用匙将饭缓缓舀出，一匙一匙轻轻放入口内。至于用菜，当然可用箸直接取物到口里去。

大约，每餐，以食一中碗或一碗半的饭而论，需时当要二三十分钟。加以食饭后用水果的时间，当到三四十分钟始完。这样，不快不缓，恰恰得到好处。

尚有一个重要问题：即餐时要饮料吗？我想在未食饭前，可用些清汤，或仅饮我所说的泉水或矿水。既食饭后，则勿再饮何种。食桌上也勿具备饮料。以便养成干食的习惯。干食好处，就在不能不缓缓食；尤要的在使胃液浓厚。所以我们主张菜蔬、豆、瓜等食物，只要干炒，或生食，但勿煮成汤以变酵酸。至食饭后，有水果食的，则更不必再食汤或茶，以分散胃液的消化力。不能食饭，只食粥者，更不必多饮水料了。泉水、矿水或薄茶只好于餐前或两餐中间遇渴时饮之。泉水、矿水，最好就在晨间起床时饮一二杯，不管渴不渴。这个大益处，已在第四章中说明白了。[2]

---

[1] 以上载1934年7月17日《时事新报·青光》，标题为《食经（七七）》。
[2] 以上载1934年7月18日《时事新报·青光》，标题为《食经（七八）》。

第七章　食与刺激

就食的卫生说（其实一切的卫生观念都作如是观），应以温和无刺激的物品为主。这是对的。故我们主张一切青菜及水果，以成熟，香甜不带辛辣刺激性者为佳品。

可是，我有进一步的见解：即以"人性"及"人生价值"为根据，而考究刺激性有存在的必要。

先以人性论，怎样人类喜欢刺激？何以纸烟、酒类、茶、咖啡，等都为人类所嗜好？普通解说则谓"筋肉困惰，神经疲倦，所以人贪一时的兴奋性"。即此已可见兴奋性有一时之功效了。我意它尚有另种功用，即是除提神外，并能助消化，尤要的在能发挥食物内电子的能力，与内分泌之作用。

可是这些刺激品的取用应有两个限制。

一、当有一定的时间（如半个月一次），但不可日日刺激。

二、其刺激量数只到本人所能承受的十分之七八。

通常食饮刺激物之毛病在于日日一样刺激，以致神经或肌体迟钝，虽有刺激也等于无。而为增加感觉起见，则不得不增多刺激物的分量，终于如嗜纸烟的人非到手不离烟不可。又如好酒者，非至手不离杯不休。这些都是极有害的。[1]

改良方法，就是隔时稍久的刺激法，并且要有目的的刺激。而刺

---

[1] 以上载1934年7月19日《时事新报·青光》，标题为《食经（七九）》。

激量数,使本人能够充分承受为度。

为什么要这样刺激呢?在下就来说此中的道理。第一,烟酒、茶、咖啡等的刺激品,实有提神、助血活动与消化之功能。因为它们各有一种兴奋性,遂能生出这些效果。现将它们逐件来分析。

烟,当指纸烟、雪茄,及鼻烟、食烟各种。最通行的为纸烟,比较为美趣与少毒,故以此项为标准。每于餐后在空气流通中,凡壮年人吸一枝好的香烟。并无损害,而且助消化与趣味。

这样物不可多吸,因它有"尼古丁"质甚重,如吸量多的则犯了口臭喉痛,胃不消化,目花或记性遗失等病患。

"近世纪乃一香烟梦想的时代。"有意国大文学家曾这样说。奇怪是许多思想家中甚多有纸烟癖。

至于鸦片,不是刺激品,而乃麻醉物。这样烟含毒质甚厉害,上瘾者几如死人:未食,未做,不能性欲,身枯如柴,终日奄奄要睡。如无鸦片吸足,则眼泪横流,四肢拘挛。这是一件甚于砒霜的毒物。因为一切毒物,最多只死一次完了。唯有鸦片,使吸者不生不死。吸者终必为此而死,但不知受了多少次毒害而后才死呢!故凡文明国都悬鸦片为厉禁。独我国尚在公卖![1]

记得康有为曾说:"吸鸦片者虽害,但极安静,岂如彼饮人酗酒者终夜喧嚷之害公众?"(大意如此。)康圣人时常说错许多话,这遭又错了。吸鸦片是死人,酗酒者是狂人。"狂者进取",总比死人好得多。

说到此,应来论酒。

在我国,凡发酵物成为水质而可饮者都名为酒。实则我国酒如高粱,又在广东许多种酒都是"酒精"而不是酒。这些酒精甚激烈害身体,每次只好饮一二如茶杯大的分量,尚且不好常饮,唯有绍酒尚可称酒,因其中酒精的度数甚低。

外国区分酒为四大类,啤酒、葡萄酒、精酒(spirit)与火酒,以

---

[1] 以上载 1934 年 7 月 20 日《时事新报·青光》,标题为《食经(八十)》。

其酒精的成分多数而定名。啤酒酒精最少，故德人饮此如我国人饮茶一样多且平常。其次葡萄酒。以法国为多，他们每人餐餐可饮二三中玻璃杯也未见害，"精酒"已不好饮多，饮时在外国也只在饭后，或饭前，且用极小的杯。至于火酒，本用为燃料。先前，只有俄国乡下人饮用，这件物甚害身体与精神，因含酒精极多之缘故。

要之，酒以啤酒，或葡萄酒，或我国绍酒为标准，余的都应名为酒精类，今就以酒来说，少饮尚可，多饮也能成酒精病。此病使人身体衰弱，精神昏悖，而且能遗传子孙成为癫狂、衰弱与肺病之可能性！

再来说茶。[1]

茶为我国正宗的饮料。我在上已说及。如茶薄且初泡时，则味极香，并可洗涤肠胃。但厚茶，极刺激。又茶泡过十余分钟后，香味已失，涩味就来，此种涩味乃一种毒质应当避去。过多饮茶，胃液薄弱，并有种种刺激病。我国富人与商人十有七八犯了"茶毒"！

论及咖啡。

这乃外来物，尚未在我国通行。至于欧人差不多每日非用几次不可。咖啡极刺激，但极提神与富有营养质。就我个人来说，已经习惯饮此物了。但如每隔数日饮一回，每回只要几杯极浓厚的，则终夜就不能寐，可见它的兴奋性极大。我想我国人太颓靡了，太不振作了，太无精神了，若能把他们用茶的习惯改用为咖啡，则可增加刚毅与勇烈之气不少。因为茶的刺激是无补养的，至于咖啡所含糖质甚多，甚有强健经络振起心力之功效。现日本人已极提倡采用了。和以牛奶，更觉有益。若能多运来，则并未比茶昂贵。

以上所说四种最普通的刺激物，若用得当则于提神，与助消化之外，尚有一件极重大的功用，即在能使内分泌兴奋排泄。这个可以极

---

〔1〕 以上载1934年7月21日《时事新报·青光》，标题为《食经（八一）》。

粗浅的推论法来推测。[1]

当我人饮食刺激物时全身觉得兴奋，内分泌腺乃我人身体内最重要的机关，岂有不受这种兴奋所影响之理？

实则，一切食物苟与内分泌腺有关系者，都能由其物质的刺激，使内分泌腺同时排泄出一种吸收它的液质。

这个可用巴罗夫（Pawlow）[2]的试验法来证明。巴氏与其弟子们把狗作试验品，给它一物看或放在其尾上，则狗就依物件之不同各各排泄一种特别的唾液。例如给它盐与金鸡纳霜则其唾液即时流出极多，而且极清淡，极少有酵素。但若给以糖或沙，则其唾液来得极缓，极少，但极厚，而富有"亚米丹"质[3]。

这些经验巴氏得了四个重要的结论如下：

一、这些响应，乃由逐渐的经验而来，并非由于生成。如养小狗六个月久以牛奶，则它见或嗅及牛奶就流出口液。若给以他物，头次并无响应，须经过几次，始能逐渐使其出液。

二、所试验的动物，如当饿时，则其响应的成绩甚好。但当对其物已食饱时，则对此物之给予，并无何种影响。

三、凡同样刺激性之物愈多时，则其响应力愈大。[4]

例如给以切碎的肉块，这样使狗既看得见肉形，又能嗅得极显著之味，那么它所出的口液当然比仅看得肉形，或只嗅其味时较多。

四、当二物以上一块时，如其刺激性相反愈大，则其响应的成绩愈少。例如把面包与肉放在狗前，狗是喜欢肉的，对此，它只排泄对付肉的口液。至对面包，则毫无响应。

以上所举例，乃证明口液的流出，竟成为有意志的物，即动物见什么物（如它已经食过的），就能生出什么液质。这种有意志的内分

---

[1] 以上载1934年7月22日《时事新报·青光》，标题为《食经（八二）》。
[2] 即巴甫洛夫（1849—1936），苏联生理学家。
[3] "亚米丹"质，即唾液淀粉酶。
[4] 以上载1934年7月23日《时事新报·青光》，标题为《食经（八三）》。

泌，关系于食物之前途甚大。因为我人由此能操纵内分泌正当之排泄，间接可以操纵身体之健康与精神之兴旺。

可惜，现在内分泌的排泄，大多数都是"无意志的"。我想要使它们成为有意志，则应三法并进：

第一，在多食生素的物料：我已在上说及食植物类，泉水、矿水等，能使身体多有生素了。（我想生素乃供给内分泌的质料者。）

第二，用刺激法，使内分泌腺有适当的刺激，起了活动的功能而使多排泄其内分泌。这项即在此处要论及的。

第三，用运动法，使内分泌有适当的排泄。这待下章去讨论。[1]

今就来说第二项使内分泌多排泄的刺激法，我想上举的烟、酒、茶、咖啡等刺激物，如用其得当则可得到相当的成绩。

一切内分泌腺必与神经系有密切的关系。故如把神经刺激了，则内分泌也就排出。例如用电流刺激，Wertheimar 和 Lepage 使胰腺排泄其液，Pawlow 使胃汁排泄。

Mironow 使奶汁泄出。这个刺激法，或就其腺之神经，或从其中央神经，均能奏效。并且，刺激所用的方法，无论用什么物件，如用机械，或用化学物等，也都能奏效。

根据以上的科学标准，我们知道人们之取用烟、酒、茶、咖啡等刺激物，其直接受刺激为神经系。间接上，则其内分泌腺当必受刺激而排泄其液。由此点观，人性好刺激物除由习俗及奢侈性外，确有一件极重大的生命关系。即它能使内分泌从丰排出，使身体与精神受了兴奋之满足。

可惜普通人不晓得刺激的方法，故常常刺激，使神经麻木不能使内分泌多出；或则过度刺激，使神经过于激昂，内分泌出得过多反常，与无目的，转于身体与神经有碍。

---

[1] 以上载 1934 年 7 月 24 日《时事新报·青光》，标题为《食经（八四）》。

我今来拟一个好的刺激法吧：[1]

每两星期间（或每星期，或每个月），如学校或公事房中人则为星期六晚更好，则凡不能纯粹素食者可于午餐或晚餐间食些新鲜的鱼肉。

鱼类以肝为好，小鱼不能有大肝，只好全食，但以新鲜为主。其做法以煮熟为好。潮州的鲜"鱼饭"（即用开水煮鱼后取出的鱼干）极好，但"鱼生"断不好食，因生鱼在肠内多生虫害。

蛤类都不好食。只有蚝（牡蛎）一物极好。它富有滋养料及各种生素，但以生食为佳熟食稍逊。至市上蚝干极坏。

肉类，通常鸟类较易消化，如鸡、鹅、鸭等。牛、羊，在外国特养为肉食者极好。猪肉最下，虽则滋养料甚多，但极多病菌。肉类以新鲜、柔软与瘦肉者为上。最好用烤、炒等法，若要用汤久煮，则只可食肉，不可用汤。汤中所存毒质极多。

肉类以内脏物为妙。不但柔软易消化，而且富有生素（看上第一章）。如肝、肾、副肾、膵、脾、心、肺、肠等都好。脑、颈下腺核，也好。

这等丰馔，专门为饮酒之用。食后，又当饮厚茶，最好就饮咖啡，并吸烟。（能少吸些雪茄烟更好。）为的酒乃醇质，与这些茶、烟、咖啡等刺激品，能把这些鱼肉消化。

这样餐，当然不是纯粹为鱼肉。菜与水果，也当多多加入。总之，不但以刺激品刺激内腺，并且比常餐多食些（八九成）使食物也能在腹内起了活动。[2]

有伴侣者，这样餐最好移在晚间。食后于性欲也有关系。

性欲广义说，不过是营养的一种。故凡一切生物，当待其营养充足时，始能生育。以此推之（也是一种事实），凡足食之男女，类多

---

[1] 以上载1934年7月25日《时事新报·青光》，标题为《食经（八五）》。
[2] 以上载1934年7月26日《时事新报·青光》，标题为《食经（八六）》。

长于性欲（其后裔也壮健），性欲之前后能食丰足之物品，类都不致因性欲而大困疲。又，性欲也是一种刺激。性具腺分泌的多少：全与刺激品相关系。

在此有两问题应讨论的，

一、素食者于性欲有损否。

二、要性欲前后不困乏者应食何种物？

答前题是：

素食者我们在上说身体是极壮健的，若能对于性欲遵守适当的分量，断不至于身体衰弱。

素食者因少刺激，性欲当会比肉食者减少。但有性欲者能多食些滋养品如鲜卵、牛奶、香菇、豆类等，更好。如常行素食也无妨。少欲更能清神；欲少，思想更多。

要之，素食者对性欲更须有撙节。至于肉食者的身体，并非比素食者好，不过肉质在体内发毒，不能不从性欲腺发泄。而因此发泄，同时皮肤等也排出许多毒质，使肉食者在消极上较得舒畅罢了。并非肉食者较素食家长于性欲呢。[1]

我记得先前一班在我国所称为名人者提倡素食。不久，有二位就变节了。曾向我说，素食实在不够养料。这是他们的判断错误，或者所食的植物不够养料（由不晓得选择），或者是他们夫人的话吧。

故要素食者，同时当一家人都是素食，至少也要夫妻两人一齐取相同的态度，始不至于意见及性欲上有参差。

现再来说第二问题：

我国有许多一日坐食无事流于多欲的富人，每每考究什么食物最能提性补精。他们以为"醉虾"、鳝鱼、鳗、龟、鳖、糟蟹、田蛙、狗肉、猫肉、鱼翅等为最好。他们多数取其形似刚劲而奇突者为标准。甚且如粤人之喜食各种东西。至于其食物的质地如何则毫

---

[1] 以上载1934年7月27日《时事新报·青光》，标题为《食经（八七）》。

不知道。

实则世上无一件食物能如他们所希望的。最重要的,平时就在多食滋养品之物,如我们第一章所载富于生素之物。例如三二个香蕉比什么补精丸、提性药都好。因为香蕉含有百分之二十余碳水化物。这些物最富热力与能力。若论其形,也与东西相似呵![1]

每见市上有所谓海狗肾、海蟾蜍等等的广告,谎说怎样有健肾起软之功。实则,根本并无这件事。这些物有点效力的还在和酒的一点上。酒性确有一时的效验。至于别物毫无力量,还比不上三两个番薯更可支持一时的肚力。

总之,性欲不过是身体的一部分,要性欲好,应把全身弄好才对。一切食物当取其富有生素者,将全身整理好,性欲自能达到完满之希望了。若支支节节从性欲去选择食物,结果都不好。甚且贪一时的兴奋讨用一些房药,终于把身体摧残,同时也把性欲消灭了。

回说到上面所举的"丰馔"与刺激品的作用,既可为临时性欲之补助。同时,一班善于深夜用功的思想家,更可于饱食及烟酒刺激之后,全夜用功与散步。

我常觉得最乐莫如每月至少有一次,全夜不眠。(至好在月满时。)于晚餐后,食杯厚咖啡,精神奋发,初或到明媚的地方散步,及后,则看书,或做文,或深思,梦想,这样夜景助人触发了心思甚多。到天将明未明时,又复出行郊外,或市场,自有一种景象与日间所感触者完全不同。到此恍如夜间与日间有两个世界与两个我一样。[2]

如能照上说于丰馔之后,在烟、酒、茶、咖啡等刺激物之中,利用其兴奋,以鉴赏夜景与灯下用功,其趣味更为隽永无穷,其创造力与想象力当较富足。

---

[1] 以上载1934年7月28日《时事新报·青光》,标题为《食经(八八)》。
[2] 以上载1934年7月29日《时事新报·青光》,标题为《食经(八九)》。

月光给予生物无穷尽的好感触,我人脑质得此起了温柔慈祥的变化。你切勿看她那样的温柔,她能把云母石剥削呢。

夜景与露气更是一服清凉剂。有刺激病者,多在夜中露首以饱受露气,便可无病。在我所举之后,即于多用刺激品之后,能在此种夜景与露气徘徊感触,自可得到一种神经伸缩的效能。

在夜景或晨曦之下散步思维,欧美许多名人发明了极多的事情。我国李太白便得此中三昧。故要成为大思想家,每月至少应当有一夜不眠,享受他人不能享受的幸福。

说到此,应申论我在上文所说的"人生价值"。我所谓"人生价值"者,并不是要长命。每见年老者的昏昧糊涂,反不如年少者的慷慨激烈而死。在我们禀受这样衰弱的遗传与不卫生的环境,只要能活到七八十岁就好了。在此生存时间,一方面要享受日日一样平淡无奇的幸福,这个就是我上所说的素食法。[1]这确是一种能使心神清畅的幸福,虽则是平淡无奇。但别一方面,人生价值要享受一种变幻奇突的快乐,这个就是我所说的刺激法。一时的或稍能延续的快乐,虽则是奇突的快乐,也可练习到享受极端的快乐,即极端的刺激。纵为极端的刺激,但终要能忍受得起。这样极端的快乐,当然又要清洁无罪过。

人生价值,就是这样两方面所合成,一面清淡,一面又要奇突。一面要得时时一样的幸福,一面又要变幻不测而且极端的快乐。这个不但对于食一问题如是,一切人生的行为,应该如此。

时人不识这样中庸与极端——幸福与快乐——的调剂,以致一味中庸者变成为普通无奇的人生,而一味极端者又变成为狂人。

在上所说的丰馔与刺激品之后翌日至少一日间要食比通常更清淡的植物,使肠脏于肉食或刺激之后,得了相反的休息。这也是一种变幻的伸缩与感触。有动有静,有刺激,有休止,然后生机与内分泌腺

---

[1] 以上载1934年7月30日《时事新报·青光》,标题为《食经(九〇)》。

始能尽其伸缩与变幻的能事。

在此应特申明是：

"这个两星期一次的变动食法，乃为一班要求人生两方价值者而说——幸福与快乐的人生。至于一班要求纯粹幸福而无意于快乐者，则反不如采用终身长久一样素食法与完全勿用刺激品：这样较经济，较卫生，较能长命。"[1]

写到此，又想及科学上所说食的理想最好是：酸质与碱质互相调和，而又常使生机内积蓄些微的碱质以备抵抗。

凡麦、米，及五谷与鱼肉、蛋等多生酸质。

凡水果、青菜、牛奶等多生碱质。

那么，素食之人每隔一长时间食些新鲜鱼肉及刺激品，可以调和平常酸质之缺乏。（否则，应每日食一二个蛋。）

---

[1] 以上载1934年7月31日《时事新报·青光》，标题为《食经（九一）》。

第八章　食物与运动

——空气、日光、水气等的吸收法——

一件食物的价值，一方在它的多含生素，而一方在它能消化。因为一物无论怎样好，苟食不消化，不唯无益，反成毒害。

从大纲说，无论消化系怎样好，与食物怎样少及易消化，一物到了胃与肠内，断不能完全消化。这些不消化的物，如鱼肉等则变成极毒。如植物等则其毒害极微细。今要使食品在肠胃内不会生毒，而使消化系总然不能完全吸收，但能由别种方法去救济，使身体几乎能利用它，这个除选择食物，如我们以上所说外，尚应实行种种的运动。[1]

运动当然不止为消化。其作用尚可由运动而使皮肤出汗以排泄身内的毒质；由运动而使呼吸深大可以免肺病；由运动而使肥肉变为筋肉，可以减少一切的病痛；由运动，而有一事更觉重要，而为向来的运动家所不知者，这个就是能使内分泌腺机关强健与便内分泌有适当的排泄。

运动可分为六类：一、散步，二、空气，三、日光，四、水浴，五、锻炼，六、按摩。

一、散步——这是极简便的运动法，食饭前后可多行之，最好就在空气清净景致美丽的地方，每日又要行得有恒；或自己，或与人，

---

[1] 以上载1934年8月1日《时事新报·青光》，标题为《食经（九二）》。

或不开口，或随意谈论，都可听各人所好与机会去决定。

古来以散步著名者，则有亚里士多德的"散步教育"与康德的独行踽踽。

从散步而从自然的事物指示给予生徒鉴赏与观摩这是极重要的，故自亚氏后卢骚也极提倡，到今日学校则有旅行队的组织。

由我亲眼得到的，这样旅行的实施最佳的为德国与日本，每当假期，或成队，或个人，背负包袱，手执棍杖，随处均可见到这样的旅行家，他们的目标不但由此锻炼身体，而且可以知道自然的事物及人情世故，当我在日本九州住时，则见许多学生在念余日内限定把汗流，提其水杯如牛渴水，满面红光射人[1]，返思我国学生此时正在午眠或抱其伴侣熟卧，始知中日两国之盛衰强弱，并非偶然！

论及康德，他喜欢自己每日在一定时间出外散步，而且所行地址有定。他一生除了两次——一回听及法国革命———次则在看卢骚教育小说《野美儿》[2]——不觉地越出定界外，永远未曾多行与少行，这是表示他一种律身严肃的规则。他的精深奥妙学问，想与这个散步有直接相关系。

卢骚自己曾说"他的思想常随脚步之行动而发出。故当坐止时，思想也随而止住"。他文字的奇妙乃在描写其旅行时。而他的"人类不平等""自然的纯净""民权的天授"等学说，也都是从旅行时所观察而得。

我自己也曾领略此中的兴趣。记得曾在法瑞两国之间，某山时，每与同住者于餐后成群登山巅以遨游，觉得山色与岚气微微袭人，沁入肺脾，时食野果，闲听鸟声，其乐不知所极。又在某岛时，每晚餐完到岛尽头处去散步，一群男女嬉游笑谑，逢月色晶莹时更觉有趣。可惜我不能从此得到大思想，只觉得消化之益，这也可以纪念了。

现美国人盛倡于餐后，各人说笑话以助消化。但我想总不如于餐

---

[1] 以上载1934年8月2日《时事新报·青光》，标题为《食经（九三）》。
[2] 即卢梭的《爱弥儿》。

后，到空气清新、环境美丽的处所去散步为有益。[1]

有许多病症如四肢麻木，肺病已成，或病初好，别项运动尚不能做时，最好就渐渐从散步学起，由少而多。由散步而得多吸好空气，多得日光。散步习惯后，可赤足于草地朝露多湿时行之，以沾染水浴之益。可于夜间清亮时行之，以得夜气慈和的赐予。

二、空气浴。动物生命时时刻刻不能与空气相分离。无食无饮尚可支持许多时。独无空气，则呼吸不能，立即可以死去。

生命是一种燃烧：呼吸即供给肺中氧气，使生命得了燃烧力成为活泼与壮健。故可说，空气乃最重要的食品。

除了所住的地方应有好空气，及夜间应开窗以饱受空气外，尚有二事应特注意者：

一、空气浴。即于清净阴凉的地方，每日或晚间，或初夜，到其中坐卧若干时。凡衰弱者应到海边吸受激烈的空气（海边多碘气），凡刺激者，应在山中休养。最好在松柏下，此中空气大宜于肺病的调摄。（我国患肺病真多。或对此病有可能性者真多。）至于平阳的空气，不强不弱，可称适度的休养。

二、深呼吸。最好于晨起时在清鲜地方行之。面向太阳，身站直，两手叉腰，头昂起，尽力张开肺部使内气向鼻孔多冲出。[2]

然后再由鼻孔竭力吸入空气至不能再吸时始止。这样陆续练习，初则几次，逐渐以至数十次。在后头练惯时，于几次用鼻吐纳后，可将口开大与鼻同时动作，以饱食好空气之利益。

这样空气的吸受，不但于身体有益，从此可免肺病的侵害，而且能助身体内的营养力。空气可说是一种食物。好空气入肺后，起

---

[1] 以上载1934年8月3日《时事新报·青光》，标题为《食经（九四）》。后附有更正："前日（二日）第一行'写到此'起至第六行'一二个蛋'止，应直接第七章文内，被误入第八章。按第八章'食于运动'应紧接着'空气、日光、水气等的吸收法'。"本书已据此改正。

[2] 以上载1934年8月4日《时事新报·青光》，标题为《食经（九五）》。

了燃烧，使身体内炭气[1]得了氧气，能够充分燃烧成为至有气力与鲜红的血素。故能吸受好空气者，食五六成比食八九成而无吸好空气者更为康健。

三、日光。日光乃一切生命之祖。我人对日光应看作为至有益之物，与至有益之食品！好好食日光吧：在冬天寒冷气候固然要多多去亲藉。即在夏天骄阳之下不能直接领教，也须间接承受，如在屋内使阳光从窗户间射入，我人身背应当靠近光线旁边。或在树荫之下，日光穿过树叶后依稀射到人身旁。而此中最重要的，就勿以头部挡驾，背、胸、下部，尤其是四肢，虽多触烈光，也无妨碍，而且可由此使日光从腹，或背射入内脏，此为间接食日光之方法。这项最为重要。

所以日光浴，在海边时，则于沙面躺下，将巾或伞遮盖脑袋，任其余身被日光晒曝，时时改换胸前与背后受日。（如无人的地方，以赤身为佳。否则止以毛巾遮阴部，余体全裸。）最为有益。它的益处难言。举要则有：[2]

（一）使光线疗治皮肤免生皮肤病，如疥癣、暗疮、红泡白癣等等。皮肤毛孔借此出汗，可以排泄毒气。

（二）使日光素入身内（脏部尤要）可免各种内病。例如免肺病等。有肺病者，如能逐渐采用日光浴也可治好。

（三）光素入肠胃后，可助消化及提高食物内生素之功能。

（四）由日光素之作用，可使内分泌腺加强与加多分泌。

（五）日光素能使骨头内对于钙质之吸收，而免生骨软病。在此项上初生小孩尤为重要。因为母奶内缺乏钙质，婴儿常患软骨病，使其多见日光，此患可免。素食者，如不食鸡蛋等，则常犯了缺乏钙质之病。多见日光自能补救其失。

日光浴的地方，若在城市中，只好在屋顶或公园，但最有力的地

---

[1] 二氧化碳的旧译。
[2] 以上载1934年8月5日《时事新报·青光》，标题为《食经（九六）》。

方,应在山顶。山愈高的,空气愈稀薄,太阳光素一部分名"极端玫瑰带者"(即速率极猛能深入物质之光带)能够透进身体其益甚大。每登高者,觉得头受日光所击甚痛,甚至于脑充血猝倒而毙命者,即是这种光带进入之故。故头部极当防御。而当身中稍觉不舒服时,应即停止。[1]

凡一切锻炼,都应取逐进的步骤,逐日增多分量,切不可初始时就贪多,以致有害身体。对于日光浴,尤当守此逐进的规条。初时日光浴几分钟就可,逐渐进步,到后虽至于一气挨一二点钟久而且在烈日之下也受得起,这样受得起,利益为无穷大了。

日光浴的好处,在同时也得到空气浴,故日光浴在海边行之,更可同时得到海空气强烈之补益,至于在屋内或树下行日光浴,乃为初步的预备,会当逐渐行到如上所说在山巅或在海边的日光浴,始能得到此中的真义。

四、水浴。这个锻炼更为重要,而素最为人所忽略者,须知水为生命之源,我们一身大部分是水,而一切细胞都浸生于水液之中,故可说无水就无生命。

最低度的需求乃为洗身与洗脸,而我国人尚多有不能常行者,例如北人之肮脏,有说一生只有两次洗身!生时与死时!洗身不讲究,以致有皮肤病,其事尚小,因此而使消化系不良,内分泌不佳,各脏生病,其害甚大。

故水浴要十分讲究,每日至少一次洗身,不惯冷水者,可用温水,逐渐代以冷水。洗时用肥皂,或用刷子擦拭,洗后把硬布用力擦干,以皮肤发红为度。[2]

水浴,最要的为游泳。在溪河游泳,则不如在海水为佳,因海水含盐质,刺激皮肤之力甚大,与身体极有益。游泳之运动乃是全身平均发展的,尤于肺部扩充为有效力。

---

〔1〕以上载1934年8月6日《时事新报·青光》,标题为《食经(九七)》。
〔2〕以上载1934年8月7日《时事新报·青光》,标题为《食经(九八)》。

游泳一道,在我国几视为奇技。国人畏水如虎,这也致成衰弱之一原因。今夏在我乡园不远有一清溪,我们两三人每日到其中游泳一二次,而乡人都劝不可多去。时虽溽暑,而乡里邻近此溪者竟极少人到此水浴。若在外国(尤其是德国)则全乡人都视此为最乐之处所了。虽当寒天(我们潮州之——冬天并不大寒)也必有大多数人游泳。我在德国遇极寒时尚见有许多人在污浊之小沟内翻来覆去。

冷水浴(或稍温的水)可以健身,可使毛孔干洁,易于出汗与呼吸;可以镇静心神,减少刺激;可以铲除皮肤病。故凡不能在河海游泳者,也当在自己家内洗澡。不能全身洗者,也当多洗脚,多洗性部。不能用多水者,也当勤于擦身。

入浴前,先用几分钟柔软体操;出浴擦干后,也照前样行之,极有利益,既可免伤风,又可得血脉流畅。[1]

食后即时洗澡也可(冲洗更佳可助消化)。此项洗法要快,不可过十分钟。但食后已经念分钟后,则不可洗身,须待二点钟后胃内全行消化始可水浴。游泳者更当注意此点,否则,常有生命之危险。

水浴外,晨起赤足在青草上行"露浴",与夜间赤头(勿戴帽之谓)行"夜气浴",都极有益。朝与夜间,如在无人的高山旷野,当全身赤裸饱受露水与夜气,则其为益更大。

水浴外,我们在上已经说到多饮泉水与矿水之利益了。内服好水,外浴冷水,内外交济,务把个人的身体变为"水化",如此精神始能玲珑,身体始能活泼。

总之,我人今后当养成爱水的好习惯。在寒地,兼当爱冰,爱雪。冰雪上之游戏甚多,而且可以养成"冰浴"与"雪浴"之嗜好。

五、锻炼,这是最直接与身体生关系,而又在我人势力之下所能操纵的。

锻炼的初步为"动作"。生命的发展,由于动作。终日坐食无事

---

[1] 以上载1934年8月8日《时事新报·青光》,标题为《食经(九九)》。

不肯举一步，提一手者，这班人生等于死，并且其人必不好身体与精神，不是枯骨如柴的肺病，便是肥肉膨胀的各种病。（消化系不良与筋肉放弛之病。）

人生当动作的。无论何人应该作工，这不但可得生活，而且有益卫生。到今日我人中尚有误认作工为卑贱，偷闲为享福者，真是大错特错！[1]

又不幸而今日社会尚有一班终日劳苦不能有正当休息的工人，虽则过分疲倦，但终比一班终日食后倒在床上睡眠过分的闲暇者，为好。白日劳苦，夜里尚可得了快乐的休息。终日无事做，不但白日难挨，夜里更觉难过！

故要身体与精神好，须要有适当动作。散步是最好的了，但当为一班老人病人及用脑者（商人在内）所采用，不是散步便可抵当一切的动作。

最轻微的，工作如园艺等，虽用脑者也当每日有一二点钟去做。斩柴、畜牧，也是不用大力而可得到舒畅的。

要之，当知一切工作都是锻炼身体与精神之物。这是一种广义的锻炼。我人工作，固为谋生活，但为卫生与精神快乐起见，同时也当寻求一种适当的工作。自己虽富，也当寻求工作，最好就自己创造一件优美的工作。

说及狭义的锻炼：有军事操练，有野外锻炼（如竞走、踢球、骑马等），有柔软操。都有一种特别的用处，但不是我在此所要讨论的。我们的锻炼，乃是新创的。目标全在卫生上着想，尤其要的，在使内分泌腺各机关之强健与内分泌适当的多出。[2]

"自然派"的长处，就在选择有益的植物为生命的根本。又在锻炼身体，使内外各机关，都得适当的发展与适用，所以一切病可无，而且

---

[1] 以上载1934年8月9日《时事新报·青光》，标题为《食经（一〇〇）》。
[2] 以上载1934年8月10日《时事新报·青光》，标题为《食经（一〇一）》。

能长命。即偶然有病，也以食物与锻炼之法去救济，永久不用药物的。

实则，一切身体均可锻炼，即身内各部分，虽至于最密藏的内分泌腺也可采用锻炼法。

今来举几件例。

（一）腹部的锻炼——

腹部乃藏一切的脏腑，又为肠胃的藏污所，故其锻炼极为重要。这个方法就在睡下，将身背躺直（如在房内，应赤体为佳），把两手叉紧下部之筋骨旁，然后两腿用力向上伸起，缓缓向胸与头部垂下，直至臀部在上，背后全翘起为止。随后，又把两脚归还原状。如此往还做到脚酸，背微痛为佳。

这样锻炼法，不但于腹部有益——外状，可救腹皮之垂落者；内状，可使各机关及各腺起伸缩动作——同时，也使背部之脊骨与脊髓起发展与流通之机会。（按美人发现脊骨如直站，则脊髓易于流通，免生各类病痛。故现在新法，在使人背直不只外观好，而且使脊髓及其分泌发展，使身壮与神健。）

（二）胸部与手腕等的锻炼——[1]

（甲）身作立正式，两手伸直用力向前挥去，用力猛而且速。到两拳头相碰时，即速抽回，后又照前挥去不休。

（乙）身立正，一手伸直向前用力上升至与肩成垂直线而止。别只手也如此做。但一手当到与肩成垂直线时，别手即放下。如此，一起一落，用力与极快行之。

（丙）随意把两手腕伸直向前向后，向左，向右，挥去，或作旋形或成射式，总要出力猛烈做去为妙。

（三）下部的锻炼——

特别为女子子宫不正或垂落，或发炎而用的。

女子向上靠背而卧。用两手的一指入下体内，把子宫颈好好拉

---

[1] 以上载 1934 年 8 月 11 日《时事新报·青光》，标题为《食经（一〇二）》。

住。(不能拉住，也作如拉住之状。) 然后如大便急时（或泻腹时）之不让泄出一样去紧扣肛门筋，同时将指把子宫颈向上方推去。这样肛门筋紧扣之后，肛门可向上竖起一粴[1]高，同时子宫也升高一样度数。如紧扣肛门筋与推上子宫的动作自十次至二十次一气行之，每日要一度这样做。

我特举此例，使人见到虽为隐藏的机关，也可锻炼得到。

（四）头及颈部的锻炼——[2]

将头向左与向后缓缓转到左而前，继续行几十回，或与前状相反行之。这是一种简便而于思想上最有益的运动法。

（五）背脊的锻炼——

身直立，脚腿勿弯曲。将两手掌拍合一块，腕伸直，向左足盘旁边降落。后将两手抽起，再向右足盘旁降落。这样轮流起落可有几十次始止。（初作时以迟缓为好，久后则以迅速为佳。）

这几个举例以示大概而已。其详细当专书论之。要之，锻炼主旨，在于矫捷、强健之外，应从卫生及内分泌腺如何影响着手。这后项乃锻炼的新法。

六、按摩

按摩在今日自然派上占了极重要的位置。无病时，它的功能与上所举的各项锻炼相同。当人病时，则靠按摩去疗治。它的功效万倍出于药品之上。自然派是不用药品而专靠食法与各项自然运动及按摩法以却病的。（今日的上海按摩院大与此主旨违背了）

关于按摩，当在专书去讨论。今举一例，以概其余，也可见到按摩之效力了。[3]

例如要使肝汁好排泄，则用左手张开手掌使极平稳向肝上去抚摩，即是向右下边的肋骨去按摩。若为胃呢，则用左手平掌向脐之上

---

[1] 厘米的旧译。
[2] 以上载 1934 年 8 月 12 日《时事新报·青光》，标题为《食经（一〇三）》。
[3] 以上载 1934 年 8 月 13 日《时事新报·青光》，标题为《食经（一〇四）》。

与腹之中部去抚摩。若为大肠,则如前一样用左手掌,于脐下从右而左盘旋成圆形状按摩之。

这个消化系的按摩法有二效果:

一、直接从手掌的气力而使所按摩的机关起响应。

二、由反射之作用,即由手掌的接触而生一种电力,传递到神经去。由神经之输送,而使腹部起响应,由此,肝、胃及大肠生了伸缩与多排泄液汁之功用。

以上六种运动,散步、空气浴、日光浴、水浴、锻炼与按摩——凡自然派之人都应去实践。这些既可帮助食物的消化,又可增加内分泌之功能,凡素食者固当注意及此,而凡肉食者更加不可忽视,因鱼、肉到腹后就产生毒质(死尸的毒质),凡有好好运动及工作者,则其毒素可从汗、呼吸、尿等排出;不肯工作与运动者则毒质只好在腹内作怪,变成种种病痛。

说到出汗一事,乃至卫生之物,凡小病痛,能使周身出汗,当可痊愈。拿破仑就用出汗法以治一切病。

凡能实行上项诸种运动者,则其人不肥不瘦,只有筋肌而无肥肉,所谓"环肥燕瘦"都是病态,又美的肉色为赤铜状,其死白色者,也是病态。不肥不瘦,而只有筋肌与赤铜肉色者乃真美人。[1]

---

[1] 以上载1934年8月14日《时事新报·青光》,标题为《食经(一〇五)》。

第九章　食与新灵魂

灵魂之说，凡宗教及迷信家都以为有。顾问其实在如何，并无一人能够说明，若依科学道理，凡人死后，化为各种物质，并无如古说所谓三魂升天，七魄入地之事。故人死后，也如烟消火灭一样，灵魂固然不能存在，鬼神也属捏造。

可是，从食物而发见新灵魂，岂非奇妙之谈！就粗浅说，凡食某种物，就不免受其影响变为和它有多少分的相似。故肉食者类多凶暴；而素食者多属善良。一切家畜比它的祖宗都较良善，因为它们跟人多食谷类不如在野时凶杀生物。例如狗比狼好，家猪比野猪善。

佛教不食生物，不但是看一切众生平等，而且使人食素，缓缓变成为慈善，即此一点佛教比别种宗教已经高出许多了。烟、酒、辛辣等物，佛门也悬为厉禁。这些刺激物确能扰乱性欲及清神。（我尊崇佛教的学理——但不是信徒！）

推求食物之能影响于人生，应当从生理及注射两事为根据，而推及新灵魂的存在。

我人一身乃由许多细胞所合成。这些细胞乃借外间所供给的营养料以生存。故我人身内时时刻刻与外间互相关系，而最深切与直接的则为食物。昔中世纪欧人要试验人是否有理性或兽性的动物。于是将人禁在一囚笼，不给他一切饮食。初一二日尚能忍耐。过后则被囚者虽最有理性的教士也以饥渴难耐之故变成为最叫号杂乱之野兽了。故几日不食,可把人性全失而变为野兽之性![1]

今再论注射之理:

例如以至普通的天花痘说,怎样注射这样浆后免受传染。因这浆被身内吸收之后身内就变成为多少分与它相似,就化学话说:以后天花痘菌到身就不会起"反应"了。若由我们说:此等注浆后之生命,已含有天花豆的灵魂在内。

我人时时刻刻与外间相接触,故时时刻刻受其变化。幸而我们的个性组织尚坚固以致外间来侵略的,都被我们所吸收,故虽我们不免靠外物,而外物都变成"我"。

故对外物——特别是食物,只有两个结果:不是食物被我身所吸收(消化),即被食物所吸收。(即不消化而变毒,我人因此生病或死亡。)

可是,此中有一奇妙的结果:就是食物(以及一切物)被我吸收后,我必变成为多少分的"它"。反之,它如把我吸收,它又必变成为多少分的"我"。

怎样来证明呢?我们已说食与注射浆一样,都属外物被我吸收,或被它吸收。但在注射经验中有一事可取来证明"凡被吸收者,同时尚存在"之道理。

例如有一种菌,初时只能打杀(吸收)印度猪,不能侵害别种动物,如绵羊之类。但它一经打杀印度猪之后,就能进而打杀(吸收)绵羊。打杀羊后之菌能去侵害猪。打杀猪后,去侵害牛。逐渐而能害人。[2]

这个愈来愈凶的现象,在生物学,或菌学有一专名叫做"传染性",virus。究实,这样空头名词,并不能解释此中的妙理。我今就来代解吧。因为毒菌每次打杀一物后,就得到此物的能力(灵魂

---

[1] 以上载1934年8月15日《时事新报·青光》,标题为《食经(一〇六)》。
[2] 以上载1934年8月16日《时事新报·青光》,标题为《食经(一〇七)》。

吧），以是继续增高能力而能将前不能杀却之物者打杀。譬如此菌打杀"印度猪"之役，便加了印度猪之能力（灵魂的代字），及到它打杀羊、猪、牛等之后，便加上了羊、猪、牛等之能力。及到打杀人后，它便有人的能力。反面说，此时的人身不是人身，而已变成为毒菌之身。此人的灵魂（包括物质与能力二件混合物而言）已变成为毒菌去了。

故我人对于食物要十分注意。因为不吸收它，便为它所吸收。不把它的灵魂驱遣，便为它所驱遣了。

所谓"整个的生命"便是这样吸收与被吸收。所谓"零的碎灵魂"便是这样的掺杂与交换。生命是整个的，所以它被零碎所侵害是无妨碍。例如被蚊咬一口，是不要紧的。因为生命是整个，所以我们日日那样吸收与变化，只有一部分的生命受掀翻，而整个的我依然存在。（生命的联属。）因为灵魂是零碎的，所以死后，并无"我"整个的存在，而止有零碎的我分散于各物间。不但是死后，即在生前这个零碎的灵魂也日日在分散。例如蚊咬我一口血，这个蚊已得了我的灵魂一部分去了。如我食一片肉，不消化，这片肉在腹内作怪生毒，就把我的灵魂一部侵去了。[1]

超群出类的人物（不管心灵与肉体的出类）在生前能把一切物吸收，而成为自己毅力之赞助。而将自己零碎的灵魂分给与人，使他物的灵魂被其屈服。例如蚊咬他一口血，这口血在蚊内变成他一部分的灵魂。所以蚊子咬了这班人之血后，分外聪明与乖巧，这个蚊子一部分竟成为"他"了。

整个的生命，就是一个人所禀受于父母与先人的肉体与心灵，而和以后所吸收的一切物质与精神的总合物。这个生命虽极复杂，但极清楚而无丝毫的神秘，这是已死去的巴黎大学生物教习吕东特（Le Dantee）告诉我们的。回忆当时我们几个中国学生入校室去听讲。他

---

[1] 以上载1934年8月17日《时事新报·青光》，标题为《食经（一〇八）》。

说:"什么是生命?连你们中国人也不深知这个道理的。"我幸而以后就稍稍知道此道理了。

"零碎的灵魂",乃我从这位先生讲注射的道理而推论到的。我今也可告诉他们这样:"灵魂是什么?连你们欧洲人至今也不知这个道理呢!"

故凡奋斗的人们,应从肉体与精神双方做起。精神呢?就在伸张自己的思想与行为到他人去,如许多贤哲之深入于人心一样。这是精神的征服。肉体呢?应从我在上所说,从食物、卫生,以至运动,练成为金刚之身,使外物不能侵害我,而我能征服他物。使我在生前与死后,把零碎的灵魂分散到万物去,而使它们成为一部分的我。[1]

这真可怕,一想到毒菌,如梅菌,如肺病菌,如各种毒菌把我全身侵害了,而我竟变成为这些毒菌了!

这又是怎样可骄傲!一想到我身能够把一切物吸收与征服!一想到零碎的灵魂,在我生前与死后,每日向万物去征服,虽我死后,侵食我的蝼蚁、地虫,都变成为我精雄的灵魂之物!草木沾我而长荣的,也都成为我的一部分!不管"整个的我"是怎样短促,而"零碎的灵魂"竟是天长地久了!

诸君骇异这个新灵魂学说吗?这是极科学性的。在零碎的灵魂中,当然寻不出整个的我。但这整个的我,虽在我生前,又何曾完全得到?我的身体与心灵日日与外界接触而变化,吸收与交换,又何曾能长久保存一个完全的"整个我"呢!?

彼宗教家的失败处,就在太固执要求这个生前"整个"的我与死后"整个"的灵魂。

我们的得胜处,就在用食学、卫生学与运动法以求生前整个的生命,与生前及死后零碎的灵魂。

诸位看此当然欢意从食中竟能得到这个至完全的整个生命与至精

---

[1] 以上载 1934 年 8 月 18 日《时事新报·青光》,标题为《食经(一〇九)》。

雄的零碎灵魂！[1]

诸位如能服从自然派的学说，竟能完全得到这个至完善的整个生命与至精雄的零碎灵魂！

在群众的病夫中，而我能康健。在瘟疫中，而我不被传染。我能杀死毒菌，而毒菌不能侵害我。我能驱遣毒菌及一切物的灵魂，而它们不能驱遣我。这些非从食饮运动法，及自然派讲究起不能成功！

---

[1] 以上载1934年8月19日《时事新报·青光》，标题为《食经（一一○）》。

第十章 结 论

《食经》暂就要这样结束了。

人类生来就觅食,但不知怎样食才好。也如人生长后就求色,但不知怎样晓得合理的性欲。先前人们以为食的好处就在多,与讲究口味,于是一桌有百碗菜肉,而且厨术精求,尽把原味消失。读《红楼梦》的"茄鲞"未免有感,今就介绍出来:

> 凤姐儿笑道:"老老要吃什么,说出名儿来,我夹了喂你。"
>
> 刘老老道:"我道什么名儿? 样样都是好的。"
>
> 贾母笑道:"把茄鲞夹些喂他。"
>
> 姐儿听说,依言夹些茄鲞,送入刘老老口中,因说道:"你们天天吃茄子,也尝尝我们这茄子弄得来可口不可口。"
>
> 刘老老笑道:"别哄我了。茄子跑出这个味儿来了,我们也不用种粮食,只种茄子了。"[1]
>
> 众人笑道:"真是茄子,我们再不哄你。"
>
> 刘老老诧异道:"真是茄子? 我白吃了半日! 姑奶奶,再喂我些! 这一口细嚼嚼。"
>
> 凤姐儿果又夹了些放入她口内。刘老老细嚼了半日,笑道:"虽有一点茄子香,只是还不像是茄子。告诉我是个什么法子弄

---

[1] 以上载 1934 年 8 月 20 日《时事新报·青光》,标题为《食经(一一一)》。

的，我也弄着吃去。"

凤姐儿笑道："这也不难，你把才下来的茄子，把皮刨了，只要净肉，切成碎丁子，用鸡油炸了；再用鸡肉脯子，合香菌、新笋、麻菇、五香豆腐干子、各色干果子，都切成丁儿；拿鸡汤煨干，将香油一收，外加糟油一拌，盛在瓷罐子里封严；要吃时，拿出来用炒的鸡爪子一拌，就是了。"

刘老老听了，摇头吐舌说："我的佛祖！倒得十来只鸡来配他！怪道这个味儿！"

刘老老是乡下穷老，所以赞美这样茄鲞。若在我，就要说它不好。

今夏，我们每餐每人食一碗茄。这个茄什么都没有，只是白煮，其味比茄鲞胜万倍，因为我们白水煮的茄有原味又有生素呢。

"又有生素"这件事极重要。我们今后的食法不是如上的茄鲞那样摆架子。[1]

食的第一要义就是要有原味，有原味就有生素，故最好就是生食（最少也当朴食法），生食更有生素。生素到身内一边直接去发展生机，一边去增加内分泌的力量。内分泌好，身体就好精神也好，这是从物质而影响到精神的。

反面说：从精神也能影响到物质。心理学告诉我们：凡恐惧、悲哀、喜欢等的心情，即时就激起内分泌的响应，例如悲哀就生泪之类。故我们要好的内分泌，须要同时有好心情，而在食之前后关系尤大。怒时而食，常不消化，因胃肝等液不出之故。故食前后，应具有和悦的心情。西人盛装赴餐，喜气洋洋。食后或继以玩乐跳舞。较诸我人蹙眉疾额者，实得食的卫生之道。

精神的修养，有时可救物质的贫乏。印度甘底[2]常至十余日不

---

[1] 以上载1934年8月21日《时事新报·青光》，标题为《食经（一一二）》。
[2] 即甘地，印度民族解放运动的领导人。

食，而其身的康健与神的壮旺并未稍损。我在《美的人生观》上说此为"内食法"，即不用食物而能得到极好的生存法。道家夸说不食（他们实在食丹）而能升天，我们不信有此事。但佛家（真正的和尚与尼姑）食素与有精神修养法，而极长命与极清洁明朗。我们确有事实见到。故我们的结论是：

一、素食，二、少食，三、生食，四、鲜食，五、美食，六、内食（内食就物质说：如吸收好空气日光等，多饮泉水、矿水之类。就精神说：要有精神修养法始能做到。精神修养法，俟专书去讨论）。[1]

这六食法，凡能终身有恒去实行，可以免病，可以长生，可增力量，可加聪明，可养德性，可以战胜一切毒菌，可以把自己整个的生命组织得坚固，可以将自己零碎的灵魂征服到一切物去。

---

[1] 以上载 1934 年 8 月 22 日《时事新报·青光》，标题为《食经（一一三）》。

附录一　我的食史

我生于乡间，母亲就是我的乳母，这点是极重要的。今日一班时髦女子，有子不肯乳，托付于乳妇，不管乳妇有无疾病，性情如何，她的奶期是否与其子相合？（这项乃最重要。我在北平经验，凡乳妇最早出雇的也在生后五六个月，她都骗说是新产的。如小孩初生，最少也当就食于一二个月产后之乳妇。若去食五六个月生后的乳，则乳过劲，不适初生或生后一二个月之小孩肠胃。总之，母亲当自己乳儿，不但儿好，自己也得舒畅。因为自然是特给为母亲乳儿者许多益处：一、自己乳儿，可使产后张开的子宫易于恢复原状；二、于乳儿时，乳汁流出，甚觉舒服，并且同时有性感相似之乐；三、小孩确有一种令人爱处——尤其是对自己小孩，自己亲乳，得到许多鉴赏之乐。小孩得母亲诚恳的抚视，聪明与智慧上，与和不关痛痒的乳妇发展得格外不同。）

凡自己非有疾病与事故而不肯乳儿，则罪恶与"溺孩"相等。乡下妇对一切家事，都比城市女子好。她们对儿女的抚养都极尽心，可惜的是缺乏相当的教育。[1]

我不知食母乳到何时止，大约到一岁出吧。可惜双亲已死要质问也不能了！适当的小孩哺乳期为九个月。过此，母奶量少质劣小孩又大，不够养料。故九个月后，当另给小孩特别的食法，不必继续给母

---

[1] 以上载1934年8月23日《时事新报·青光》，标题为《食经（一一四）》。

奶,一、可免把奶形被儿呷长,不好看;二、母身不免有点亏损;三、于小孩实无益。每见乡妇溺爱者,自己奶儿到他四五岁大。通常都是奶到再怀孕或无奶时为止。这样过度乳子,应当改革。

自此到我八岁读书,我不知怎样食法。通常乡下小孩是不够养料的。食粥和薯一件青菜,多少咸菜,通年如是,怎样能够供给将在发展的小孩!我家称为乡下富裕,也不过粥厚些,饭则偶逢,鱼肉也极少有的,唯靠菜蔬。记得儿时(已经八九岁吧)最喜欢是午餐,母亲将一鸡蛋打在大碗内和些猪油及余肉,遂把厚粥盖上。她说这是极补益的。我们小孩才得这个恩宠,母亲自己尚不能食呢。

这个经过小孩期不够养料的我,到入校后,愈觉瘦损。记得当时有一件事使我今尚好笑者,就是族叔某每见我就戏呼为"麻雀",言我四肢小如此鸟也。我对此甚不悦,每拉一石块俟他经过沟时,就用力把石块掷入沟内,使水溅他一身以泄愤。[1]

这样缺食固极有害(我说缺食,应改为缺养料较好,因为每餐食是极饱的,可惜食物缺少养料罢了。关于小孩适当的食法,可参考本书第六章),但这样几乎纯粹素食在别方面又极有益,终比一班喂饱小孩鱼肉使其肠腐胃弱者为佳。例如我少时已有"盲肠炎"(这个病似乎多由于遗传,自我曾祖遗下的子孙,少时犯此病者已得百分之几了!)。幸而素食,故未成为激烈之症,只觉时不时,肚稍痛而已。若我小孩时多食鱼肉,势必死于盲肠炎了。乡下人不识此病怎样调理,又无这项的医生,遇它成为急症时,只好待死。透为命运而已?

自十三岁后往外地学校读书。我国学校的饭菜多不讲卫生,并且也不够养料。(我曾往长春参观某女校,见所食的只是高粱粥及几条青葱和盐,每月餐钱仅二元。在潮汕则每月饭菜要六七元了。故我国生活愈北愈苦!)但在经过乡下缺乏食料之我,觉得比前好得多了。尤其是在汕头"同文中学"时,每遇日间肚饿,自己添买了炒油的面

―――――――

〔1〕 以上载1934年8月24日《时事新报·青光》,标题为《食经(一一五)》。

条和以白糖。这是在黄埔陆军小学时，初次食到那样好的饭（煮法好，应算粤饭为我国第一）。及到北平那时所谓京师大学时，最有趣是早餐，浓米粥缓缓吃，一碗白煮大黄豆，和以香油食得满嘴油腻！[1]

我国食法本不大错的。我们多食素菜和米与面。尤以北方人为得法，甚少食鱼肉。可惜我们太晓得烹调，每每将一物的原味丧失。又太加辛辣之物和味，如四川、湖南人之多用生椒、胡椒，每把一物辣得不能入口。但除酒馆的烹调失原味外，我们城市许多人家及一切的乡下厨房，尚能采用自然的食法——即多青菜，少油荤，物都新鲜，都保原味，极少用工业机器做之物品，如罐头鱼肉，以及一切有害无益的罐头物——

我在这样稍合理的学校食法中，过了数年：因是读书生活，故缺食些，也尚不至于生贫血病。（可怜我国大多数的人因无钱与不晓食法患了贫血病及他症。）身体不觉怎样强壮。我的身体骨干本生得极强健的。可怜我在发展时期不能得到适当的养料。幸而我小时在乡间多运动，多得日光与空气，也不觉得怎样衰弱与疾病。

可是，我二十岁后到法国去留学，自此深深觉得中西食法之不同，我的身心不免起了极大的变动。

我去时是民国元年，在世界大战争之前，欧人是极富裕的。每月花了五六十元于住与膳二种费用，只得了他们普通人的生活，但其生活比我国的富人已高得几倍。[2]

---

[1] 以上载1934年8月25日《时事新报·青光》，标题为《食经（一一六）》。
[2] 以上载1934年8月26日《时事新报·青光》，标题为《食经（一一七）》。

附录二　我的食史

早餐是：月眉形而炸过油的小面包，其柔软如酥饴一样，牛油、咖啡和牛奶，或牛奶可可茶，甜浓到迷塞腔窍！这是巴黎的食法。若英德人，比此更食得好，食得多。就英人说，早餐是牛油烤面包、大麦饭和牛奶与糖、咸肉片、蛋二三个、醋鱼、果浆等等。德人比英人食更多，每日要五餐。腊香肠、面包，牛油如土一样多与便宜，啤酒如水一样贱。德人在此时可说塞到喉顶了，与战败后的"缩肚"现状，相形之下愈觉难过！

巴黎午餐最普通的为"额外物"，这是一些咸鱼、咸肉、醋菜、蛋条、咸橄榄、香肠等。有些大饭馆专门以此取胜，此种"额外物"之数多至二三十件。一些乡巴老食此已足不再食，也不能食他物了。在我们学生生活之饭店，只有一件"额外物"，如一二尾沙丁、一些小红萝卜之类。随后则有一盘鱼、一盘肉（猪或牛，最多为牛肉，有时为羊或野货）、一盘至两盘菜、一盘甜点心、一些水果、茶或咖啡（咖啡最常用）。在这菜之外，有柔软如香糕一样的面包，与红白二种葡萄酒。面包与酒任人取用。

午后四五点钟间有茶。英人在此时食甜点极多，法人随便饮些茶或全无食物。但到七八点钟用晚餐时，巴黎人食得极好。我们除食上所说午餐那些物件外，在"额外物"之后有一碗汤。其余物尚比午餐讲究些，通常在食肉时加上用醋与油拌好的青菜。[1]

---

〔1〕　以上载1934年8月27日《时事新报·青光》，标题为《食经（一一八）》。

现在的欧人已经恢复战前的状态，我前两三年再到巴黎时，并不见怎样节省，只差一点罢了。

我不免稍详来写出这样普通的西餐，使诸君知道欧人普通之病患在于多食，尤其太多食肉类，以致他们犯了几种普通病——刺激病（法人尤多犯）、肠惰病（最通行为泻药）、肥病！

在他们欧人已经因多食之故而多病。况兼我生来习惯于素食与少食，遇此等西餐，日日这样囤积后，初时已觉大便不通、多屁与刺激。一二年后，则把儿时的缓性盲肠炎变为极凶猛的急症，苟不留心调理，势必溃肠而死了。

我初不知是"盲肠炎"，以为是胃病，遂食许多胃病药，酒、咖啡，到后连糖都不敢食，然病虽稍愈而不断根。曾一度食了数月的素食，症本每月发的，则变为三四个月始发，而且发得极轻微。后因不知病源所在，遂改食肉。如此，病每一二个月一次发作，一直延到八九年久，始在德国割去。

诸君到此，必有要知是什么叫为盲肠？不错，这是人人应知道的，因为人人可患此而致死的。[1]

"盲肠"乃一条开口大肠中而头闭塞的小肠。凡食物或渣滓，或毒汁到此后不能再出者，则其物在肠内成毒，盲肠遂而发炎，不幸炎症过重则盲肠生脓，肠膜裂破即死。故欧人患此者虽在深夜必往医院，即时受割，因恐炎症愈久愈烈，手术更难为力。

这条盲肠通常为一两寸长，不知它有什么用。大概在初民时代寻食艰难，多此一肠，藏食物较免饥饿。及后食物充足，此肠遂退化。到如今，它似只有害而无利益。闻美国有一城，凡儿时人人都把盲肠割去，如注射天花痘一样来预防盲肠病的发生。

盲肠既是人人有，又未割去的，时时可犯病而至于死，则这个病象，实有在此介绍之必要。如肚痛时，则把手从脐到右边大腿节（即

---

[1] 以上载1934年8月28日《时事新报·青光》，标题为《食经（一一九）》。

大腿与腹相接那条痕）中间那块腹部按下，如觉得痛，而按腹的他处并未见到，则必为盲肠炎无疑。

盲肠炎通常为有定期的病，如每若干日就有同样或相似的肚痛。而肚起始痛时甚温和，到后则觉得极猛烈（俗所谓绞肠痧），则也可决定为盲肠病。

如觉得有盲肠病，最好就到医院请专门医生审查后割去。如在乡下或无此项医生，只好用冷水（或冰雪更好），时时湿透布巾后敷在患处，至于肿消为止。好后，应食极易消化的物。平时尤当节慎饮食，最好就全勿食鱼肉与辛辣之物。[1]

我在德国割去盲肠之后，食饮极顺便，而且初割后要试它有无反动，曾大吸雪茄烟，都无恶应。今日已有十余年久，可说我的肠病已与盲肠同割去了。

可是不会这样简便。五六年前，在上海住时，因为有二年久都是长时坐在椅上执笔与谈话，又其时正与全上海流氓作战，未免有点刺激，以致有几个月久胃口不好，晚餐只能食粥与稀淡的菜料，如食饭及些肥腻，势必全夜腹不舒服。

幸而到法国后，我采用自然派的食法，即素食中夹食鲜鸡蛋、牛奶掺茶或和粥等。多食水果，觉得肠病全去，这次已经验有三年半久，而且有许多人都得同样的效果，故我可说此后的肠病当不能再来侵我了。我介绍此书之一原因，就在报答这个得到素食的恩赐。

通常以为菜蔬不够养料，但几年来不但我的成绩甚好，即我侄（现十七岁）与我同食者，本犯有大肠拥塞之病，自与我同食素菜后，身体空前强壮，精神愈完，大肠病几乎痊愈。他每日在果园做了极多的工作，有时下雨尚继续做工，每被雨淋得如水蛙一样，全身与头都是水，但他并未有点毛病，这可见菜食之功效了（实则我国全部分的农人，都足取为证据）。

---

[1] 以上载1934年8月29日《时事新报·青光》，标题为《食经（一二〇）》。

至我儿（七岁半）年来也同我一样食，诸事都好，并且长得极速。他先前每年都不免犯一件较重大之病。[1]

如大伤风而连及于胸炎或肠部生炎等，现两三年来不会有这等症候了。

论及我们的食法，本极普通，只有一些应时菜蔬，如芹菜、蓊菜、茄、白菜、萝卜、芥蓝、苋菜，一点蒜、葱，一些豆类如花生豆、大豆、黑豆、白豆（都以新取的为主），一些瓜类。

一切用花生油煮炒，绝无用猪油与猪肉。有时偶食鲜鱼（几乎数月一次），与一些猪肝、膟、心等（每二三星期一次）。牛肉乡间太不好，所以无食。其余海味，更少食。有时为小孩买点虾，因不新鲜，遂断不买。蚝有新鲜的则购多少，但因乡居，交通不便，鲜蚝极少运到，遂也极少食。

鸡蛋，每日各人平均可食两个或一个。我们鸡母在自己果园里畜养，多运动及多食青草，故其蛋所含的生素甚多。

牛奶，乡间是极好的，因为牛母多运动与多食青草之故。不过暑期，例属"奶尾"，遂未取用。其余时的奶甚好，但永未纯粹食下，恐难消化，通常把它和茶，或用粥，与糖一块。

在此热地，最好是有水果多种而且极好。冬天有香蕉，春天较少（就我国季节说），一到夏秋，各种果实饱食不尽，价并不贵。今年龙眼特别多，桃、李、柰，也极便宜。[2]

我有时高兴了就吸一条纸烟，自己将绍兴酒浸于荔枝内，味极清香。此等酒含酒精极少，每当良朋来时就饮，自己则每十余日独酌一次，乡间友少，故独酌时为多。

以上就是我近来食法的概略，每餐只一菜，最多为两菜，以两小碗饭为度，不如外间报纸所传的两磅或两磅四两之定量那样机械式。

---

[1] 以上载 1934 年 8 月 30 日《时事新报·青光》，标题为《食经（一二一）》。
[2] 以上载 1934 年 8 月 31 日《时事新报·青光》，标题为《食经（一二二）》。

此项食法甚见便宜，我们自己种菜蔬。（肥料用水肥与豆粕饼，但不用机器肥，以免菜质不好。又不浇大小便，以致染及菜蔬上生有害生机物。）

米为本地米，用土磨磨后稍稍舂白，外状尚如粗米，以保留糠中的生素。做饭时用"炖参锅"如前所说一样炮制，故饭极香。

甜料也，食得不少，通常以番薯或绿豆为之。

这是一种极清净、极卫生、极经济的食法，希望许多人起而效法，包管无病并可延龄。

在上文曾屡说及食的好处全在自然，一切工业机器化的食物均有毒害（罐头类更甚），一切干臭及陈旧之物均不好（各种干脯的海味尤劣）。例如我初也食豆腐干，及后觉得不好，因豆腐乃用石膏等制作过，原质全失又常做得不干净，故万不如直食大豆（市上大豆陈旧又万不如食新摘下之各种豆也）。[1]

---

[1] 以上载 1934 年 9 月 1 日《时事新报·青光》，标题为《食经（一二三）》。

附录三　自然派免病法

依上所说，若能照上法饮食与运动，本可免生各种病痛。但有种病痛是由先天来的，或由传染来的，或有时自己疏忽而养成的，遇了这种病痛，自然派也不用药品，而仍从饮食，及运动与休养等自然法去救济。

例如消化系如胃、肝、肠等病，则免求医药，只把许多青菜及极少的番薯熬成汤水，不用下什么油，熬后只食其汤，余物均勿食。如此有节制的饮食，不过二三日，病就好了。

又如伤风病，除了照上例饮食外，每日几次把头颈从左到右与从右到左向上方环转到颈骨困倦为度。同时将手掌缓缓向颈胸间抚摩。或用布巾湿透热水（愈热愈好）向颈胸贴上，包管病不久就好了。（多洗热水浴，使其多出汗，浴后在床休息，也是治伤风病最好方法。）

又如头痛，也照上法为之。

又如神经刺激，停止一切刺激品，食上所说的菜汤，多食水果，赤首乘夜于空气及景致好的地方散步。冷水浴，精神善自宽解勿刺激，多运动，多饮泉水。

又如性欲刺激，如上法救治之自愈。[1]

又如肺病，多行空气浴，日光浴（取渐进吸收日光的方法），多

---

[1] 以上载1934年9月2日《时事新报·青光》，标题为《食经（一二四）》。

散步，多食富于滋养料的植物（豆类、菜类、水果类都好，参看本书所说），多运动，行深呼吸法。用掌常向两边肺部抚摩（颈之下，上胸前部，两侧肋前，两奶部间）。精神善宽慰，志愿要坚韧，如自己常常这样自励："我必要把肺菌打倒！我必定战胜肺菌。"

又如一切衰弱病，如上法治之自愈。

又如贫血病，如上法治之自愈。

又如皮肤病，多洗涤，多运动。勿食陈旧腐朽之物，多饮泉水、矿水，勿食鱼肉，素食，不久自愈。

又如皮肤觉得肿硬要生疮发脓，则用白开水（或放点盐），用湿布条渗湿后，在肿的地方（愈热愈好，肿的皮肤并不十分怕热水）多洗涤。（每日三四次）洗后，用指轻轻向肿的周围多行按摩。如已肿，即照上法行之，肿即消沉。如脓出时，照上法行之不久脓退皮生。不好贴膏药，愈贴愈烂溃。用上法行之，乡下人可免有"崩脚"之病。

又如被割伤、碰伤，以至于生脓时，如上法治之自愈。[1]

仅举上几例，已可说几乎把我人全部疾病都可证明只用自然疗治法，就可痊愈，不必用什么药了。

由此可知市上所卖的中药与西药，均可免用。这项药品，有许多不但无益而且有害。但他们大登其迷人的广告，而一般人因图便易，遂而买用，其实无异于费钱去买毒药，伤财害命，为祸难以计算。

今将法国现时最著名的自然派迪米医博士的《食药就能治病吗？》的论文介绍出来作证明：

"现时的贤人借了显微镜、微生物与各种注射浆的助力而发现了许多传染病如各种瘟疫、狗狂病、虎列拉[2]、天花痘的救治法，这是真的。可是当我看到一班医生或科学家出其全生之力在用代数式的药方，或想以一片化学剂以代食物，或想用注射法可以解决康健的问

---

[1] 以上载1934年9月3日《时事新报·青光》，标题为《食经（一二五）》。

[2] cholera 的音译，霍乱的旧称。

题,则我不免视这等人与中世纪的炼丹家在寻灵丹、不老之水、长生末与及各项奇方的同样渺茫。"

我辈仍然在这个拜物教时代,相信一包药、一片膏、一些神力就足医好一切的病痛吗?[1]

这因为一些药品可以应人们惰性的要求,不用出力,只开口吞下去,灵验便得到了!

假如医生用极简单的救治法,则社会必对他们不信用。所以他们无法,只好用一张长纸,写上许多字谜,开列许多量数,照这样可得两三包或在瓶的药物,而人们从药房拿出来,以为一切病均被医生料中了。这是千真万确,人们都以最复杂的药方去评定医学的价值。

试看人们多有勇气于限定时刻中食药水与药包呵!但他们多么犹豫于晨起做十分钟的操练!并且多么徘徊于好食法、空气浴、水浴,与干湿的擦身,这些不可用个人极少的力量以得到康健上极大成绩的。

也有些医生不愿开药方——凡接近自然派者都有此倾向——但不能拒绝一班病人的要求,他们只好说:"人要药,我就给了。"幸而他们所给的只为敷衍之药呵,则又不免用些美名以掩其假伪。例如:写"面包"为拉丁文 mica panis,写"食盐"为"钠的绿[2]","自来水"为拉丁文 aqua suplese(意即简单的水质)。

自然,今日有许多实行家出来反抗日见增多的"化学药品",与大标头、美装饰的药行。这些药行家美其名为恢复健康,究竟只在破人钱包。[3]

有一名家可惜已逝世了,许傻,不怕说出所有复杂的药品均属无用,他断定只有二十样可以采用(我手头无此人之书,作者在此又未说破,不知这二十样是什么药,大概为些注射浆、救急药,及消毒品

---

〔1〕 以上载1934年9月4日《时事新报·青光》,标题为《食经(一二六)》。
〔2〕 今作氯。
〔3〕 以上载1934年9月5日《时事新报·青光》,标题为《食经(一二七)》。

吧——译者）。只有二十件呵！然一查近世药品书，已登有一巨大的厚册了！他又说："许多药品，所以有功效，全在用者的信仰力。"

许傻说得对，多少药品，吞下时如吞符咒一样，无非全靠病者的精神作用！

"化学药品"通常为无益而且有害。可是借它们的反动力，也能治疗好些病人，而病人自然仍照从前一样习惯继续服食这些化学药品。这个证明：虽最有害之物，其中也有点利益；又足以证明大自然确是善于对付，它使身体不但能对付病菌，而且能对付药品。

所有药品几乎全数是毒质与害物。

我们的细胞是创造出来吸收清淡、生气与自然的物品以成肉体的，并非能够接受那些激烈、机械与死气的药物。

凡要以毒气戕害娇嫩的生机与把生命放在试验室的蒸汽锅者，终必受自然的惩罚。[1]

假设我人将化学药品放在试验臼内，能够得知其中的效果，又把消毒剂放在玻璃管中，见到它能杀死病菌，那么，我们由是就能说它们在身内也是这样的效验吗？不能！纵使它们的化学反应性为生理学所知道，但同时有许多"生机的反应性"，则为我们所全不明白。

当我们知道凡我们缺乏某项生素者就生出某项之病痛的道理后，不免惊疑于柏特罗说能以一片死的化学料代替有生机的食物的说梦话。

当医生给以从老骨烧成的磷灰与贫血病的人，意谓可以补益其血的矿质，但若从服者的大便去检查，则知所食的磷灰全行放出，因为此物经了焚烧，缺乏生机之后，我人生机是不能接纳的。一切食物怎样合法，苟煮烧不得法，或把其生力消灭，则食者不免生出恶影响。消毒的牛奶同时也把奶的生机消去了。若给初生婴孩食下，则不免生出一件极严重的病症叫为儿童血污病，或不为巴罗的病症。如给兔子

---

[1] 以上载1934年9月6日《时事新报·青光》，标题为《食经（一二八）》。

消毒过的红萝卜、青草、白菜等，则见它即发现了污血病。

当人服食止痛的药品时，痛苦固可消灭，但同时抑压生机不能做正当的抵御。这些止痛药取消神经与肝的抵拒性，并把肾部封闭了。例如止头痛药片以及一切类似的止痛散，虽能阻止一时的头痛或四肢痛苦，或神经烦闷，但同时增多病者许多毒质。[1]

"吗啡"（鸦片同一样）使肝与肾痛安静，但同时使脑及肝成麻痹，同时又生出渴病与毒质，并使判断力与思维力错误，使食者变得疲弱、多感、疲倦与奴隶性。

若药品不是止痛，而为刺激时，则美其名为"补药"，其实只有把生命削损，终未见得增多。砒霜各种补药多含有者使"同情神经"受剥削。要使易消化，给用"盐精"与"胃素"，殊不知盐精能把最坚的云母石侵蚀，而这种胃素既不是我们自己的，还有把胃液与食物一样消化的危险。所以许多胃内生脓发炎都由药品而来。

一些自称补品，如"哥拉"（Kola）、骨灰、磷，从血肉提出的血精、肉精、工业制造的糖（洋糖）、茶、咖啡等，不但是剥削品，而且是侵蚀物，因它们侵夺生机内的养料到血中去奔放，使生机虽得一时的痛快，而根基不免由此亏折。所谓兴奋的功效只有一线日光之久，而遗留下的，乃黑夜漫漫的伤损与虚亏。[2]

对于鳖鱼肝油有何意见呢？许多时来，有专以饲养小孩，以为可使壮大者。究实任怎样壮年人好胃腹也不能消受这件浓厚的毒质。至于小孩食此者只有使其拥血，感觉不快，肠病，与肝炎。

说及泻药，它使肠惰、发炎与腹泻。愈多用泻药，肠愈见坏，愈设法排泄，愈见大便不通。如你说："不泻更不通呢！"你的错误处请待后头解释。

泻药不但除肠毒，而且杀肠命。你以为它能好好去杀毒而放过生

---

[1] 以上载1934年9月7日《时事新报·青光》，标题为《食经（一二九）》。
[2] 以上载1934年9月8日《时事新报·青光》，标题为《食经（一三〇）》。

机吗！水银（汞）放在子宫内，杀毒并杀妇人！炭油精放在肠内，把多少肠炎菌铲除，将膜泡消去，同时在血液中介绍入毒质，使人刺激与头痛。炭油素给了肺病者有坚持肺部的效力，同时也使病者的肺部起了顽固性，贴脓包的膏药或粉末等，把毒菌清除，同时又在阻碍白血输剿除外患之工作。

医学最大的功用在发现微生物，但其错处在不能善于对付。除菌不错，但除一而生千。苟人的质地不好，必有一日为毒菌所袭击，不论他怎样去消毒。[1]

例如患肺病者不可乱嗽与乱吐痰免使他人受祸，强迫肺病者必要衣袋带痰盒，或监视瘤病的人家。这些固是好方法，但根本问题并不在此，最根本是使人极强壮，免受肺与瘤的病菌所传染。入手以药品，结局必不好，甚且于个人与种族有妨害。永久未曾见到，化学药品能救起衰落的人类。

人们初始觉得抵御毒菌的方法不对，于是有别寻门径者。最近有一书说："既然证明不能将害菌尽除，何不供给菌之正当牺牲品。例如在热带的非洲，因为无水，所以那些传染眼病的蚊子到处伤人，若给以水便可无事了。又如瘟疫的传染，乃由跳虱为媒介。虱因鼠尽死，无所寄托，遂害及人，若给虱以许多鼠就可无事了。"

此论也未尽然，充其量不过在一定的地方性方相效。问题不是这样安置，因为给蚊以水，给虱以鼠，人类便可无病吗？

当提致医生说："四分之三的人类为药房而死。"这未免说得厉害些。可是现在人种的大患确在于迷信药，如药品不存在，人类必定多活几岁。[2]

但我并不以此一手尽行抹煞化学药品。我且不以那班过度信奉自然派者一味不用药，而受苦为然。我们应该知不食药的大纲为对，而

---

[1] 以上载1934年9月9日《时事新报·青光》，标题为《食经（一三一）》。
[2] 以上载1934年9月11日《时事新报·青光》，标题为《食经（一三二）》。

实行大纲时应以"常情"为标准。

譬如一个将死的病人,他正在受尽千苦万痛,例如犯了一个尽头的瘤病,我们对他只有使他安静与希望,吗啡在此最用得着。但切勿忘记是给吗啡于一个普通病的人,则无异于杀他,而自己未免犯罪,因为如此给病人多一层病!吗啡毒或别种化学药品毒。

人们止痛,只用摧残生机之药,如吗啡、鸦片等,则何不用水疗治法?以水止痛,则一切大痛均可消灭,而于生机又有益。初民不知止痛的麻醉药,他们无药房,可是他们食到极长命。

若在救急时也可用药,如遇急症,在使病者安静,以便其生机有抵抗之力量。"两害取其轻",在此可用药品以救济。例如火酒乃细胞之刽子手,但当肺伤风、喉与胸发炎时,则饮些火酒也可望有效验。但当然勿多饮,愈少饮愈有效力。[1]

愈少用药愈有效,一经习惯不但无效而且有害。这个更可证明不可常常用药。凡无习惯用药之人,只给他一点樟脑油、消化精、咖啡精等,则生出了极好的响应。但再用上,则前效全失。

彼辈习惯用药者,只求药多,以致成为药罐子,百病由此丛生。因每一药入身就多一层的毒质,当然不免生出多一种病来。

有一巴黎药客,因家富而多食药,致成全身药毒,当他来求我诊时,他说:"我见你反对药品的书,我认识许多人得你方法而病愈。我今知错误,我特来此信仰自然主义,及精神疗治法。"

我们当然极欢喜看到此等人的恢复原状,从其瘦损的面容、慌乱的神气,而引到壮健的身体与愉快的容颜。初始时也不免见到困难,不免用渐进方法,将他的药量逐渐减少,以至恢复完全的康健而止。

你不见五十年来,药品的发达,同时人类病愈见增多吗?久病的症如神经刺激病、贫血、肺病、萎缩病、瘤病、不消化症、狂颠病

---

[1] 以上载1934年9月11日《时事新报·青光》,标题为《食经(一三三)》。

等，都是我们现在社会的盛行病。[1]

人应知道了，永未有药品，能使人康健。

要成壮健，并非从药学，乃从观察"自然的纪律"而来。要使人免受毒菌的打击，应从其不坏的生机锻炼，又要求得与生理相宜的生活。与使疾病不能上身，这些唯从自然的生活去寻求始能达到。

我们的皮肤都可生癣，但何以一班衰弱者始受此祸呢？换句话说，可见病者必有"病地"，故应将此"病地"扫除。

譬如米种不能在石头上发生，也如病菌不能在康健的身体发长。大肩膀，从锄柄得来，太阳晒到皮肤成晶辉，由食物的讲究而使消化系统排出白血输去抵拒毒菌的大力量，其成效当然比什么射浆好得千万倍。

一个好"身地"，就够抵抗许多的病菌，这是独一的方法，因为它藏蓄了许多的能力足以打杀外来的毒物。

---

[1] 以上载1934年9月12日《时事新报·青光》，标题为《食经（一三四）》。

附录四　自然主义的宣传

生素之来源，第一章已详论之矣，烹调时保存之方法，兹续论之。

一、生素甲，若由密封之消毒锅用水煮到一百三十度，以至于三点久，尚不至于大损失。但锅盖不密，仅到开滚的热度（一百度）则觉此质已有走失。（烹煮锅要用土与铁做的，若用铜与铅做的极有害于生素。）[1]

干煮到三十五度，如藏到三星期久，始觉有妨害；若在一百热度下虽仅干煮到四点钟久，已失却一切效力了。酸质与此质极大妨害。

二、生素乙在水煮到百度时（沸点）此质即见散失。若盖紧锅盖时，要到一百十五度以至一百三十度，或者过一点钟后，始见大散失。

干煮（或干炒）毫无妨害。

有说它的消失乃因水汽散去，那末：若能盖得紧密，使水汽勿散去，此质就得存在。

酸质稀薄些，对它未见反动。

碱质在高热度时，侵害此质之力甚大。凡罐头内多落碱质，以保存菜叶物之青绿色，对此当大注意。

三、生素丙这项物，除生食外，极易变质。只要藏久些就见损

---

[1]　以上载 1934 年 9 月 13 日《时事新报·青光》，标题为《食经（一三五）》。

失。干晒时，也见妨害。只有白菜一种，煮到六十五度间此质尚可支持，过此也不堪问了。

若把它变为液质，则保存较久。如柑汁晒干到四十度后尚保持此质到两年久。

对此项食物，只好用猛火干炒，虽炒（或煮）到一百热度，尚有原质。若缓缓熬煮，需时又久，为害极大。[1]

寒冷时保存此素较久。

纵锅盖得严密，若煮到一百二十度以上，也不能保存此质不消失。

四、生素丁，此质在湿煮时并未见害，和以些少酸素，也不至于有何变动。但和以激烈碱质及浓厚酸素，煮到一百度时（沸点）则见此质完全毁灭。

五、生素戊，一百八〇至一百九〇或二〇〇至二三〇热度时，只要煮到数点钟久，此质已觉消失了大部分。

在流通的空气及水汽内，又加以热度，此质损失更大。所以鳖鱼肝油在这样情景之下制成者，生素戊常致大大消失。

在日光的"极端玫瑰带"下，能使物件无此素者，变成为有（如奶、花生油等），又使有者变为无。

六、生素己

此质放在空气太久，就行消失。

但它能抵抗碱性，至对酸质，所受损害至大。它本身也极易变成酸质。若把猪油或橄榄油加入，可以减少其变酸性。

当一物变坏时，此质在其中也大受影响，而终至于完全消灭。[2]

寒冷时保存此素较久。

七、生素庚——盖密，煮了一二点钟，此质不见散失。酸质极能妨害它——尤其是八十度之火酒。

---

[1] 以上载1934年9月14日《时事新报·青光》，标题为《食经（一三六）》。
[2] 以上载1934年9月15日《时事新报·青光》，标题为《食经（一三七）》。

八、生素辛

此素比生素乙较不会怕湿煮与干煮。

但在碱内则极易见消灭。

自然派学说及实行纲要

皈依自然,以自然的法则为生活。自然便是道德,便是法律,便是经济。这些学说,从古已有,如印度的佛教、希腊的毕大哥与苦天派[1],其在我国,则有老庄。到了近世,因了科学与艺术的进步,自然学说加上许多缜密完全的理论与事实,同时减去了全部分的迷信与荒谬的行为。现在一国都有国际自然派之组织,我人对此也极愿有相当的努力。

自然好处,在精神方面说,心地坦白,志量广大,天真烂漫,无机诈欺诬之心事。在这个恶劣的中国社会,更觉得这个大丈夫磊落光明的态度为重要。在身体方面说,自然方法能使身体壮健,免用医药而能却病,同时兼能延年益寿。在经济方面说,自然派重农重新村组织,重自由贸易,重国际关系。[2]

而现在罪恶渊薮的大城市生活做对头。以上所说,就是自然派学说的大纲。以下就来举出自然派实行上的几件节目。

一、饮食法

康健与疾病大部分都与饮食有关。我们自然派所食为素菜、粗饭,尤注重于水果一项,务使食料富有"维他命素"(即生命素)。身体不但由此壮健,精神也从而奋发美奂。所饮的为泉水、矿水,由此涤除肚肠污秽,消尽一切腹积及皮肤等病。(这项食法,详竞生所著《食经》书。)

---

[1] 毕大哥即毕达哥拉斯,苦天派即犬儒派。
[2] 以上载1934年9月16日《时事新报·青光》,标题为《食经(一三八)》。

二、劳动法

自然派最愧不工作而坐食的。我们一面从事于读书著述，一面又从事于园林及畜牧，大约每日至少有二点钟头在外工作。这个不但于身体有益，而且由此亲近自然，领略山光水色的美丽，万物的机密，与夫自然的伟大。由这样工作的收效，蕴蓄而为内心的怀抱，发展而为高尚的文章。

三、生活组织法

拟合同志组织一"新村"，如有十余人，各出数百元就能在我所经营的果林旁筑一新村，实行上文所说的劳动法，与下列的修养法。"新村组织"或"饮食合作社"凡能集合同志数人以上在乡间，或在城市，即可兴办。[1]

四、精神修养法

自然精神修养法，或涉于空泛无稽，或流于褊狭不达，这些都因为从人间着想，不从自然着想之所致。如能从自然观察鉴赏，效法与追随，则心胸自能广大，思想自能高远，所谓"达观"与"大度量"，唯从自然上体验始能得到。我们今拟一切科学与美术的精神修养法，即常常到郊原，及高山大海，描画与写图，或用照相机摄取自然的妙象，此外则学习音学、雕刻与建筑及修饰手工等，艺术以助进人生兴趣，与提高旷达的心怀。自上文于前年局部发表后，也如别项主张一样赞成者与反对都有。

赞成者有以皈依自然本是好的，有以新村组织为需要的，有以素食为卫生的。最狭窄可笑的则认我为佛而愿皈依为菩萨，为金刚，为优婆塞[2]等等。

实则，素食一问题，今后已成为科学及美术的范围，而与先前的迷信完全不同了。

---

[1] 以上载 1934 年 9 月 17 日《时事新报·青光》，标题为《食经（一三九）》。
[2] 优婆塞，在家信佛、行佛道并受了三皈依的男子叫优婆塞，意译清信士、近事男、近善男、善宿男等。

反对方面,则误认为我辈在乡间组织新村,优游偷闲而忘却革命与社会的职务。

现时一派批评家,尤其是激烈的批评家,他们若非看见文件上有"打倒,打倒,革命,革命"等字样,便说这是"不革命"者,这是帝国主义的降伏者。[1]

他们只知革命是革命,而不知创造、组织与建设等更为革命;他们只知革命的口号,而不知革命的预备;只知革命的策略,而不知革命的修养;只知革命破坏的方面,而不知建设同时并进的方法。

且我近更观察我国乡村上不必革命,只好建设,要革命,就去城市(这以大城市为限)。因为我国农村及小城市组织简单,生活纯朴,若革命只好革他的(生命)而非他的(恶命)也。假若大城市革命了,有所改革了,则乡村与小城市当然照例而行。现时一班自称革命者,只去农村破坏,而不敢到大城市去冲锋,这是错误,这是柔懦!这非革命之所为!

至于我辈曾经在民国初年做过革命的工作了,自知一味革命,究于事实无补,故愿今后从创造与建设上多做功夫。自然派的组织即本此意。

---

[1] 以上载1934年9月18日《时事新报·青光》,标题为《食经(一四〇)》。

附录五　饿的利益

说到食又说到饿，表面似相反，但里头是相成的。只有饱而无饿，实在不知食的好处。日日饱食，虽餐餐是八珍，也必生厌。假如饿者，遇到便菜饭，或一点薯类，也已觉得如玉液金浆了。由此可见，饿然后知食之可贵，饿与食是同道并存的，况且饿之好处多着呢。

第一，饿是治病之最好方法。[1]

第二，饿是给予精神的痛快。

第三，饿乃聪明之启发。

第四，饿乃领悟之途径。

我们来逐条说明吧。

第一，饿是治病之最好方法！食太饱，不但失了食的滋味，而且是百病之根源。俗语说"病从口入"，可说一语中的。尤其是那班有钱者终日肚里堆积了肉和鱼，结果不是为肥料做造粪器，便为微生虫制造毒气层。据医界调查人类死亡之数，大部分都从肠胃积毒而来。而人之不能如别的动物那样长命生存，也多由于饮食之不合乎自然。

时不时饿一饿，舒服一点胃肠，使它生起刺激与灵敏之蠕动。饿是极有益于身体的。饿有两种说法：一是比平常小食；一是全勿食。凡多食之人，尤其是多食鱼与肉者，数日间必要一次少食。在晚一餐少食之分量比平常少一半，甚或少到三分之二，这是有好无坏的。若

---

[1] 以上载 1934 年 9 月 19 日《时事新报·青光》，标题为《食经（一四一）》。

能时不时一餐全勿食，更是有益。

若到病时（无论何病，最要是热病、不消化等病），最好就全勿食。饿了二三日，休息一下就好了。[1]

这个"饿以治病"之方法，我们乡下人都知道极灵验的。他们从经验而来，知道发热、伤风等症，不用请医吃药，只要饿一饿就愈了。《红楼梦》也知道这个方法的，我今抄在下面作为参考："晴雯此症虽重，幸亏他素昔是个使力不使心的人；再者，素昔饮食清淡，饥饱无伤。这贾宅中的秘法：无论上下，只略有些伤风咳嗽，总以净饿为主，次则服药调养；故于前一日病时，就饿了两三日，又谨慎服药调养，如今虽劳碌了些，又加倍培养了几日便渐渐地好了。"

我自然赞成这样"净饿"与调养的方法。至于服药一事，我根本不赞成。药是治不好病的，况兼医生多半靠不住。古书有说"有病不治，常得中医"，这是说，有病时勿请医生，结果也如请到中等的医生来治病一样有效力的。

若遇到已经成老病之肺痨，或贫血症、衰弱病等人，则当多食养料之物，使病人得以抵抗病菌。可是这样养料不是如普通医生与常人所说的鳘鱼肝油、自来血、各种补药、各种肉汁肉料鱼脯之类，这些都是无用的。这些衰弱的人所需要的是有节的鲜蛋、鲜乳，多食好的水果与青菜及五谷，尤要的在调制运动与休息，多吸收好空气、日光，多行水浴，勿用性欲，又须有快乐精神之休养等等。[2]

饿是有益的，那班穷人所以少病的缘故，乃因他们常常受饿，可惜是他们太饿损了，以致养料不足致成肺痨衰弱等病。饿是有益的，如遇有病时，不管富的贫的，总须饿一饿为好。饿是有益的，最有益的，是那班脑满肠肥的富人。饿是有益的：因为

第二，饿是给予精神的痛快。

---

[1] 以上载1934年9月20日《时事新报·青光》，标题为《食经（一四二）》。

[2] 以上载1934年9月21日《时事新报·青光》，标题为《食经（一四三）》。

多食者脑满肠肥，因肠胃肝脏中毒，终日呈困惰与思睡之状，精神常极萎靡不振。若习惯于饿者，则身体内洞彻清明，不受肉体所骚扰，精神自极痛快。我在《美的人生观》书上说及"内食法"。因人当饿时，身体内尚要各种营养，则肌体只好身体内求它的满足。此时，身内细胞自觉成一种紧张的态度。这个紧张态度直接使身体收缩缜密，间接使精神清爽痛快。

多食者不免肥胖。过于肥胖是一种病，此等人永不能长命的。当其生时，也如"行尸走肉"，毫无人生趣味。健康的身体，与精神，必在其人的身体全是"肌肉"，精神由是奕奕然生出光辉。

饿时，身内实行"内食法"，先把肥肉消灭了，剩下的只有肌肉。饿时，身内细胞呈现出一种紧张态度，不但脑内细胞之司精神者，分外紧张，实则身中因紧张之故，统统变成神经作用了。换句话说，饿时，尤其是经过长久之饥饿后全身均变成神经作用，那时身内别种器官似乎停止（差不多停止），但神经系统格外活动，格外灵敏，格外善于感触。[1]

饿者的神经息息与外界相关联。饱食者，一身只顾自己，他的精神，被肉体所困缚，跳不出他个人的皮囊。唯有饿者的神经跳出他个人的范围，而与外界、与自然相交通，由是他的神经格外聪敏与格外透彻，所以

第三，饿乃聪明之启发。

昔法国大小说家巴尔扎克劝少年文豪高底叶[2]闭户隐居两三年，只喝水与吃素菜。他自己便是这样修养出来的，少食或全饿，帮助神经系统活动，即是帮助聪明之发展。一本书要做到好处，须要于做书时闭起门来，数日不食，或数月期间，时极少食，时则全勿食，只喝点水，或用些点心、水果等轻微食物使身内免为食物所累，使身体起

---

[1] 以上载 1934 年 9 月 22 日《时事新报·青光》，标题为《食经（一四四）》。
[2] 今译戈蒂耶（Théophile Gautier, 1811—1873），法国诗人、散文家、小说家。

了"内食"的作用,由此使神经系统发生极大的兴奋,使全身变成神经作用,不止是脑神经起了动作。如此,其所思想的、拟议的、感触的、推理的、叙述的,都有极深微的神经为之主宰,则所作之书定然是好的。

古来名著,都是呕血呕出来的,永久不能从富人的肥肠创造出来的,便是这个道理。

古来文人到穷困时,文章才写得好,愈穷困愈写得好。著名的荷马长诗是从乞食时唱出来。席尔荣特当手有一文钱时,便写不出一句好文字。

说及饿的最大出息,应算在领悟之一项上,故我们,终于来说[1]第四,饿乃领悟之途径一问题了。

当释迦彷徨于道途时,他心中满有许多许多的设计,但终不能寻出一线之光明。好了,他终于在菩提树下饿了多少日子,使他领悟了,领悟出一身原是万汇所俱有,领悟涅槃的大道理,领悟实在与空虚原是一物,生与死,荣和辱,成功与失败,究竟是殊途同归,他于是觉悟了。

近来甘底,也来效法这个由饿而顿悟的法子。现时善于饿,而又能从饿得到最大的效果者,恐算他一人夺得锦标了!

饿者的神经是最灵敏的,"一叶堕落而知秋"。他能从一叶而感觉到全宇宙。饿者饿到极点时,他唯有神经的感觉。由神经而与宇宙相交通,他的身便是一付"感电机",到此,肉全化为灵了,而神经系统全化为电力子之作用了。他的灵敏,他的感触便是四通八达毫无阻碍。古来大解脱者,都从大饿得来。他到此时,完全脱离自己之躯壳,而与宇宙之神明同游了。佛之解脱在此,老庄之解脱也在此。虽小而至于一技之神,一艺之高,一文之传世皆由于此。

然则饿不但是救肉体,使免罹疾病的痛苦;饿最大的效果,乃在

---

[1] 以上载1934年9月23日《时事新报·青光》,标题为《食经(一四五)》。

救精神，提高精神到宇宙最高之巅峰！[1]

附注：小孩子不应饿，但鱼与肉不可多食。劳力者亦不宜饿（除病时外）。最应饿者是三十岁以上的人，尤其是劳心者，暑天应比冬天多饿。这个初夏，我常常挨饿。因无钱无家，出外食，少得好菜蔬，只好在房内食些面包、水果之类。但饿得身体极好，精神也好，饿之作用大矣哉！

又注：要长饿须逐渐养成。例如初时仅一餐勿食，逐渐则至一日、日半、二日、二日半至三日、四日及再久。饿时当应多饮水，如能饮新鲜及甘甜之泉水更妙。饿时尤忌动作，静伏，或睡觉，愈能耐饿。有病时，又饿又睡，身内机能愈显其抵抗病菌之能力。睡的作用，我近来发明在使身体有抵抗病魔之效能，用特叙及于此。但人无病而多睡，则反能引起困惰。饿后复食时，当逐渐由少而多，由易消化之物品而及于稍难消化者。

---

[1] 以上载1934年9月24日《时事新报·青光》，标题为《食经（一四六）》。

附录六　卫生食合作社的组织

聚集五十家以上（愈多愈好），组织一个卫生食合作社。以我国的生活程度尚低，这个合作社是极省费的，只要一管理人、一个工人就够了，每家投资数十元即可开办了。

本合作社所供给的：[1]

一、五谷类

米、面，为大宗。但米、面全由自己监制，总以保存谷膜中之生素为主。故粟于土磨磨出之米，只轻微地舂了几十下，尚保存米之黄色。面也同样做法。

二、豆类

以新鲜摘下者为主。不买摘下后三个月之豆，因其已生毒也。

三、菜类

国菜好的尽量采买。注重西来之"青菜类"，此类青菜，专为生食之用。种时不用粪便，只用豆饼及土肥料。一切菜当如此种法，应由本社租地自己经营。

四、水果类

以成熟、干净，及甜类的为主。不买外国的水果，因来路远，摘时过青，又经过冰舱长久冰冻致生素及美味完全消失。

---

[1] 以上载 1934 年 9 月 25 日《时事新报·青光》，标题为《食经（一四七）》。

五、糖类

以本国糖（不是机器糖）为主，尤注重于黑糖与砂糖。遇南方绞蔗时，则利用"糖水"。此种糖水最好，最有益，可以调味，并可用于制造各种点心与糖果。[1]

六、盐类

不用机器制的精盐，只用黑盐。此种黑盐内有各种好质，至于白的精盐，好质全无，只有刺激质，与白糖同样毛病。

七、特卖海藻类

海中有许多藻类，如海苔、紫菜、海发、鹧鸪菜等不下数十种，都富于碘质与各种生素，可以生食与干用者。我国通用的只有干紫菜。本社应由自己采取，生卖。

八、杂类

如生蒜头、生葱头之类，也当提倡多食与生食，应采卖食品香料类，如茴香、香草、香菜等也。

同时用上本社所采用的米、面、糖、盐，及杂料等原料，用极美丽的做法，用（极美丽的印模）做成各种点心与糖果。

绝对不卖任何罐头与各项陈旧之物品。不卖咸鱼咸肉，及一切朽味之物。

新鲜之蚝（牡蛎）出卖（但蚝干等不卖），代卖植物油，如花生油、芝麻油、橄榄油等。[2]

蚝油也卖。

新鲜蛋类代卖（但一切咸蛋或皮蛋等不卖）。

社外人也可买取本社物品，但价格比本社基本户所买者高百分之五。

每年本社净利，由本社基本户均分之。

---

〔1〕 以上载1934年9月26日《时事新报·青光》，标题为《食经（一四八）》。
〔2〕 以上载1934年9月27日《时事新报·青光》，标题为《食经（一四九）》。

俟本社营业发达时，应开许多饭店及点心店。

饭店分两种，一普通食品，一高贵食品。注重普通食品，使人每餐出一角钱以上就得饱食一顿卫生食品。

本饭店之食品以菜蔬为主。其高贵食品，于菜蔬外添入各种水果。

鱼肉等类不用。

新蚝及新蛋采用。

海藻类尽量采用为生食或作汤品。[1]

---

[1] 以上载1934年9月28日《时事新报·青光》，标题为《食经（一五〇）》。

新食经

新食经（二）[1]

食物中含有甲种生素最多者则为牛油、菠菜、西红柿、蛋黄、鲜豆类，其次则为奶类，杏仁、香蕉、柠檬、柑、甜番薯、黄豆、白菜、香菇等类，又其次为各种植物油，如花生油、橄榄油、椰油等，又番薯中也含有。

至于含乙种生素最多的为牛的肝、肾、心，各种脑髓、卵蛋白中也极多，其次为牛奶、蜜、番薯、各种青菜及豆类。

在丁种生素中，食物除各种鱼肝、蛋黄、牛奶油，及蚝外，别种物甚见稀罕。可是多见日光的人类，借日光紫外线射入身体，就不怕有骨头痛。所以小孩时期更须在温和的日光下玩耍行动。

说及戊种生素的食物，以米麦及各种豆的芽，与各种青菜及各类植物油为最多。

这些生素我不过仅列出其中最重要者，至于丙种生素的食物，我国人已有相当研究，合将其详表列下：

（最富有丙种生素的中国食物，以新鲜每公斤内所含生素之公丝[2]数作计算）

---

[1] 本文原载1948年6月9日《大光报》。
[2] 1929年2月颁布的《中华民国度量衡法》规定1公丝为0.001克。1956年6月废除重量单位"公丝"。

食物	含量
香芫荽	923
蒜苗	498
韭葱	392
小葱	577
灰灰菜	1020
牛皮菜	444
金针菜	191
蕹菜（应菜）	170
豌豆苗（兰豆荷兰豆芽）	1650
青辣椒	1730
菠菜（飞龙）	550
青苋菜（横菜）	424
马兰头	688
大白菜	422
红薯（甜番薯）	132
红萝卜（红菜头）	477
白萝卜（白菜头）	348
白苦瓜	888
冬瓜	283
药芹（芹菜）	200
茼蒿菜	226
小青菜	276
西红柿（番红柿）	185
鱼腥菜	250
鲜蚕豆	260
鲜四季豆	135
鲜豌豆（荷兰豆）	244

绿豆芽	202
黄豆芽	158
苦蒜	316
广橙（新会橙）	180
广东金橘	280
福建金橘	440
福橘（潮州柑）	112
藕	569

（见罗登义先生所介绍的表，载于《东方杂志》三十年八月号）

"生素"既然这样重要，又均在食物之中，而尤是在五谷菜蔬、水果之中，我人就从这些食物吸取就好了。可惜是人类自脱离野蛮生活而入文明社会之后，食物经过火煮做法，烹调，再用机器制造及用罐头保存之后，本来的各种生素多数走失以致发生种种疾病，食的意义到此一变为不但无益而且有害了。

例如米食一项，关系极为重要。原来米食是最好的养料，但须以自然的原料为基本，即是脱去外皮之后，保存糙米的原质为佳妙。因为今日的，机器米的糠质完全消失，虽则米极精白，可是这些糠质消失之后，米内所包含的乙种生素遂而消失，多食的人以至犯了一种极大的毛病，名为"脚气症"了。

这个"脚气症"，乃是一个笼统的总名词。它的症候甚多，诸如各种神经痛、脚肿、腹胀、消化不良、便秘、脚生冻疮等等，都因缺乏这种生素的缘故。为因这些特殊的症状，所以引起英国名医生冯格于卅余年前特别注意而研究得米糠中有一种生素，可以救治这些症候了。生素的秘密从此发现了。冯格获得了"生素的父"的荣衔。

说及此，引起我国南方人的一件重大问题，即是我们欠缺的米乃从南洋来的。这些米不但是"机器白"，并且是远道与包装而将成为腐朽不堪入口的臭味。靠住这些食物，尤其是三餐需要的食品，我人的健康怎样受损害，不言而喻了。

我是在乡间食惯半糙米食的（用砻磨出后的糙米，再用轻舂了一百下的米），故我在别人处食了舂过白的米食，已觉无味。一到汕头食了南洋米或芜湖米，几乎使喉格格不能吞下而要呕吐出来了。一些富人靠了鱼肉、好菜蔬，食这些臭米尚可作为一种"助粮"敷衍下去，可是大多数的贫人全靠这些米食的，使他们怎样难堪呢？

故我们有一种极急切的呼号：即是提倡内地舂米不可过白。能全为糙米更佳。当沦陷时期，我潮金山中学迁到凤凰时，全食糙米只要久煮些时候（闻说煮至一二点钟久的）。（未完的）

新食经（三）[1]

我曾经在此校食了数餐，永久留下了一个好口味。这些糙米饭或稀粥，不但保存了生素，而且有了"矿盐质"与纤维素，不但有益，而且耐饿，于农人及工作者多方有利益。在内地的柴草用多些，值钱便宜，而且可由家人自取的。这个多用些柴草，本不成问题。在城市的，要俭火烧，可遇粥饭热滚后一些时就取出来，放在特制的"暖器"内一二点钟就成为烂透了。"暖器"做法，用几片木头做一槖形，或用现成篮筐外面周围紧紧厚厚用软草，或用旧布破棉塞住，中留所要的空位，将煮后的锅鼎放入，上用厚盖好好盖住，待时取用。凡要烂透的物，都可入内，省柴炭而节约看视的人工。这个暖器制法费用甚少，而效用甚多的。

……洋式任何外来的米，当由政府去取……磨出，但当保存糙米性质……用在透气的包物及极……，即磨出后……[2]就如米说，用轻磨与轻舂，在同样的白度下较用重大的机器磨与威猛的机器舂，保存有多量的生素。它们极怕大力与威力的，须用温柔的磨舂始有多量的生素，故用手工比机器为较好，但今日米商在多量生产中，当然不能禁用机器，然我人要求其保存糙米与透气的包装及运输，固然极合法而能办得到的。只要有好政令一切就可办到了，一个好政府当肯为人民做这些事的。可惜今日的政府连一些也顾不来了。若肯去做，彼等

---

〔1〕 本文原载 1948 年 6 月 10 日《大光报》。
〔2〕 此段原报纸模糊，难以辨认。

商人只求米能卖出,怎样做法,彼等都乐于遵守的。彼如不遵守,我们就可禁止其入口与没收了。

以外来的糙米为入手,这些糙米来到买者后,或再舂白些,或就用原来的糙米,这也是间接提倡人民食糙米或稍白的米的好方法。好几年来政府也会通令人用糙米了,但发生不大效力的结果,理由是人民保存向来的习惯不肯改易,而尤是外来米都是机器白,怎样能去改易为糙米呢。今若用政令严厉通令那些外来白米来改为糙米,而又加以社会的改易,则这个糙米的政令就可发生效力了。……[1]

如米一样,经过"机器白"之后,一切好质都消失了,一切恶结果都到了。我国北方内地人尚能保存初民的磨麦法,故能多多保存麦的好质,可是通都大邑,以至内地人缺乏面食者不能不买外来货以至费钱买来许多疾病,故对于机器面的取缔法,当如取缔机器米一样,来使它们保存全麦质,即一切麦皮当在内。色素较黑灰的面食,但生素与矿盐及纤维质都得保存。这样面食才有利益呢。

我们在上已说到富于各种生素的不是鱼与肉,而是菜与叶,可是菜蔬要煮熟,而许多生素极畏热气。例如生素乙种与丙种极易氧化分解,如热时更易消失,当热煮至沸滚时不过十几分钟,生素就损失到一半以上了。故菜蔬最好是"生食",可惜,我人极少享受这个口福的。这真可惜,法国人每日至少有一样菜生食法,这等菜有十余种,例如稚嫩的白菜子,食起来极酥碎。他们可惜用醋为加味,若改用醋为柠檬汁,那么,生素更加保存了。

故要保存菜蔬中的生素与矿盐质等最好是生食,其次用温火炒煮,但不过几分钟能够保存它的颜色及原味与生素为主,若要用水煮,当也不可过久。同时当用其他方式为,因为好质消失在汤水中可以利用的。又煮炒的器具不可用铜器,不要加碱质,不可太切碎擘烂,你看生素是怎么难于保存的。

---

[1] 此句原报纸模糊,难以辨认。

至于水果也当如菜蔬,这样当用生食。外国人多将水果生食,这也使他得食物的普遍利用,我人也可同样做,使水果不是额外物,而可当为正经的食品。但其煮法也当如菜蔬一样竭力保存其生素,可是不论生食与煮食,当保存其皮膜质,即凡可全食的如桃、李、如杏、甜洋萄[1]、葡萄、苹果等,切勿去皮,只须净洗后,连皮膜生食或熟食,因为皮膜中含有生素,消化质及纤维质且于养料极好。剥去皮膜就失却价值了。

在生素问题上,尚须注意的,在使豆及谷类发展为"苗"与"芽"后,更得生素的多量,我们已在上表丙种生素中看到蒜苗、豌豆苗,及绿豆菜,那是极好的,我人已识其食法,而不知其中的利益。今后既知其好处,更当多多去利用了。至于用粟与麦发芽数寸之后,将其芽晒干或炒干而擂成为粉末,以之掺用于各种食物时(例如放在做成的粥饭中)。这等粉末的生素甚见丰富。且助成各物的味道与助消化,甚可多量去利用的。"麦生糖"[2]的益处,就在利用此方法。故这种糖比蔗糖更有益。

总之,自生素发现后,我人知有许多种病,原来不是毒菌作祟,乃由人身在食物中缺欠某种生素遂致生出某种疾病。若知缺点之所在,从速用所需的食物或所提制的生素去补救,不久,这等病也就好了。由此可知许多毛病不是医药所能救治的。它的根本治疗法乃在日常食物,故自生素发现后,不但食物起了革命,医药界也起了革命。

---

[1] 洋萄,即杨桃。
[2] 麦生糖,即麦芽糖。

新食经（四）[1]

一个普通人要免疾病与能健壮及精神活泼，当用各种菜蔬及水果轮流而食。勿食一样，当用多种，周而复始，菜蔬而在各种类中的因为各种生素不是在一定的。我今于此书后附一简单的食谱以作参照，可惜，我们的菜蔬，水果种类太少，且市上的菜，太老硬，又有浸水的，且所用的肥料都为屎尿，毒菌甚多，大多不宜生食，又不好，煮不烂。故真正卫生家当由自己种菜。菜类、豆、瓜，各种可多至百余样的，但这不是人人能去种菜，最好由政府禁止使用屎尿为肥料，而代以"堆肥"、绿肥、机器肥等。又当严禁将菜取出后去浸水，浸水的菜，脂肪及糖质，多已消失，并且生硬不好食。这些在外国都有命令规定的，我国的卫生局所，正可去取法呢。

为小孩计，当使其多食甲及乙丙种生素而促使其长大。含矿灰质的丁种生素能坚固骨骼的也当常时去吸取，尤当在日光中走动玩耍以吸收日光紫外线，而免有骨干发育不完全。至于胎孩的责任全在于孕妇，我国古代重"胎教"，实则精神关系尚少，最在物质。我们今后的孕妇应注重在"食教"，把食物及运动好好地传递及胎孩，比先时抽象的胎教更为重要的。又小孩初生一年内，当由母亲自己授乳，母乳比什么乳都好，万不得已时要请乳母，当试验其奶与婴孩脾道相合。至于牛、羊乳已不好，罐头奶水更是要不得的。以罐头奶水养婴

---

[1] 本文原载1948年6月11日《大光报》。

孩，唯有使他瘦弱，不能长大，精神不完全，不能抵抗疾病，多使儿童速于死亡。（罐头乳的好质全无，只有些机器白糖的刺激质，故于小孩极不相宜，我国人用米或面粉做糊浆喂小孩更为合法。）

所以一个"完人"，当从胎儿起至老死，时时注意于食物的卫生。从生素以至于滋养品、碳水化物、纤维质、时时调节至于适中，又加以活能（自夸是我发明的）的活用，然后于食之一道始得真正的利用，这些待下文再加详述吧。

说到番薯，这个常被轻视的番薯，实在冤枉。我们乡人骂人笨蠢，就说他是食番薯的，外人也有种种的误会，或说他使人食后太肥胖，甚至说他是肺病的根源，说他不够有滋养料。

你看番薯竟在中西蒙了不白的罪名，实则它乃是"全能的"食物。因为是易种，所以收获多价钱便宜。又因为误会，一些有钱人不屑去食，实则它是全能的食品，虽则它为"贫人的主粮"然富人也当多多取用的。

我今就事实介绍出来，远在一九一二年，有一位丹麦名医学家韩特特，做下一个切实的实验。他将其助手单单以番薯为食物一气食了六个月，仅仅助些植物油，初时每日单食二公斤半番薯，到后增至四公斤。

他的结果怎样惊人呢！他每日做到十四小时以上的工作尚不疲倦，有一次一气做到两日一夜之久而不困惰，每日由医生试验其大小便，丝毫无异于常人，但比常人的食物则便宜十倍以上呵！

这件实验，使有意难为人的韩特特也觉得惊异，初以为被试验人最多只能挨数日到数星期，不意竟达数月以上，这个惊异的成绩，使德国一班医生也加入侦查。结果他们承认韩特特的试验为确实，并说："这是无足骇疑的，因为番薯乃是全能的食物呵！"

韩氏再进一步考验得番薯尚是极好的药料，因番薯能够消灭尿素的毒质，长久食用，可以消灭四肢肿痛及一切疮病与常人所常犯的骨头湿痛病，又它含极多量的淀粉质，而又极易于消化，故特宜为患糖尿病者的主要食品，至其所含矿盐质（如钾、硫黄、钙、磷、铁等），也极丰裕，故对于一切神经痛也有特效。

番薯种类甚多，最好食的为酥且白的，甜且香的。又有西餐馆为西人所喜用的荷兰薯（马铃薯）。总之，一切薯如能做法佳善都极可口，我有一位留英国稍久的友人，到北平后向我说，回想在伦敦时，每餐所食酥且白的番薯，热烘烘地盛在极美观的瓷器内，加入些白菜与白菜汁，其美味与美色比在北平食鸡肉更为有趣。不错，北平的鸡，本已无味，且做法不好，实在比做得好的番薯为不如。

北平街上所烤卖的甜番薯实在为极好食品，可惜是今日万物皆昂贵，这些薯品连贫人也不能满足得到。在欧人所用的薯条煠油者当然是更高贵的食品了，竟非我们贫家所能常用，但以白煮与白烤的，仅于煮烤后将薄薄的外皮剥去，这样保存原味，与保全生素，乃为穷人与富人至好的通用食品了。

故番薯无论如何做法，都足适口，讲究厨房术与口味者，可以做到数百种以上的样样式式，可以变成无穷数的味道。只要和什么味，就可变成什么味道，只要能做法，可以变成为美珠条，妙玉粒，或如饼包，或如布丁，或如鱼翅，或如燕窝，任你怎么样去变戏法，都可随意做到的。

新食经（五）[1]

你想它既有这样好原质，又便宜，又滋养，又可以治各种病，又可以做成各种样样式式的美味食品，你尚敢轻视它吗？作践它吗？鄙视它单为穷人的食品吗？我当然不赞成专食番薯以终其生（番薯食派吧），但最少当多多去利用它去种植多多，为贫富的人同样的主要品吧。

到此，当来说到果食的利益了。果实甚多类。大概可先分为油质的与非油质的。油质的如胡桃，如栗，如榛，如白果、杏仁（花生也可包在内）、橄榄，所含各种好质俱备，且蛋白质特别多，故当不能多用，多食有碍于消化系及成肝脏病。但能合量而食，于口味及兴趣与滋养料则为无上上品。

说及非油质的水果，则可分成为五类，一是干且甜的，二是水甜的，三是干且酸的，四是水酸的，五是苦涩的。干且甜的，如桃李、枣、香蕉、龙眼、荔枝等，乃为果类中的最好食物。其次为水甜者如柑橘、甜洋萄、柿、甜葡萄、番梨（菠萝）等也是好物，不过中含水质多，食用当有节。再其次为干且酸的，如梅子等，少食尚可，多食不相宜。再其次为水酸的如杨梅、酸洋萄、酸葡萄等，极宜少食，多食肚痛。至于苦且涩的，如香橼、佛手等只可供玩品，不能入口，但也可作蜜饯，然不可多食。

---

[1] 本文原载1948年6月12日《大光报》。

如在文明社会，交通便利，远方果品都可交运，且各地讲求种法，样式可以多至数百种，那么，果食就可以应用无穷了。

果实当以生食为佳。可食皮的，且要连皮食才好得到其充分生素，其次可以食其储藏的与作成糖浆的。且我国人对此忘却了一件重要的食法，即果实可以做成各种熟食的用品。它可以当菜食，可以当为五谷用，于食道上别有一番滋味在心头。

例如香蕉，最好是生食，但它可切为小片与各种生菜合食，又可与糖捣成为粉末，储起来缓缓当为粉类的食用。又成片生香蕉涂粉或面放在滚油汤上熬成金黄色的食用更是一种高贵的食品。我常用此法，使一班客人食后念不绝口。虽则花费多些，但滋养料足以抵价，偶一为之，中人家也可以换换口味。

果实都为全能的食品（当然以油质类，及干甜、水甜的三类果实为限），它们富有生素、蛋白质、碳水化物。且有一种特质为各种食物所无，便是所含的水质乃一种碱素可以助消化，清血毒，通大小便，提起精神之诸种效用。所含纤维质的作用也极合度。

所以我们主张"果食派"，非故意炫奇钓异，乃是根据自然的效用而主张的。当然，所谓果食派，不是日日餐餐食独一物品，如香蕉，如荔枝等等，应当按日子，按时候与地方，轮流换食。又用各种做法，做成各种味道；与配合各物品而成为各种味道与滋养料。以数十到数百种可食的果实，而又助以各种的做法与配合他物的做法，则其样式可以多至数千数万种，试想尚不够满足最贪食的人吗？至于嗜好简单滋味的人，更易于简单化与平民化，使成为最好的食料了。

我再说果食乃根据"自然的效用"。因为人类原是由一种猴类进化而来，本是果食动物类的。从现在人类的牙齿及肠部的构造说来，仍然足以证明我们祖宗是以果食为生的。我人本性乃最适宜于果食的，由果食以至于菜食、肉食以及一切可食就食，固然是人类的进化，但许多人由不正当的食法而至于伤生与费财，这也是文明进步的罪恶。小孩因未受社会恶劣食物的习惯，故其本性独喜食果质。而一些富贵的小孩,眼看大人喜食鱼肉,遂也喜食鱼肉,以至于夭折。或不死也有少就犯了极难治的症候。这是家长不明果食与菜食及五谷的益处而比肉为佳的罪责呵。

自然有些人只食些果实便患肚痛或种种毛病。最近有一医生看到我提倡果食派后,来信说有人,就忌食这些物的。这些理由,我先知道,因一些人从少就犯了肠胃病,或因向来就惯食鱼肉,或欲饮食各种刺激物——如浓茶、酒、烟之类,或因思想上有成见,鄙视果实为不正当的食品,以致一见它就讨厌起来。总之矫正这些毛病是极易的,犯惯用了刺激品的,就戒绝好了,犯肠胃病的先当治好。犯有成见的,看些新式医书也可逐渐改易了。我有一件极易治胃肠病的,就是每日啖食数枚成熟而且苦且香的青橄榄,不久胃酸与肠毒逐渐消除,自能去食好果实不至于生起不便的结果了。且食果实当应有节制,从少缓缓食到多,又须勿常食一物,轮流换食,择其极成熟又极清洁的果实,有节制地去食,包管任何人都可食后无毛病,现在市上卖的果实都未成熟,例如香蕉,当择其蕉身圆满,且须放到皮变黑色后,始是好货。(市上所卖的大多尚有棱边,未到圆熟,皮尚青,最多是初黄,蕉肉尚未到适度的变化。须到皮从深黄变黑时始到好火候。)又如桃李柰本是极好的食物。因国人喜欢食青酥,遂生出果酸的反应,若使桃李柰久藏到全个软绵有如糯米团那样柔软,则再食饱饫也不害事了。

新食经（六）[1]

从上说来，果食派是最美丽、最有兴趣与滋味及最高尚清洁的食法，然也可与菜蔬及五谷合食。乳及蛋也可加入，总以果实为主要品就好了。单食一样的果实，究竟不能得到食的"全能的"。合食了各种各类的果实，几乎可以达到全能了。以果实和菜蔬、五谷，及乳蛋，轮流变化而食，果食派对全能的资生物质到此都已达到了。鱼与肉，当然全免去采用。不但免花费而且免生各种动物毒，食事到此始称为完善呢。

人类自然的食物应合四种而致效，即生素、建设质、碳水化物与纤维质，缺乏一种就不可。这些质素，当然不能求足于一类或一种食物，当综合各种食物而轮流取用。

合于自然及卫生的食法，除了生素（即生命素简名）外，人类尚需要三种食料：（一）为建设质，（二）为碳水化物（热力质），（三）为纤维质。

建设质，也名塑形质，人身是一件活机器，机件的纤维与细胞，时时要毁坏而需要补充。故食物中关于身体的"建设质"，日日要供给，否则，人就无法长成与生存了。

这些建设质，分为两项：（一）为蛋白质，（二）为矿盐质。蛋白质中以"奶饼"（译音为詹士，即由奶变成为各种形式的碱块件，西人最常通用）与肉、鱼、五谷类为最多。

---

[1] 本文原载 1948 年 6 月 13 日《大光报》。

以菜蔬说，则以豆类为最多，其数量并不比肉鱼类为少。例如赤扁豆、白豆，百分中含有二十余分的蛋白质。至于肉类廿分，鱼类不过十余分。若说水果类则以油质果类，如胡桃、甜杏仁、榛栗、花生等分量几与肉类相等。

建设质中，通常只知蛋白质的重要，实则矿盐质也占相当的位置。矿盐质与蛋白质的联系有如灰胶等与石瓦，仅有石与瓦，而无灰去粘住，则无法成为屋宇。可以说，矿盐质乃使蛋白质显成为更大的作用。无此质，纵有彼质也无法多大效用呢。

矿盐质于人类最需要中的约有七种：（一）食盐，（二）磷，（三）钙，（四）钾，（五）硫黄，（六）镁，（七）铁。

此中，尤为重要的约有三项，一为石灰质。据各方调查与研究，人类今日最危险的病症，即是肺痨，乃由食物中缺乏灰质的缘故，这个证据经在加拿大及美国的调查所证实，除肺病外，缺乏灰质者，犯了骨病、神经病、血病的危险。这当然不能纯由化学品的石灰质所能救治，乃须由食物日常去调摄。

食物中含石灰质最多的为奶饼、胡桃、榛栗、杏仁、西洋菜、无花果、菜豆、蛋黄、白豆、羊奶、菜花、橄榄、牛奶、可可粉、赤小豆。其次为各种菜头（萝卜）与水果。

其次，为镁质，乃各种瘤病的主治食品。今日人类因种种刺激，而极易犯了各种瘤症，我们的国父也犯肝瘤而死的。这个质，含在奶、豆类、小麦，及番薯等为最多。

也算为重要的，乃是铁质。食物中如欠缺则生起贫血病，我国人患此病甚多，乡下人更多。面黄，身瘦，精神衰疲，不能长命，我们大多数的农民，都因食物不足或因食物中所含铁质太缺乏。

铁质在食物中含量最重要的为卵黄、赤小豆、白豆，以及各种甜水果、菜蔬与五谷。

综上说来，以蛋白质说，鱼与肉类，尚占有重要的位置，至于矿盐质则极缺乏。若水果、豆类，及菜蔬，不但有蛋白质，尚且含有重要的矿盐。故单食鱼、肉，不足以养生，单食水果与菜蔬及五谷，则虽不食鱼、肉，也可以健康。（案：矿盐质，人身每日由大小便及皮肤排出多少数量，故每日食物吸收相当数量始免生病。）生命第二项的养料，则为碳水化物，乃供给身体的"热能"，我们身上的温度与精力的支持，非有"热能"的供给物是不行的。供给这些热能的食物，肉类，固然占极重要，但菜、豆，及五谷类，比它也不差逊。小麦粉、赤小豆、杏仁、蜜、枣、李、葡萄、胡桃等所含热能的数目，有比牛羊猪肉，及鱼类，多至一倍以上的。

在给热能的食料中，应当顾及各种油类的效用。油类乃供给热能的主要物，但动物油，如猪油等并不比植物油，如花生油为丰足。外国的牛油，并非动物油，乃由奶油提出的，本来是好物，可惜，我们不能自造，多由外国运来。老物成妖精，好质已消失。尚且价钱太贵，实在不必去用的。他如椰子油，及各种植物油，本也是好的，也因制造法与储藏过久而失却真价值。故油类中最好的，在我国南方为花生油（地豆油），在北方为大黄豆油、芝麻油等。这些都比猪油好，价钱又较便宜。（在法国极盛用橄榄油，更是好质量，惜价又太贵。）

植物油比动物油的好处，不但价宜，且易消化，又其是无毒质，因为猪油中含有多数的淋巴腺。这些淋巴腺的白血输本是吞食外来的毒菌，但动物死后，这些毒菌未被吞食的，即复滋生在淋巴腺内，人取食其油，当然未免受毒害了。

新食经（七）[1]

人类食物所必需的尚有一种纤维质。这些质，本来不易消化，而且也无养料的。可是它有一种特别的效能，就是在帮助肠筋的活动，将食物的渣滓排泄出外，且由这种活动能使肠筋不至困惰而生出各种毛病。故这些纤维质，每日人体需要少量的吸收，然后完全成食物的效用。

这些纤维质的食物中，也以五谷、菜蔬、水果为多量。肉类及奶类所含的极少。谷类中以黑麦，及黍、稷、大麦为多，菜类以菜蕾、菜花、比利时白菜为多。果类以无花果干、桃、李、梨、樱桃、杏、枣、葡萄干、橄榄等为主要。

综上说来，人类自然的食物应合四种而致效。即生素建设质，碳水化物，及纤维质，缺乏一件就不可的。这些质素中，当然不能求足于一类或一种食物，当综合各种食物而轮流取用的。

然而肉与鱼类，只能在建设质及碳水化物占上一位置，并不是"全能"的食物。全能的食物，应算奶与蛋，但也不能单用以取不消化的疾病。在全能食物中应算为菜蔬及水果类。……[2]及水果类，这些关系，极为重要，故当来稍为详说一番。

奶如牛奶、羊奶与人奶等，乃富有蛋白质，然非大人所相宜。在一岁内的婴孩，天生有专门消化奶的腺系，故婴孩独一能以奶为生

---

[1] 本文原载1948年6月14日《大光报》。
[2] 此句原报纸模糊，难以辨认。

活。这种腺会逐渐消失,至两三岁后已不复存在,自然上即表示奶于人类无大需要了。可是奶在食物中可由人力使其变成为极有益与极有味道的食品。就是勿单用奶,而使其与各种食物掺和,如放在红茶,做成可可,或加入咖啡,或和入粥、饭、面包,及各种谷类内而做成各种点心。外国常用的布丁,与我国各种饼食,能加入新鲜牛奶,是极有益的,又可仿西人将奶制成各种奶饼,或使其变成为稍酸味的"野古"〔1〕,即一种团结成块的酸牛奶,加入些砂糖,又能如俄人加入些桂枝粉末,以其为冷食之用,不但爽口,且这些酸奶质能在肠肚内杀毒菌与助消化。就医理说,多用这些食物,可以长命,大多可活到七八十岁的。这个"野古"的做法,本极容易,用一个高度的磁器,放入鲜奶,好好盖封,放在灶头稍有热气的地方,不过数时久,这些奶水就渐变成酸奶可用了,再说一遍药头奶,切切不可用了,大人小孩都不可食,小孩尤是无益的。

蛋也是全能的食物,但须新鲜,且不可多用。大人每日量不可过二个,小孩不能过一个。蛋须于生后三日内取用始有益!或用冻藏法,虽稍久些尚不妨害。外人卖蛋,蛋壳印明日子,以其时日定其价值,过十日后,就禁止其出卖了,蛋之为用甚多端,可作成美观上的形形式式,与口味上的种种花样。我国北方人能做成至近一百样的食法呢,外人对蛋的做法也极多种。

五谷中有许多种是近似食物的全能,即如米,只求勿精白,能含有糠膜,也几乎有全能的效用,粗面粉也是同具一样的效能。

菜蔬中,尤其是豆类,也近似于全能的食物。只求做法,合乎自然,那就极合于卫生了。在此项中,我们当注重"生食"的方法。菜类可用为生食的约有十余种,外人极喜用,爽口,醒味,易于消化而多具生素,又做成形形式式可以悦目的美术品。我潮人,如芹菜,如茼蒿等。但外人所放入生菜中的杂料为醋及胡椒粉,这些危险品,多

---

〔1〕 "野合"(yohurt),即酸乳。

食极有伤，应改为柠檬汁代替醋，那就更合于卫生了。

在这食的卫生法中，我当再提出两个大作用来补足：（一）是番薯的作用，（二）是果食的利益。

第二节 "活能"与聪明的食法

生素、建设质等乃化学的品质可以提炼出来证实的。可是"活能"呢，乃是生物的一种表示、物理的一种现象，唯在表示现象中得其证实，并无何种物质可以炼出的。

生物学固然应根据物理与化学二部门的事实，因为生物也是自然的事物，而可由理化解释的。但生物所研究的对象是"生命"，并不是理化的"死物"，故生物等当独立一门去研究。

即如食物，有死的物质，可由理化证实的，但也有生的，生动变化的表象，应由生物去解释，才能得到其真相。

人类最当讲求的食物，除上节所提到的四种要素外，当再加入一项，即"活能"的利用。这所谓能不是质素可以提炼出来的，故当来时别研究。我在此当说这是我个人提出的意见，看看是否有道理。

根据食物的蛋白质事实，不是一件简单的物质。到今日来已发现有廿余种不同的蛋白质。这是说，奶的蛋白质与卵的不同，米的又与麦的不同。各种物各有几种组合的蛋白质。有些蛋白质并非身体所需要，要说，它与身体毫无效用的。

新食经（八）[1]

然有些蛋白质（硇基酸）则身体如缺乏就不能生存，怎样有这些不同的蛋白质呢？这非由各种食物各具有一种生机去分析不可。

又如生素中，各种食物也具有一种特别的性质，柠檬中的丙种生素并非化学品所提出的同种生素一样效能。故由柠檬汁去治坏血病可以见效，但由化学所提取出的丙种生素，则不生效力。或疑柠檬中尚含有别种生素，但我想同样中生素因其在各食物的不同生机中，自然可以生出各种不同的效能。例如乙种生素中已发现有各种不同的效用了，故科学上不得不标明乙种生素中的第一类第二类以至于若干类的不同效用。

根据以上事实，我们对食物，第一应当食其"生能"即活能，即是当在其适合的时间与环境而食的。例如食菜当在其娇嫩时，在其采后不久时。食果实当在其恰好成熟时，因过熟则变酸恶，不熟则不但无鲜甜香质，而且味道酸涩。我常在树下随取随食了龙眼与荔枝，觉得在取后若干久的同样物已变成一种口味。至于在树中随摘随食的，果味、鲜味，别有一种天然的气质，令人精神上别有一种兴奋与口胃中另有一种滋味，道是应就"时地"而采取活能的食法。

其次，古人所谓"含英咀华"确可移为食物的活能的。故我人当多食花、卉、笋、芽、蕾、根等等。凡一切花卉当其娇嫩时都可用为

---

[1] 本文原载1948年6月17日《大光报》。

食物，当其成熟或干藏时都可用成饮料。例如菊花、莲花、夜合、瑞香之类，少用为助香味，在食物中别开生面。至于竹笋，又有"龙须菜"（也是一种笋的，口味更佳，可惜我人种得太少）。这些笋于稚嫩时取食，比任何物为多生素与活能。又如芽——各种豆芽，以至粟芽、麦芽，或生食，或熟食，或擂成粉末掺入于各种食料中，也是特别富有活能与生素及糖质的。说及根头，如葱头（尤是洋葱头）、蒜头、鲜百合等，其养料也是上上品的。金针花，干的当然不如新鲜的，香菇蕾新鲜的，当然比干的为佳。一切花卉、芽、蕾，当食其在"生机勃勃"时，待其干藏后已多多把活能消失了。在此须说及一切机器做成的，化学炼出的，罐头藏存的，这些食物都是死物质，生素或许尚有些蛋白质与热量也已消灭净尽了，人的生活日用品、衣、住、行，愈文明愈机器化愈有利益。独是食物，愈文明愈机器化愈成恶劣。反之，愈自然愈不加人工，愈成为好食品，因为活能愈能生存，生素愈见丰足呢。

其次，追求活能的食物，尤当向香料一类中去争取。香草香料如美人，悦人心脾，起人兴奋，虽然不能多用，但当常常有节制的去索取，常常加入他物以助味。或单食，又更得其活能。

常用的芫荽、茼蒿，人都知其香味可口了。可能种植与利用这类香菜，多至数十种的。薄荷菜也可多多利用。他如丁香、豆蔻、茴香、川芎、丹皮（牡丹皮）、木香、甘松香、甘草、白芷、白芍、乳香以及一切香草、香皮、香粉末、香骨，其中最可通用的为肉桂及桂枝等等。这些香料都由草本，或木本取得，在庭园中种植可供生玩，同时可取其新鲜枝皮骨为饮食的材料：比市上或药店所买的确为有生气与活能。

前廿余年，我到哈尔滨上俄罗斯食店，他们菜肉极见平常，但有二件为各国所无而极可得到活能的：一是我上所说的"野古"酸牛奶，加入些桂枝粉末，于暑大食时觉得沁人心脾。又他们于红茶中加入一薄片柠檬，显出茶和柠檬味的清香。红茶虽比清茶为卫生，但比不上清香，今加入柠檬片，另具风味，且柠檬又是极具有丙种生素，而我说又有一种活能呢。

又在摄取活能中，应当善用糖料。但机器的白糖，无益而且刺激。最好是用我国土制的白糖，或乌糖，或软糖。最好的是蜜，与麦芽糖（麦生），和入五谷做成为各种点心、布丁，与饼食也能增多身体上活能的勃发。

尚有一种活能的食物，乃为海藻类，我国人通常用的为紫菜，但因为干藏已消失了多少生力。故最好当由海中取出来就用。他如同类的海发、海青苔、昆布以及其他种海藻，当从新鲜去活用。这些物不但富有碘质，以抵抗毒菌，且富有海味与活能。在海边的居民，到海中去取极易得到，或命人去取也极省费，可惜我人不知多于利用。日本人极喜欢食紫菜的，这或许对于他们活动有助力。

又有一种极富于活能，即山中的野菜野果。例如山蕨，伯夷、叔齐资以为生以抵抗周朝的五谷的。又如本地俗名的"多泥果"[1]，满山遍野都是，可为生食的好料。若将它制为糖浆，当可通销。但为保存活能起见，当以生食，就在山上随采随食为佳。野菜有好多种可做生菜食用，比人工栽培的更富有生素与活能，也当多多去利用的。

---

[1] 多泥果，学名叫"桃金娘"，又叫石榴子、稔果，是一种山里的野果。

新食经（九）[1]

由上说来，凡食一物，当从它的活能着想，即从其自然中取得不加人工的制造物品。又当从娇嫩新鲜去食用，不可久藏以丢失原味，又当和以香味加倍发挥活能的效用。

但这仅从物质方面来说，实则食者本身尤当"活能化"，然后所食用的始能活能化。这是怎样说呢？因为俗语说，"狗肚塞宝珠终是狗肚"。一班愚蠢的人，与一班大腹贾，终日山珍海味。究也如宝珠塞狗肚一样，生不出什么好处来，故我人要得好活能，先当活能化，让我再来详说些吧。

聪明的食法，就在善食其活能。聪明地去多食活能，笨蠢的可变成小聪明，小聪明的可变成大聪明了。

可是又怎样食法呢？第一当"少食"。普通人都食过多，不但费财而且伤生。彼等常误认"食多便有补"。实则，多食不但无补益而且有损害。

一个壮年中等身材人，于营养合理上，为维持其建设质与热能，所需要的物料本来……[2]一二粒鸡卵，或四五个香蕉、十数粒桃李奈，或一二斤荔枝，或龙眼，于一日分量也就够用了。就菜蔬说，半斤十两，纵然勿食他物也就足够一日所需求了。你看食物的分量若就

---

[1] 本文原载 1948 年 6 月 18 日《大光报》。
[2] 此句原报纸模糊，难以辨认。

人类正当营养说，实在极少极少的。

我常说，大食的养成，乃在误会多食便好。（二）则肚腹乃一个袋形，可以变大变小，肚惯大食的，这个肚筋不到通常分量时，就伸张起来表示不满足。若使它习惯少量的食物，到了一定数量，它也表示极满足了。故养成每餐食三碗的，即食到二碗半也觉得饿，可是养成二碗习惯的，这个半碗也成为衍余了。

多食，甚则伤肚，害肠，与病肝。甚则变毒入血以致成各种病痛，最少则必神疲身惰。肥佬固不能长命，也是惰虫的代表，连带及量不会思想，不会作连续长久与高深的思考，故多食的人，不但身体不好，即聪明上也受其损害。试想多食要费财，所得结果，身体不好，精神蠢笨，这是怎样的损失呢！反过说来，少食的好处甚多，最要□□的。

所谓食少，量上固应少，次数也应少，每日二正餐尽够了。然因每次少食的缘故，有钱人与多工作的，对于"小食"的点心与饮类，则无妨多顿。就近来营养学所研究，每隔二点钟食一次小食，于精神及工作格外有效率。所谓小食，当然极少食的，或一杯清茶，或一个香蕉，或一二粒桃李，或几粒荔枝、龙眼。或一个杧果，或一小节蔗，便足了。少食，而多次食，不困肚肝，又有趣味，又多杂味，这是极好的食法了。

聪明的食法，第二桩当食好。食好，不是食俗人的高贵物品，如鱼翅，如燕窝，如鸡鹅，如猪羊。食好只是在选择好的菜蔬、水果及杂件，如要食茶，当食好茶之类。

食好，当然不是见物就食。食好，不免要多出费用，然能少食，当可节出余资以为食好的地步。食好，如食一粒鲜蛋，当比贪几粒臭蛋为佳，故食好也含有食少的意义。食好而能贪少，比食多而食不好，尚要俭约些。

我所叫"好的食物"，乃以果实为主而辅以鲜卵及鲜乳，把这些物做成各种点心、包饼、布丁，水类的如卵花、乳花，干类的……[1]

---

[1] 此句原报纸模糊，难以辨认。

这些真是最富于营养,可以说是"食巧"的一端了。久久食一样,无论怎样好物,也必生起厌恶。厌恶而引起不消化,好物一变而为毒物了,故聪明的食法,当食其巧。

同一样物,可以做成为无穷巧妙东西。上所说的香蕉,可擂为粉以做成各种点心、布丁,与成为冷冻物,及冰淇淋。同样的番薯,最被现在的富人所轻视的番薯呵,若使它与西红柿做成为美似玉粒的红晕色小块子,或做成甜的汤,香的幼条,谁人不引起馋涎呢。

所谓食巧,也如食好一样不用高贵的物品,只是那最普通的物质,只要厨房术有讲究就可达到目的了。

因为能食得少,所以能讲究食得好,同时也能食得巧。多食的除非大富翁,中下人家断不能食好与巧的,故我人当先食少,而再讲求食好与食巧,难免奢费也能得到。

以上所说,乃就普通日用品而言,但聪明的食法,尚有一种特别的讲究,即"狂欢的食品"。

我人日常固应节约,且食品中要简单,又要温和勿刺激,可是聪明人,尤是要使食饮的物而变成为聪明质,则我人当用狂欢的食法,大概每五十……一次吧……[1]。

---

[1] 此句原报纸模糊,难以辨认。

新食经（十）[1]

与吹纸烟（甚且雪茄），可以食鱼与肉，这是聪明的食法。因为聪明是"变动"的，若如乡下人一生都是食一样食物，且烹调也未讲究变换，真是笨蠢不过的了。聪明的食法，平时虽然在求温柔清鲜，但有时则非求激烈不可。

这个"狂欢食"，最好是在月满花香时，或在风雨暴骤时，或在迅雷猛电时，或亲朋聚集时，尤其是情人相会时。大概食饮时间虽延长到数时久也不妨，至于普通的食饮时长为半点至一点钟就好了。食得其宜，确是一种快乐。穷人到桌旁眉头蹙皱，因为所食的味道不满所望。至于中等人家，稍行讲求食味者，每餐到时当大欢喜。若我们狂欢食，更是一种无穷的快乐了。酒来，好酒来！烟来，好烟来！缓缓鉴赏吧！这是一盘好的巧的"观音豆"，这是一件冷冻的鲜竹笋，尚有些鱼与肉、蚶、蚝、虾、蟹，缓缓咀嚼吧，我的家人、我的朋友、我的情爱者，缓缓鉴赏吧。你看鲜明的绣花桌布，又加上些鲜花；灯未光明吧，再添上油；灯光熊熊，如是电灯，应该装大电泡，这是美术的食法，分外显出狂欢的意义，真实的狂欢啊！不是外交式的鸡尾酒会吧。

肉类固然是有毒的，但求其新鲜，稚软，又多要瘦肉，且要烤烧到酥碎的，和上些香味，多食也无妨，况且是每十五日或一个月只食

---

[1] 本文原载 1948 年 6 月 19 日《大光报》。

一次呢。少食更好,多食也无妨,我的朋友呵!我的亲爱呵!举箸举箸,这是"狂欢"的时候。

酒来!酒来!我不是豪门,我不是洋派,威士忌、白兰地,暂时勿来。本落的客家老江酒、绍兴的绍酒、山西的汾酒,酒精不多,香味醇厚,价钱尚廉,多饮几杯吧!我的朋友、我的亲爱,举杯,举杯呵!连"干"几杯又何妨。

狂食之后,当继以狂游,或狂乐一番。如午间狂食的,下午当则到郊外狂游,登山岭以骋怀,呼天叫地,与鸟兽说话,向林木调情。如晚间狂食的,则当全夜勿眠,看戏逛街,或寻友狂谈后,或在青天蓝草地过了一宵,或回家看书,或译述,或深思远虑,务要通夜不眠,然后狂食狂饮后,始有价值与效率。

刺激品固当由渐而进,由少而多。我五十岁后,始吸纸烟时每日不过一两支,至今日若有烟,一气可吸数十支;嗜酒的,初时或许一两杯就醉了,到成酒鬼后,一气就数碗也许嫌少。刺激品固然不可过度,即在狂欢食中,以少醉为佳,太多吸饮,有时脑充血就即时呜呼了。

聪明人固然要长命,但到一定的年纪,只求其思想的登峰造极,尤是文艺界的思想家,应当逐日求其思想的升华。升华的方法固有多种,然狂食狂饮也是助思想入于"非非"的境界。我假定狂饮食者当在五十岁后,如此纵然于饱食狂饮之后而猝然死去,也算痛快的死法了,传说李太白是因酒醉过洞庭湖而捞月沉死的,如果确实,也算太白的痛快死法了。

少年人可多用刺激品吗?如可勿用,当以勿用为好。然而也有一种时不时的狂欢法,回想我少年时,每逢节日或星期日与同学辈各出数角银,就可饱食花生米,与一两碟炒牛肉,并几杯薄酒,彼此高谈稍长久的时间,费用不多,也算少年时期的一些好纪念呢。

只要平时有节制,时不时用些刺激品,又当相自己的度量去利用,这是食的乐趣,也是变幻平常的口味,又可把平常藏在体内的蛋白质多少变化为活能,也可增强身体内的热量。人生贵在行乐耳,使饮食成为一种乐趣，非时常变换其口味不可，时常用些刺激品可以变换口味，可以提起精神，加多思想，增长勇气到社会去冲锋，可为自己安慰，为学问加多方面的考求。所以我说要聪明，要增加聪明，一方面也当于狂欢饮食之道中，求一些补充方法。

聪明的食法，尚有一端，也当来说及的，就是"与自然合一的食法"。

附注：我不是"语丝派"提倡无论何人都可吸烟者，但看到劳动家于苦作之余，吸了几口旱烟的痛快神情，不禁向这些人致敬烟礼，至一班真正的思想家，提起笔时手执烟卷，一夜写文，一气用了百几十支烟也值得。可恨是那班大腹贾乱吸好雪茄，而我们这二班人更无劣烟可抽。我对酒的用法，也与烟同样主张，特此声明，以免引起道学家的误解。

又食鱼与肉，如在这些条件之下，也不见大妨害：（一）要新鲜。（二）幼稚（如稚牛比老牛好，幼猪比老猪好）。（三）要食瘦肉（肥肉多脂肪及蛋白质，难行消化）。（四）要烧烤（如烧鸡、烧鸭，凡肉一烧，纤维及油质减少，较易消化）。（五）要视自己食量有节制而食，如每日壮年人总勿食过二两以上肉。（六）食后要工作或做些激烈运动。

新食经(十一)[1]

第三节　与自然合一的食法

食有广狭二义,狭义说乃专对食物而言,广义说,凡生物与自然接触的,如日光,如空气,如月亮,如风云雨露,均属于食的一途。

例如丁种生素,人类如能多见日光,由紫外线的接触,纵然食物中缺乏这类生素也无妨害于骨质的完好。这即是说,人类幸而有紫外线的"食"法,故虽无丁种生素的食物也无大关系的。

推而言之,就空气说,因得其气质入肺使血液变浊为清,故也可说,空气乃帮助食物的变化,无它,人类也就活不成了。

所以聪明的食法,在寻求活能之外,同时当多与日光、空气,尤其是水质接触。

说到水,更是人所日常需要的,故人类可能数日不食,但不能一时无水,故水比各种粮食更为重要。

水有极多种。有人食雨水,有用溪河水,有人食井水,新式城市已有自来水,但乡村以井水为主品。

凡水味甘的,都属好饮料。有怀疑其中含杂质的,可付化验,若能得其清洁,当以生食为佳,因为水经滚后,所含矿盐质变成块粒,

---

[1] 本文原载1948年6月20日《大光报》。

比生水为难消化。

乡村井水都属山泉，其中也有由田水渗入的质味甚恶，故当求山泉为饮料，或做食物之用。

山泉初出时大概含有千分之一的镭物质，若要照现镭价去计算，那就算不清了，故应多饮山泉——生山泉，此中有极清冽与奋发的作用，且能涤除身体内积毒，与利通大小便。

山中尚有价值极高的各种矿泉，此中最著名的为温泉。温泉随所含的硫黄多少而变化味道，除非含得太浓只宜于洗涤身体外，其余都可为饮料。此种饮料，可治胃肠病，可治骨湿痛，可医糖尿病，可治各种皮肤病、眼病（注重在洗涤），又可治白浊、白带等毛病。

因此，法国有三处温泉都收归国家经营，可见他们如何重视这些温泉了。在法国城市的饮食店中，桌上摆满了各种矿水与温泉，有单用的，或掺入酒饮的，总之，矿水与温泉已成为近代的时髦饮料，几与酒、茶竞争平等地位了。

故我人在新式饮食中，当注重生水的取用，尤当多多利用各种矿水与温泉，然后始得食饮的真价值。

水占人身体重量的三分之二，故凡暑天及劳动时，人体内水分排出愈多。这可见水在人身上占极重要的位置，所以又对于水的饮食法极为重视。我国古书中也曾说及饮什么水，就能益智与长寿，《红楼梦》诌说"女人是水做的"，所以格外比泥做的男子为聪明。饮了极清冽的山泉，在渴热之下，实在觉得心脾与五脏皆爽快，同时脑筋也玲珑。故聪明的食法，也当讲求聪明的水道。

应连说及的为冰食、冰水、冰条，本是消夏的良品，且极便宜可以人人取用，至于高贵的冰淇淋，可恨是富人特用品。这种食物提精神，清肠热，且口味甚爽快，彼美国人食得极多，即在隆冬时，穿皮裘围炉火，也嗜好得滋滋有味。暑天时，冰淇淋固是消暑的佳品，但在冷天食冷物，另外觉有一种特别的感觉。多食冰水与冰条——尤其是冰淇淋，不但令身体清爽，即精神上也觉清楚不糊涂。在治事烦厌之下，有一杯冰淇淋，包管实时精神爽快，头脑清楚了。

呵！安得人人日食两三杯这个清脑爽口的冰淇淋呢！若说各样汽水有一种好处，但以后能出汗为无害，那些苏打质饮多了，则有中毒的危险，还不如饮自然水为佳妙。

聪明的食法中尚有两件事要注意实行的，一是野餐，二是夜宴。野餐，在外国极通行。大城市的近郊有名胜或树林的地方，每逢节日或星期日，都是野餐客群聚之所在。通常全家人带了午餐的食物（大概为面包、糖浆、煮熟的鸡蛋，与各色水果，或一些肉类），自一早就到来，并带些睡具，彼此游玩谈天，午食后，到晚同始归家。这样过了一个日子，尤其是小孩辈放在大自然中，食呵，玩呵，假睡呵，比在家中格外天真活泼。这也是与自然合一的食法的一种最好的方法，可惜我国人虽则今日学了许多西法，这个极平常而极有益的尚未学上呢。

这个野餐的风尚是极值得提倡的，因为它极有趣味，且可锻炼身体，又得家人一团玩乐，于小孩辈更有利益。这个风尚，既是俭约简单化（因为是仅食简省冰食物，无面包的地方，带些干饭也可），又可与大自然相接触。

说及夜宴，我国习俗，城市人请客大餐多在晚间，饱饫之后就去睡眠，极不卫生，又有一些习惯"宵夜"的也极无谓。我以为如要夜宴或宵夜，于野外或水上行之，如遇清风夜月，如遇节日如端午、中秋之类，约些友人或家人到山中，水上，流连于明月淡云之下，凉风习习，夜气沉沉，由此举杯持饮，与虫声风声同气吹嘘，所谓"举杯邀明月"也是一种食的风趣。

新食经(十二)[1]

我辈读了苏东坡游赤壁之赋,读到"且夫天地之间,物各有主,苟非我之所有,虽一毫而莫取。唯江上之清风,与山间之明月,耳得之而为声,目遇之而成色,取之无禁,用之不竭,是造物主之无尽藏也,而我与子之所共'食'",未免神往。尝看东坡自己所写帖,这个尾字确是"食"字,今俗本已改为"适"字了,实则食字更有深意,清风明月,确实可食的。

故食的广义,除口外,有鼻食的,如吸了香花、香草与香水之味,就觉肚不饿了。有耳食的,如孔圣人在齐听了音乐(《韶》)就有三月久不知肉味了,忘却肉之好处了。有目食的,如餐色之类,见了美人或新奇之物,不觉追逐流连,也不知肚腹之叫嚣了。有脑食的精神思想的食法,如书呆子用了《史记》或《宋书》为下酒物之类。

常人太以食为食了,聪明人当食其于食物之外而食。于食物之余,广取大自然的景象以为食的对象,与大自然合一而食,然后食得极端消化,由此,食物一变为活能。肚虽饥饿,身体内已得了活能的作用,不食也不饿了,且"饿得更精神"了。

---

[1] 本文原载 1948 年 6 月 21 日《大光报》。

第四节　个人的总合单位与级别的平均单位及消化方法

欧洲旧时营养学说，以个人的身体重量为食物单位，如人有七十公斤重就须每日吸收七十克至百余克的蛋白质与若干千卡（四千吧）热量。这个论据，犯了二种大毛病，一是老年人与壮年人的营养与不事工作及劳动者的营养各有不同，一律以"体重"为标准，有的不足，有的过度，彼此都不能得到好营养法。二是蛋白质与热能的定量太高，尤其是蛋白质过多（尤其是动物性的蛋白质）则易生出种种疾病，身体中毒，或自行消费于大小便及发泄之中。

经过数十年与多数实验家的研究，至今日都知蛋白质与热量先时定得多过于身体所需的三分之二，这是说，体重七十公斤的人，每日只需三四克的蛋白质与一两千卡热量便足够了。这是韩特特等人的新营养单位制，且实验证明蛋白质以植物性的为佳（如五谷、菜果、乳、蛋之类）。

又有披格的"乳单位制"[1]，以人的肠长度与肠面积为定量，例如小孩比大人肠短一半的，其食量当比大人少食一半了。这个定制也犯了"一概"的毛病，因为同一样长度，而各人的工作与生活气候及习惯不同，所需营养当然也不能一样。

故我个人意见，先当以个人为单位，这是说，个人的年龄，职业，所处的气候及所在地方的食物，总合起来为这个人的"总合单位量"。可是个人的年龄与职业等在一定的地方，当然与同等人有一公共的标准，这个就是我所说的"级别单位制"。例如潮汕的中小学教员，以年龄三十岁左右，每日上课四五小时者为级别，则每日的食物（营养足度量）为四十克的蛋白质与一千六百卡的热量即足。以植

---

[1] 披格，奥地利科学家和儿科医生，因其对细菌学和免疫学领域的贡献而闻名。"乳单位制"指的是以人乳一克为营养单位，替代原来的单位"卡"。

物性食物说，即每日分量为米四两、番薯半斤、一粒鸡蛋或鸭蛋，及数两青菜就足够了。不食菜蔬，或代用一两个香蕉、桃、李；不食水果，或用一二两糖类，其度量也够相等。

你看这样少的食物，就够为一个知识界人士足用一日。或许有些人习惯大食的，觉得太肚饿，但渐渐养成习惯，当可改易先前的观念了。在这个分量上，个人当按其每日的工作不同，或气候寒暑，而变通其数额，然其差率当不可超过十分之一二。

总之，合理的营养单位先以各地方的级别为主，如工人有工人的级别，而工人中，又有机器工、手工、挑工等阶级分别。就公家分配标准说，当以级别为定量，至个人中则当按照自己所合理的要求，再制定适度的标准。

要之，经过全世界各国的试验家所得的共同结论，断定蛋白质的食量以少为佳。蛋白质中尤以植物性的比动物性的为好。

到此，尚有一问题提起注意，就是食物与消化量的比例数值。许多人虽食得多，但消化力不好，甚且有过半以上的食物不能消化，那么虽比别人多食一倍以上，究之徒费钱财与积毒在肚腹、脾脏，及肝内，而所得的比别人少食一倍的还少。

说及消化学说，世人也犯了不正确的推论，例如动物性的食物，肉及鱼等虽比植物性如五谷，如菜蔬、水果等易消化，且其吸入身体内的品质，动物性比植物性的，照上理说，当然为较多，所以说动物性食物比植物性食物为较佳的食料了。实则因为植物含有纤维质，而鱼与肉则极少。但这纤维质，我在上文已说过了是极有价值的，因它能助肠胃运动，一面排泄衍余废毒物于身外，一面则助进活能的作用于体内，至于鱼、肉及那些工业化学食品与那些罐头制的物件则无此质，所以使肠腹怠惰，不能运动排泄，故所谓文明人大多犯了大便秘结的毛病。

新食经（十三）[1]

不怕纤维质多，只要好咀嚼；不怕食少，只在肯咀嚼。在这个食理中，我们当提出一个重要的咀嚼方法，即夫勒施[2]著名的咀嚼道理来。

夫勒施为美国富商，大腹贾，腹太肿起了，又犯了各种病不能医治，乃决心从食的咀嚼法起研究。他从四十九岁起实行，不到数月，体胖已减重到四分之一，一切毛病也告痊愈，精神奋发有如廿余岁人。这个方法是这样的，每日仅食二餐，每餐仅食三十口，番薯、面包与肉而已，但这三十口食物，共须咀嚼二千五百次，那么，每口平均咀嚼为八十次的咀嚼，每餐计时间为三十至三十五分钟。

每餐三十口，每日二餐，共食不过六十口，以之养活了夫勒施这一个勤于公务的五十岁壮年人，而其结果乃有种种好现象，我人安可不起来仿效吗！

有许多法国医生在北平、上海及广州行医者常向我说，最怕而最使人惊异讨厌的，乃在看中国人如"狼吞虎噬"的食法。大碗饭、粥一挥而尽。无论怎样大块的鱼、肉，或一碗菜，或一个大番薯，总是物刚到口中即行吞下。由此极多患了肚腹不消化病，而间接各种疾病也随此而生。

---

[1] 本文原载 1948 年 6 月 23 日《大光报》。
[2] 夫勒施，美国健康食品爱好者，他认为食物在被吞下之前应该每分钟咀嚼 100 次。

我们尚不改善咀嚼食法吗？纵然不能每口咀嚼八十一百次至少也须一二十次或二三十次吧。咀嚼的好处尚有助于饭、面、菜蔬，及水果等物得到无穷的滋味。因就饭说，囫囵吞下，不觉香甜，有时尚与食沙粒一样无味道，若多次咀嚼后，米内淀粉质愈磨愈出，愈觉香甜。这些多行用牙磨烂之后到了胃肠中又易于消化，且多成为氨基酸与葡萄糖质，迅速为身体所吸收。试想在口味上、营养上都比"狼吞虎噬"为有益，我们何不去实行呢？

多行咀嚼有两种好处：一是少食省费，二是到此愈觉植物性物食比动物食为佳妙，因为对植物愈咀嚼觉有味，所谓"菜有百醋之香，果有百尝之益"。至于鱼与肉初尝尚不见恶臭，愈咀嚼愈觉其兴味销然。今日的鱼与肉，总比植物性食类为高贵，以高贵的价而得到兴味销然的结果，这岂不太冤枉吗？

自夫勒施氏经验之后，又经过许多名医、名营养家多方实验之下，觉得这个少食而多咀嚼的方法无论用于何种人类都是有功效的，即临阵的兵士与著名运动家也可食少而强健的。

由这个咀嚼法的帮助，更可见出我人所提倡的食少、愈素为更可实行，所以特提出来贡献于我国之多食、多肉食、太快食的人之前。

要之，善于食道的，不需多量的蛋白质与热量，可说人能利用体内的食物活能的，更是不宜于多食，多食之物只变成肥质储积身内，或变成毒质妨害机能。唯因少食，体内的活能始能充分行使其权能与发生极大的效率。

多食蛋白质，尤其是动物性蛋白质如猪肉、鱼肉过多之人，到底来，变成极胖的肥猪，腹肠浮肿下垂，有肉累累，精神疲惫，不能多工作，不能好思想，这些人都是不能长命的，人寿保险公司也最不肯保险这些人。

无论小孩、壮年、老人，过度肥胖都是病象，康健的人是在有"肌肉"，即肉极坚实而有筋腱质的。冇肉，浮肿肉，都是"猪型"，怎样免成为猪型，而成为美术型的人？就在少食、食素菜、多食水果的人类呵！

第五节　小孩、老人与病者的食法

小孩是我们未来的主人翁，可惜我们养育的方法太不合理，以致死亡率极惊人，幸而不死夭，因初基不好，他总为不健全而终于死得太夭。统计我国人平均寿命，想不会超过三十岁吧，回视美国人则为六十四岁，这是如何严重的问题呢。

我国人对小孩的营养犯了两种共同的毛病。贫的太多给予过稀（多水量）的粥，富的太多给予鱼与肉及各种过分的食物。

小孩天性是"贪食"的，他们愈多食愈要食，永久食不饱。又想食各种物，愈杂食愈起兴会，甜也要，咸也要，苦涩也要，干的水的都要，若大人不予限制，未有不以食而致病或至夭折的。

我们可怜的贫家因为不能食干饭，连粥也不能稍为浓厚，只好给小孩那些多含水量的食物。小孩既喜欢多食，尤其是看大人那样多食，而大人们也有一种恶观念，以为"食有补"，愈多食愈好，故给小孩每餐一二大碗或二三碗稀粥。结果，在乡下常常看见大肚腹的小孩，因为腹或肠胀大而致下垂了，面色不好或成青黄了。

在有钱的家庭小孩也犯了多食的毛病，其病在多食鱼、肉，消化不良，肠腹生虫中毒，又不如乡间小孩多活动，故死亡率或疾病率比贫家小孩更多更危险。

本来，小孩于脱母奶后一二岁至十足岁的小孩，食量极少，通常应比大人分量少到三分之二或一半以上，始为合理，只求成分良好。实在不可多食，才能保得健康。

新食经（十四）[1]

今就以六足岁的小孩为中数标准吧，每日分量以二小碗干饭，再加两中碟菜蔬，或代以一碟豆类及些少甜品就足，每日或许分为三至四至五次食，但食后中间勿食任何物为要。有钱家，无妨供给小孩以卵及乳与糖类为主，但这些物富含蛋白质及碳水化物，故其分量更当限制。大纲上，每日只可给一粒卵，又把它分二次与他物混合为佳。奶以鲜牛奶为限（罐头奶勿用），糖以乌糖（青糖）为限（机器白勿用）。乳也以和合他物为佳，勿纯用奶，或单用也当和多份的水，大约每日分量为一至二两。乌糖以一两为度，但当和合他物，如做成糖粥、甜点心，味道不可过甜。有这些卵、乳、糖为中心，故干饭每餐以小半碗即足，菜蔬水果以一二两为限，当然，卵与奶应轮流代换，哪日有卵用，就勿用乳，推之，有乳就免用卵（卵以鲜为主）。

这个以六足岁的小孩为度量，再大与再小，当就这个分量去酌数，但最要注意的是十岁以下的小孩切勿给予鱼与肉。

今以我的小孩五个人的食育法为事实来报告一下：我们每日是三餐，中间极少用食物，有时给予些好水果而已。晨餐为一碗（小碗）干饭，夹些干净的小菜；午餐为一小碗干饭，夹些菜蔬或瓜豆类；晚餐为一小碗乌糖粥。如此而已，但五个小孩在十岁以下者禁止食肉与鱼，而结果都是身体强壮，精神兴旺，极少疾病，有的也不过小疾就愈了。

---

[1] 本文原载 1948 年 6 月 24 日《大光报》。

我当然极希望他人比我更有小孩的好营养法，但自问是极合理的。而结果也已证实这是极合理的。在低龄小孩贪食的天性，常常要求多些食物，但经过四五足岁后，他们已养成习惯，不见怎样要求了。

我们有一件事尚未做到的，即是小孩看到大人们的速食法，尚未能养成多咀嚼的习惯。这未免善中不足吧，近也常劝小孩缓食些，也有些肯遵行了。

总之，小孩最怕大病，大病不死，也要伤残，故能于营养上注意及一切卫生讲究，总可免于大病了。小孩不病，就能生机蓬勃，精神圆满，以言聪明，也就聪明，不至于呆蠢了。

小孩喜欢天然的食物，对甜水果更为喜欢，当以合理给予。至于肉与鱼原有一种"死尸"的味道，小孩本是不喜食的，其所以喜食的理由，因为小孩看大人嗜好，随而模仿以致失却原来的天性呵。

现当来说老人的食法。我先说一句老人喜欢听的话，即能照我们方法，包管能"食老返童"，这是一件如何可欢喜的事——能够食老返童呢。这也无什么奇术与幻法，只求合理的老人食法就能达到的。

这里所谓老人乃指六十岁以上的人，四五十至六十岁，应该尚是壮年人。因为我国人太不合理的生活法，所以一到五六十岁便已死气沉沉了，实则老人乃指六十岁以上的，因为营养上、消化上已不如壮年人，故当有一种合理的营养法。

"老人如小孩"，这句话大可应用于饮食之道。老人应如小孩一样的食法，就算为合理了。

大概老人的食量（有些当在例外），六七十岁以上的人，应如十岁左右的小孩食法为合。上所说的小孩养法，大可应用于这些老人，但老人与小孩的不同处，于卵、乳、糖可以多用些，但饭、粥、面包可少用些，纤维质比小孩少食，但水果可多食，各种刺激品，在小孩当完全禁止，在老年则可以通融。烟与酒，小孩一点不准许，在老人则可少用或多用。小孩天性活动，食后不怕无动作，但老人——尤是我国的老人贪图休息，故当应多工作或做些适度的运动。

我今来拟议老人食法的表式如下：多用甜度适中的点心、布丁、饼食，易消化而分量合度的食法。常用些香料夹入食品，如多饮一薄片柠檬的乌糖红茶。多食些乳做的、卵和的食品。也许用些薄酒，或用些咖啡、可可乳茶更佳，或许吸些好烟（雪茄也可），以食后觉得舒适的分量与其所食的嗜好为标准。这样营养，包管六七十岁人仍然有酡红色的"鹤颜"，但不至于如"鹤发"。无论身力上或精神上可有如壮年的奋发。

今以我老夫为例证吧。老夫！（夸口）今年六十岁，但每日能一气步行数十里路，一气能办事，或看书或作文数点钟之久，时不时一夜全不睡也可以。这些效能我在二三十岁也如是，故可以说六十岁仍等于三十了。说句笑话，如妻允许，我尚可娶老婆，生小孩子，这不是荒天下的大唐的笑话一大堆吗！

话入正传，对那些有痼病者，也可由考究的食法而得痊愈。上举的夫勒施便是好证例。即如犯初期肺病者（或为末期）如能节食与常用那些具矿灰质的植物性食物，与坚强的运动，又加以种种调摄法，包管也可治愈的。他如某种病，当可用一种特别的营养以救治。不用医药，只靠适宜的食物与利用咀嚼法与各种运动及活能的食法，一切病皆可救，食道至此成为全能了。

新食经(十五)[1]

第六节　食与运动及内分泌

十余年前我就觉得生命素与人身内的分泌腺,当有互相关系之处。因为内分泌的呈效,完全与生素一样,即彼此都是需要极少的质素,而能生出极大的效率,且缺乏它则妨碍生长、生育,以至生出各种病态与神经病等等。

到今日内分泌的发现已极多种,此中与食物有直接关系的则有肝脏、膵、肠等助消化分泌液,与肝肠等自己的糖、油、淀粉质的给予身体。

内分泌如精液、卵巢腺等则与生育有直接关系,其"脑下腺"则与生长有交运,如"肾上腺"则控制神经,调和血压,有些则中和毒质,提起精神。总之,内分泌不健全,当无健康与精神之可能,也如生素不丰足,一样不能得到身心安全之可能。

因为这外来的生素与内有的分泌之种种表示同样的结果,我总想从食物的生素——此外与蛋白及碳水化物也有关联,而研究其互相影响的效果。可惜机会缺乏,研究上又缺乏了种种仪器、机械,使我到今日仍然是十余年前的假设——假设是一种思想,总须要事

---

[1] 本文原载1948年6月25日《大光报》。

实去证明呵。

我意是食物中有一种"活能"或身内有一种活能，使生素到身内由活能的作用而变成为一种内分泌质以维持身心的健康（内分泌或许便是一种活能）。

怎样使生素经过这样阶段呢？第一，如上所说的当好行行咀嚼的方法。因为好咀嚼，不但口内的津液充分助起消化，同时，腹肠内的分泌也充分排出以助起消化的最大效率。在极端消化中，生素变成一种活能就能与内分泌腺生出"同化的作用"了。

第二，当以少食与素食，尤是果食为主。因为少食，肝、脾内的分泌能够活动以出来补充养料。如多食则使这些腑脏充积余物至于中毒，或养成怠惰，且身内活能也因少食而提起效能以帮助消化系的作用，多食则使活能不去发挥。

第三，尤是重要的，在用各种运动，以助进食物到身内的消化与活能的发展。常人以食只是食，殊不知食物有三种作用，一为供滋养料，一为助长内分泌物，一为发展身内的活能。可是怎样能使食物达到这三种功能呢？这非靠各种运动不可了。

各种运动的益处，第一在壮健筋肉，第二在兴奋精神，其第三作用为人所忘记的，乃在助消化与增加内分泌及活能。

在室内应做各种柔软的体操，打各种拳头——打太极拳也可以，但总以能够使身内各脏活动与身上发热为止。此中最重要为腹部运动，例如全身睡下，面部向上，将双脚向胸前提起，以提到面前，与头部为限。这样腹与肠各部当然也随起活动，这样可以救治肠腹的垂下病、胀大症及便秘，同时可助肠腹内分泌的泄出与助消化。

在野外各种运动中以游水为最好，游泳能使全身活动，自头至脚都得利益。且皮肤可以吸水气到身内，身内毒气可以排泄出外。若不能游泳则每日最少当浴身一次，洗时能用硬擦子以拭去皮肤的污垢更佳。最少当用手甲极力去污垢，又能使人或自己用力擦背为妙。美国一派医生说使背直与脊髓充分流通的可免一切疾病。

按摩法也算是一种温柔运动，但这个非熟悉解剖学者不能得其窍要，然能常时去做，则极有益的。例如食不消化时或觉得肚肠不舒服时，大便不通时，则用手掌从脐下向右转到脐上而向左边落，如此多次，上的肚腹诸病就可告愈了。按摩又可分别为肝、膵、生殖器、脑部等行之，以局部的救济，可治各种病——尤重要是可使各内分泌加多活动。

　　小孩虽生只数月久，也可使其运动。如大人使他双手向上下左右四方拨转，或将其双脚向上到头部伸动，或予以种种按摩，包管可无疾病，与易使食物消化。

　　又凡不事劳苦工作者，如教职员、公务人员、商人、妇女等每日又须作一二点钟急促的脚行，即是在"散步"时行之，以双脚用力行动为有效。

　　我在这食道中而涉入运动，初看似为枝节，实则食的意义在消化。如不消化，则等于无用，且生各种毛病，故食后使其消化，尽量的消化，除却运动别无更好的根本方法了，咀嚼不过是一种帮助的方法。

　　又我想内分泌的机构，自己当具有活能，能够于食物缺乏生素时，自己利用身内的物质——如蛋白脂肪、碳水化物等制造其所需要的液汁以维持健康。运动与按摩别有一种效能，即在使各种内分泌机构自己活动起来，虽然所食的生素不足时，也可由内分泌代行维持健康的效果。故运动直接在助食物的消化，间接在使内分泌发挥效能，在在是与食道相互关系的。

新食经（十六）[1]

若照我们的少食法，又加以种种运动，无论何人虽比前为稍瘦，但精神比前为兴发。且身体虽稍瘦而所有的是"肌肉"，即生筋腱与坚实的肌肉，不是先前的有肉与浮肿，故虽瘦中，为好看。

普通壮年人，体重以五六十公斤为合度，过肥是病态的。在我国，美人的标准为"肥不见肉，瘦不见骨"，无论男女应以此为规范呵。

至于肥佬真是可怜！肥佬多病而且不能长命。外国人所以专设治肥医院，实则，不用入医院，只要少食与多运动就好了。有些肥佬并不多食，但确因无多运动，所以肥胖。少食又多活动，定不过肥，这是可担保的。

说到此，尚有一问题应提讨论是运动家或苦力是否能少食？能的，因为经过多少经验，最激烈的运动家，每日所取的蛋白质仅五十克约一市两左右）就足，他们不但精神加强，而肌肉也增多百分之四十八云。

只要食时好好咀嚼，食后又行适宜的运动，又多行日光浴、水浴、空气浴，与精神的调摄。虽则少食，虽则食素菜与水果，精神与身体只有日见强健，断无衰弱之虞。

按成人肠长为八尺余（公尺），以市尺算则为二丈余，其长度实在惊人。但食物在肠内，无论如何长于消化的肠脏总不能全行消化：

---

[1] 本文原载 1948 年 6 月 26 日《大光报》。

最易消化的花生油，尚有百分之二不能吸收；猪油则至百分之五存留；至含有多量纤维质的菜蔬，其未消化量更高，有高至百分之十五到三十的；即如米饭及面包中的蛋白质不照由肠脏吸收的数，也达百分之二十以上。

通常动物性的食物，因少纤维质，比较植物性食物为易于吸收，但其遗留的数量也达百分之二至八。至于肉质粗硬而不好咀嚼的人，其消化率当更弱。

因动物性的食物与猪油等有毒质，故苟不能尽量吸收，其存留在肠的，随时有发毒之可能。植物性食物的毒质较少，或几至于零，然其蛋白质在肠内也能发生种种的"古怪"。

肠部这样长，普通有钱人又食那样多，且食得又不卫生，故肠内无异为一个久积的"厕所"。所以据医生论断谓人类（文明人中的有钱者）死于肠病的直接与间接的，其高至百分之八十以上的总平均死亡率！

故要清除这个万恶群聚的"厕所"，既要好咀嚼，又重要的在常时去做各种运动与腹部的按摩术。

附注：一切运动都是好的，生命本是活动，一不活动便是死态。可是活动中可分几种：有的为卫生，有的为兴趣，有的为求些费用以求生存。我近年来所提倡而且我自己也已实行的即每日手执锄头一二点钟以治园圃的活动物，乃包含有为卫生、兴趣及生存的三种俱全的运动法也。我们要生活故不得不求生存之道。我人应守一个信条即"自食其力"，每日手执锄头一二点钟，即自食其力之最好方法。

第七节　食与性情及色欲

什么是生命？就是个人与外界的物质时时交换混合而成。人类从胚胎以成孩。父精母卵，其质量在原始时几乎微细至于目不能看见。

后在胎内由母质的供给，至出生后由食物等的吸收以成人。故生命无一时刻不与外物相交换，交换的结果有二：（一）外物被吸收而同化，即是生存；（二）身被外物所克服，即是死亡。可是无论生存与死亡，必有留存其吸收的物质的影响，这项须稍来解释一番也。

例如我人口食一片猪肉后，如好好被消化（同化），我人虽然克服它，但也不免有一小部（虽然极微极微的）的"猪质"与"猪的精神"，若一片肉为瘟菌，食后被其克服，我人由此死亡，则我人也就变成为一种瘟菌了，但在这些瘟菌中，尚能保存一小部分我人的"神情"。

这个学理固然深妙奇奥，但经法国"吕东特"生物家所证明，又由注射各种药针的学理去证明，由后天生存的种种事实以证明，原是确确切切的。

那么，我人如食一物后，纵然被消化，仍然保存它的原形性，故凡多食猪肉的，就不免有一些"猪型"。危险呵！危险是我国人以喜欢食猪肉为著名。故我国一些富贵人都属于"猪型"，即是：困惰，贪睡，贪快乐，不求进取，尚物质不重精神，种种愚蠢，虽常常假聪明中尚是愚蠢，这些是我国富贵人家的常态呵！

我们穷人家幸而无钱，不能常食与多食猪肉，故虽乏口味，但尚不至于成"猪型"呵！

就长久以来许多营养学问所考究的结果：知道凡食动物多的，多是暴戾放恣；多食植物的，则为慈善和平。

新食经(十七)[1]

欧美白种人今日虽为世界强权的主人翁,可是其性情暴戾,喜欢战争抢夺,此中原因大部分当在于他们的多食肉、鱼类,尤是喜食牛肉、猪肉——法人尚喜食马肉。日日三餐都食肉与鱼,以至食多疾病,而且性情暴躁。

反之,我们多数农民、山民,与及印度的一班穷家的,只食五谷(以米为宗)与菜蔬,故性情比较为和平。

这是无可否认的事实了。喜食某物就不免成为某物的一部分,喜食咸鱼的就成为"咸鱼型";喜食蛇的,就为"蛇型";食鼠的成"鼠型";喜食猪肉的成"猪型";喜牛肉的成"牛型"。若说我国富贵为多属"猪型",彼白种人则多属"牛型"哪!(牛勤劳当然比猪蠢惰为佳——一笑!一大笑!)

推之,喜食菜的,属"菜型";喜果类的属"果型"。菜花菜芽,果类果实,那样柔软,那样坚韧,那样新鲜,那样美丽,总比死肉类的"死尸型"为善良,为和平,为温柔,为乐观,为精神高超,故我人宁愿为菜果型,不愿为"死尸型"呵。

"君子远庖厨",善戒杀生。彼此都是生物,活泼泼的,同样具有生趣,何忍因我辈口腹而将它们杀死!我园中所养的鸡鸭,最难为情的,是家人将它宰杀时,我不愿看它的惨状。这是宋襄公的假情义

---

[1] 本文原载1948年6月27日《大光报》。

吧,可是我确有这种"不忍"的情怀。

有说,家畜不杀,那么怎样处理它的繁殖呢?这是极易处理的事情,鸡、鸭、鹅可食其卵,卵类比其肉好处万倍,已在上文说及了。牡牛留做种或工作。牝牛留做生子及食其乳,乳比其肉有万倍益处也已在上文说及了。如兔可专养其为毛用的,羊则专养为其毛与乳之用品,不食其肉,比食其肉更为有利益呢。独至"国肉"的猪,除食其肉别无用处,最好就勿养使其绝种更好呢,因为我们穷人可留些"猪粮"为自己食及为鸡鸭食呢。金华火腿,世界著名。而考其实,全食好米饭,农家势不得不自己节食,自己生命的米食则缺乏,而留为养猪,养这些好火腿为富贵人家及白种人赶口腹,天下至不合理的事莫过于此了。故我国最好就勿养猪:一则可移为民食,二则免使那些富贵人成"猪型"。这虽则为今日的理想,但缓缓地一些人觉悟食猪肉的害处,缓缓地由嗜猪肉改为嗜菜蔬与果实,缓缓地,则我国养猪可逐渐变少了。

说及食与色欲有关系一事,食动物性的身体内多含毒质与刺激,或不免多行好色吧,然食肉的不能对性交持久。若菜果食的,因有坚韧性,故不独能持久,且有干净味。肉食的男女,一身多臭腥,那些全身及性具的排泄物都含有野腥味。菜果食的,一身香气芳馥,令人亲近说销魂。乾隆的"香妃"呵,一身都香,"那个"当然也是香的。香如肉桂,香如鲜花,岂不比那些"野鸡",臭味难以亲近为好呢?

食菜果的,或许不会"常时"起性奋。但这个不常时,久久一次的,比常时、夜夜的,更有兴趣,更加有乐趣吧。

在此应记起一个故事来助谈。近时学者蔡元培先生,民初住在法国时本已加入"俭德会",即履行那条"食素"的会约。回国后,任北大校长时,曾向我说,食素不够营养,故改食荤。底里必是蔡先生新行续弦,为了新夫人的需求,故改食素菜而为荤物吧。以蔡先生的高深学识,独对营养一项未大考究,故遂误会至此。实则,食素而加入卵与乳,只怕太过分养质,应予以节制的,尚说什么不足呢?

僧尼，真正的僧尼，因禁止性欲，故绝对禁止食肉。一些刺激物，如胡椒、辣椒、蒜头等物，尚在禁止之列。这对的，菜食的，如要性交，可加入蛋与乳及一些刺激品，这个包管可与食肉的一样，尚且就"持久性"说，当比食肉的为擅长。

人到老年期（五六十岁），性欲也当节约了，久久一回，虽菜食也可以应付裕如了。当求精神的慰藉，不尚体质的满足，菜果食的男女总比食肉的为规矩为情爱，为能满足精神的安慰了。

我有一主张，以为素食的最好是果食派的，如夫妻能同样食法，其所生子女，必较肉食者为康健，富于抵抗病毒，较为聪敏，较有高尚的人格吧。因为精虫与卵珠的原质较为纯净的，无野腥味，较有香甜气，较肉食为无恶劣气的。

什么是精液？是一种毒质，是一种刺激品，这个毒质一经饱满后就刺激起来，就想排泄出外头。故什么是"肉体爱"，不过男女——尤是男的不能忍受生殖系的毒质的刺激性而想排泄出去罢了！故肉体爱，真说起来是一种极恶毒的作用吧。只有菜食的，果食的，时不时一次的性交，始是发挥自然性的要求，因为精液，不是如肉食一样的中毒，而保存那些菜果纯洁性的。故其子女也是由纯洁性产生的，所以比较为聪敏而无恶毒的气质了。

新食经（十八）[1]

又多行肉食的，食到肥肥胖胖的，夫妻大都不能生育，纵能生育，多是生女的。因为蛋白与脂肪质太多了，故只能生女不能生男。至于素食与有运动的，大多生男，尚且能多生呢。生女固然不会比生男为劣，但在这个半野蛮的社会，大多是喜男不喜女孩的，故我当在此提起注意。

总之，为性欲，为后裔的康健与聪敏起见，也以素食与果食比肉食为佳；为俭约起见，更当素食；为人道起见，为人性逐渐改变暴戾为慈爱起见，更当素食与果食。

"含英咀华"是我们的口号，避免野腥气，恶毒质，是我人为自己及子孙的信条。

附注：中国有一件笑话，说有一位聪明的女子向其丈夫说："你要多多，不能久久，若要久久，不能多多！"夫听后想想说："还是多多吧！"这可表示"猪型"的特性了！

又今后美国的"牛型"是否能与我国的"猪型"合作到底，要待后来事实去证明，这也当做一件笑话看吧。（写在中国智识界激烈反对美国扶助日本正在酝酿各种反动时。）

又所谓"壮阳剂"，乃属刺激品，原无甚益处。且常用极有害，

---

[1] 本文原载1948年6月28日《大光报》。

又如各种"鞭"（阳具）的食物更为无理胡闹！

第八节　绝食与精神的食法

四川有"杨妹"，近来哄传她九年不食，经重庆卫生局的考验，也证明二十余日确实不食，仅食些生水就算了。

汕头《大光报》[1]资料室特提出"科学与传奇的斗争"的讨论，这确是一种传奇。从科学说，生人断不能长期无食而能生存的。

我想杨妹的事，不单是医学，而是神经病的问题。记得在神经病史中曾载一少女不肯食一切液质物，这虽与杨妹相反——杨妹仅食水，但那个神经女仅食硬物，至于水与含有水液的就不肯食。后经神经科医生的查察，知这女子因服事其病父时，一夜听见猫偷食物汁作"粥粥的声音"，以后就不肯食液汁的物了。几经劝解之后，这位女士始恢复常态。

杨妹必患有一种心理病态的，若能从其根源究治，当可得到种种的隐秘。今从《大光报》资料说，有二件事可假设：一是杨妹必有一种食物藏起来偷用着；二是在那二十余日的考验时间内，杨妹只换内衣，并无洗澡，这或许杨妹常将身上不洗身而所排泄的"汗泥"为食物（或假设她偷食自己的便溺）。这个假设乃由我听到一件故事想及的，故事是记一个医生一夜在别人家过宿。主人家中有人偶然患急病，求问这位医生，医生身上无药，急出一身大汗，就把身上"汗泥"做成药丸给予，殊知竟使病人得救等话。这个或许杨妹听及后，自食其汗泥或便溺以苟延残生也未可知。

就科学说，只食水不食物，生人可延续一个短期的生存，这是真

---

[1]《大光报》，香港基督徒办的报纸，1912年孙中山途经香港，约请基督徒尹文佳、关心焉、张祝龄等筹办报纸，并定名为《大光报》。1939年迁往广东韶关出版，1945年由老隆迁广州出版，另在汕头设粤东版，作者所讲"汕头《大光报》"即是粤东版。1949年，《大光报》广州总社停版，1950年初其海南版停刊，由中国人民解放军接收。

实可能的。可是如杨妹的九年不食只食些水，断断不是科学事实，其中定有一种"假伪"在作怪。

可是，普通人时不时能行短期的绝食法确实极有利益的。

第一利益，是在能治病。《红楼梦》中说"贾宅中的秘法无论上下，只略有些伤风咳嗽，总以'净饿'为主"。不错，尤是富人家，平时多食鱼肉，逢有病时，能净饿二三日就好了，纵病不好也可减轻了。净饿几时，身体内储藏的蛋白质及脂肪自己压出来补充，纵然些少瘦损，而其内分泌由此更活跃，精神也觉得活泼，故虽饿中，不但病好，而且精神也不至于困顿。

第二种利益，就是食虽是一种快乐，但这个快乐是照个人所要求的程度而增减的。富贵人家，餐餐足食，常常临食时觉得腹饫而起厌烦了。今能时不时净饿一下，例如饿一日二三日，饿后就餐时自然食得更有兴趣，更易消化。且在饿中，要想饮食而不可能，故对于食物的追求愈见兴奋，于就餐时当然觉得更有意义了。

第三种的绝食益处，乃为一班思想家或文艺界专用的，所谓"发愤忘食"。历史上记载许多思想家在深思时常常忘记了食的一回事，故当思想家全神贯注或文思勃发时，最好是逃入深山或人烟不到之处所徘徊远眺，一日二三日，净饿起来，专心孤注于思所写的文字与计划。这样，包管所思所写的必有超人之处。若饱食之余不免困睡，久睡之后，先前所思的也已忘却于九霄之外了。

所以我人能实行短期的绝食法，无论在什么方面都有益的。不过绝食也要有一定方法，最好是先行少食法，从食少而到全勿食为循序的渐进，较突然而绝食为易行。第二，初期绝食，当极短节。例如于盛暑时，日间不食，候日落阴凉时才进食，这是极卫生与极易做到的。在初时每十五日或一个月只试一天日间的绝食吧。能在如上节所说的"狂饮食"之后，一日勿食，更是调节方法，以后渐加多免食的时间。

新食经（十九）[1]

以至每月三四日绝食，于身体上也无伤害，而于精神上当能加多兴奋呢。

自著名绝食家甘地提倡后，绝食之风也传及我国了。我最同情的是囚犯的绝食要求，因为囚粮本已不多，又被看守者克除，以至囚犯比乡下鸡狗的食物尚不如。近有小学生为思想问题而被监禁的，连一些食盐也不得入口，还说什么食物呢！

至于此次的国大代表也闹绝食到"不亦乐乎"，我对这班人极不同情。因为他们自有比此更好的反抗法，何必出此无聊的举动。自家肚胞，就行绝食，这是好的，但以绝食去要挟威吓，应有一种意义，否则，与小孩子的闹不食，同样是犯了幼稚的行为。

甘地的绝食法是极可取的，因为他平时食素且极少食。因为在印度的大热天气，少食或时不时绝食是极卫生的。因为甘地老了，又是思想家不是劳动者，故时不时绝食是于思想上有裨益的。

况且甘地有绝食的主义：或为自己的忏悔，忏悔不能感动人，以至暂时间行绝食法以反省自己的真诚，或许不足劝解他人就犯，只好如对待小孩不听教训时就实行方法了。或遇国家大事而有所要求时，甘地就决定长期的绝食法，虽以此牺牲生命也所不惜。甘地一面极乐观，一面又极悲观的。他常看自己生命是累赘，遇需要时就拼弃这条老命，毫不

---

[1] 本文原载1948年6月30日《大光报》。

是那班以绝食做招牌，底里是重惜生命的口是心非的人。故劝国人要学甘地的绝食为要求与威吓计，当真正去学甘地切实的怀抱。

在绝食时，时不时可饮一些开水，夹些食盐，或点薄茶，或生水更佳，能用些鲜乳与水相和的薄薄饮料更是好的。饮料是于绝食等不能少的，以饮料为调制，短期的绝食并不是一种苦事，而具有兴趣的意义。诸君何不一试呢？

短期的绝食，并不与正常的食道相反背，我叫它为"精神的食法"。这不是玄虚，而是极科学的，因为人身内——尤其是那班贪食的——常积存的蛋白质与脂肪。积到太多的，就成为肥胖，变成为种种毒害了。今若来时不时绝食，利用这些身体内的积蓄物，不但无害而且有益。故精神的食法，乃是补充平常食道的价值与效率的。常人的食法是物质的食法，今我提精神的食法在使物质变为精神的利用，这当然不是反科学而是极科学的。

且绝食时，我们可多多利用水饮，而助长身体内固有的热能，与内分泌的发展。于空气呼吸上，也间接可得多些助力（因为肚空，空气就需更多吸入），这于热能及内分泌也有多少的利益。

当然，在绝食中多做精神的工作，教书与办公当可照常，但劳苦的工作与剧烈的运动可以废止。由这样的精神食法，而积极为精神的工作，势必较饱食之余为更具效能。上说甘地便是善能利用这种方法，故虽年将八十，身疲虽剩一把骨头，但其精神的矍铄，比壮年人有过无不及。

精神的食法，呵！由平常食的物质，一变而为精神的营养，除非去实行时不时短期的绝食法，是无别法可以得到的。

第九节　饥民的食法——盐与水的利用

我墙上永久挂了一幅湖南灾民图。在图中有这些话："去年（卅五年）十一月间，陆军第八十八师副师长熊新民将军对记者说他在九月间率军队自桂林步行至湖北，贯穿了湖南计程一千余里，沿途所见的有三种现象：（一）田地荒芜，野草蓬生高与人齐。（二）饥饿疫情威胁，时有倒毙之人。（三）在湖南境内一千余里长途中，只在岳州看到三条狗！"

这是什么世界呵！

这图说中又说："美国前总统胡佛氏的代表哈里逊上校亲到乡间去调查，经再三要求，一个老妇才肯把她严密盖藏的一块'观音土'，重约二三斤捧出给他们参观，她还左顾右盼生怕给邻人知道，要来抢夺。"

你想草根、树皮、观音土也吃得清光了，到后来只有等到最末刻生生地饿死倒毙。未死之前只有挨时光，不必说行不能，连坐也无力，只有倒在墙角与路旁奄奄一息，有气无力地等待死神的来临！

这是一种活地狱的写照，实行不只湖南，全中国长久有，各处都有这些惨极人寰的活地狱！

廿余年前，我见了梁漱溟老友，问他怎样不在山东乡下苦干"村治"的工作！他说周围老百姓连树皮、草根尚寻食不够足，怎样能在这些地方住得呢。数年前，我县也已有这样惨状了，我也去考求有多少是饥民的食物，如青金叶、土茯、香蕉头、金狗子之类。

在湖南灾民图中所看见的除"观音土"外，尚有禾中草、辣蓼子、野苦卖、素纳子、麻叶、野茼蒿、牛膝叶、小叶蒿子、野麦枝、田边菊、野艾、野蕨、蒲公英、大叶蒿子、竹叶地菜……

新食经（廿一）[1]

例如暹罗[2]救济米与安南[3]也会运饭干到汕头。如能将这些米做成咸米饼，原有饭干的则当多多加入盐，使一两米干于食时加入数碗水使能入口。这些救济品始是饥民所能得到，也于饥荒时始能食得长久。

盐和水，夹上些食物的原料，这是饥民的好食品。盐和水呵！总然临时去采取上面所说的饥民那些野物，除观音土外，如能和以盐与些香料，当然不会身体浮肿，不会不久至于死亡。盐和水是挨饿的良品，是延长饥民生命的宝贝。

是否有"原子能"的食品，这是日人吹牛皮的惯技。可是粗制的味素、味精之类，确实可以一小片做代一大碗汤以充一餐的分量。近外国人也有用一小块干物（大概有骨粉，及一些味精与香料等所合成）。他们文明人也喜用做为一大盐汤之食品。我们希望今后救济品中除了上说的那些干块物件外，又多多送饥民那些粗制的味精，这也是以盐为大宗的（味精、味素等物通常是以麦芽之麸酸与钠所合成之有机盐类）。到饥民后，多多和以水，尽足解决饥道了。

总之，今后的慈善家，对付我国饥荒的法，平时应以工赈为主要，多开辟荒地荒山以种植各类的食物，临时应以大盐类的食品给予饥民，比什么乳、牛油、饼干呵为有利益。

---

[1] 本文原载1948年7月4日《大光报》。
[2] 暹罗，今泰国。
[3] 安南，今越南。

而我们自己的饥民也当将积存的粮物，加多盐与水，以求多量的食用。又当有节制的食法，一切物而且可扩充为多量。盐与水的利用呵！请君善记，这是饥民最重要的粮食。

按盐为治病的万能药，除可为强壮剂、健胃剂、泻剂、兴奋剂外，尚可为种种外科与消毒的治疗品。通常人类无盐就不能生存的，然食盐过多，则细胞受损，且成为种种中毒症。可是，这段专为饥民食法说的，我们主张多用盐类，但能和以多量的水液，把这些盐质调和到适当的咸量，故虽长期食盐也不至于怎样有妨害。

说及水，在乡下有那些好水，多用是极有益的，但单用水不能解饥（除非那怪物的杨妹），然与盐物同时利用，水是极有益而且能救饥的。

所谓饥荒的时间，通常不过数月，水旱后数月可以新收成。所恨的，人类不能一日无食，数月缺食就不能不乱食。乱食或无食，此数月饥荒中，人数已死亡净尽了。今若以少许食物，而加入大量的盐与水，则在此数月间饥民虽则瘦损衰弱到极点，但生机尚多，生命尚能保存，过后有正常的食物来援助，自可渐渐回复康健了。再说一回：盐与水是救饥民的最好食料。

暂行结论

本篇主旨在以食学原理提倡素食、果食，而尤注重于生素食。至我个人所提出研究的则为"活能"的食法。

活能有二方面的用法：一是向食物去寻求；二是由自己去活用，即是怎样使食物在身内变成为活能，又怎样使身内多出活能的效用。

这第二项中更能使我提起兴趣讨论的是"内分泌"的作用。自来化学上有一种特质名 catalysis[1]，乃具奇异的效能，即这种能质自己

---

[1] catalysis，一般指催化作用。下文作者音译为"克他"。

不会减少，但他物与它接触时生出种种变化。无它时，就不能起变化的作用。这个奇质，或名为"克他"（照音译），近我国化学名称当有确定（可惜我无此书不能照抄），我今暂定为"活能"，是我移用为食理的一种名词。但是我自己自打嘴巴，因我前说活能仅是一种物理表象，不是物质，而"克他"乃是一种物质。

活能在一方面是表象，如紫外线现象一样，但紫外线若从其"克他"性说，则成为物质了。凡一表象，当有其效能；从效能说，它当然是一种物质了。故物质与非物质，原是二面一物的解释，并不互相矛盾的。（说详我所著的《心物交化论》一书中，正待出版。）

到此，我人更有兴趣的对今日我国发现了许多"杨妹"的奇迹，就报上所说的"上海杨妹"若干年不食，每三日仅食香蕉二个（当然食水），这个并不是那些"杨妹"终年不食物只食水的奇异。因为二个香蕉与些水食便足以养活三日了。但这个非假设她身体内有一种活能的作用不可。

我对于"重庆的杨妹"，已作种种的假设，若她们无作弊偷食物，便是身内的"内分泌"有一种特殊的效能，换句话说就在我所说的，身体内的活能有无补偿她们虽无食物而能生存的事实。

有许多动物中，每遇冬际就藏匿起来数月久，绝无食物而能生存，这是已证明的事实了。它们当然瘦损得极厉害，然因蜷伏无动作，自食其身内所储物料，故也自能生存。至于今日的许多"杨妹"，也许是遵照这种科学的定例的。

新食经（廿二）[1]

一说到人类中尚有些"神经病"的问题，这些女子当然是更易犯的，故在普通生理问题外，更当加入神经病理的研究。

这许多"杨妹"的事实（实则印度甘地也是"杨妹"之类，因为他也食得极少极少的），可使我人相信是食物当可减少到最低的限度，又可相信"水"是一件极重要的食物，有水而又有些最低度的食料包管生存之可能了。我在饥民的食法中，提出以大量盐类的食物，辅以多量的水质，可以延长饥民数月的生命，是极有根据的。

本来饮食是乐趣，那些人每日三餐食不饱，肚饿当然是极痛苦的。俗语说："诸事敢当，饿死不敢当。"然我们圣贤又说："饿死事小，失节事大。"彼此两说都是对的。我人生在这个"长期饥荒的国度"，饿死是穷民的命运，我们百分之七十以上的人民是过"非人生活的"（杜鲁门之语）。今日救济之道，就在使这些人免至即时白白饿死，延长稍久的生命，虽衰弱的生命但尚不至于大害生机的，以待后来的转运。这些非从食节讲求少食物、多食水去讲究不可，故我是用一部分，专写水的作用。许多"杨妹"中如果真是食物减少，于水或者不至于如何比常人减少吧。全不食，当然不可能，但少食与多食水，固极可以生存。许多"杨妹"，纵然作弊不是全绝食，但她们定比平常人少食，这个定可相信的。

总之，本篇的主旨在少食与素食，而其提起人之注意的在怎样于

---

[1] 本文原载1948年7月7日《大光报》。

少食中节省物质之外，又能提起精神的问题。故我于生素及内分泌之外，假设有活能的作用。许多"杨妹"如果少食而精神又极壮旺的，必定其身体的构造，有我所说"活能的作用"，在其中作主宰吧。

这些"杨妹"的问题或许永久不能解决的，因为活能或许永久是假设的问题。但我由许多学理及事实，证明每一物质因其时间与地域的生长关系而遂成就一种特质。例如同一母牛，春天食好草料的比在冬天食草的时候的则其奶性质便不相同；赤道带所产的柠檬并无丙种生素，诸如此类不胜枚举。怎样使同一物而有不同的性质？必其物生存的时候、环境与其供养不同，遂而所成就也不同了。这就是物的生命的特性。我人食其物，也当受其特性的影响。又凡物到人胃肠内，也随各人的构造不同，而生出效用各别的结果。由这些食物与食的主人翁的关系，可说是一种总合的结果。这个总合，逐个说可以分析的，但就总合说，分析起来更为不好理解。而我今又定名为活能的作用，以随其总合量的成就多少为比例。如成就全无时，我说其全缺活能；如成就全好时，我说其活能完满，这也许于活能无可解释时勉强着解释的别一方法。

本篇在普通介绍食理外，大胆提出这个食的活能来，也间接提出这个生命的活能来，这是新的，尝试的，但极值得研究的问题。而来献于读者，就算我个人所希望于后来有肯去研究这个活能者的一片苦心与真诚。

总之，活能的解释有数方面，一在物质，一在人类，一在食物与食者的关系。而就其本身从其表象上则为"能"而非物质，但就其致用说，则可认为物质。这些都是假设的，是新的，尝试的，希望有一些读者具科学头脑的去一一研究吧。

附　食　礼初步

我人是共食的，比西人的分食，更当讲求礼貌与卫生。

从数岁小孩起,家长就当教其有礼貌的食法与求怎样食的卫生。未食前先当洗面净手;就餐时,背虽可稍弯向食物,但当保存"直脊挺胸"的态度;食时先汤,后菜与饭;一物取食当按其口量约三分之一,即物在口时,两口旁不形出有食物为度;物入口后口当闭起,缓缓咀嚼以不闻声音为好;一物落喉后,始再入他物,不可口内尚有食物,即加入别味;面要现笑容,不可有愁困之状,不要咳嗽;有鼻涕时,打喷嚏时,要向身后面,不可向食桌行之;切勿放屁,必要时,当出食桌外,最好到大小便的地方,放出后始归食;桌上及杯盘中不可狼藉,有骨头放在桌上勿丢地下。

我曾在大船往欧洲行中与一白种小女孩同餐。这女孩食生葡萄后,放落其盘中一如未食前的果样,使我初时着实惊异。及考其实,她于葡萄粒到口时,用手遮口,缓缓将果肉嚼出,后用口吹气入所咬破之皮孔内,放在盘中。这样食后的葡萄当然如未食一样的原形。她在这食的经过时始终用手遮口缓缓而食,故使同食的不观有丝毫矫作的状态。

这是一位仅有八九岁大的小孩,家庭教育已训练到这个地步,回视我们一班游学生都是成年人,将葡萄咬碎,皮与籽乱放在盘中,满眼看到焦皮烂籽污秽不堪,回视女孩的所为,不免相形见绌。

新食经（廿三）[1]

上所举的初步食礼，成人家更当遵守。我人自少无家教，又未多与好社会相接触，以致我人就食时共犯了下几种共同的毛病：所送入口的食物太多，一嘴内满塞住到几乎不能合口；吞下时太急促，几乎不透气；食得太快，都不好好咀嚼；食物入口后，口不闭好，大口大食；不但满嘴渣滓令人难堪，即其食时，尤是食汤与粥时，震人耳鼓。常有数十学生共同食粥时，其声可闻数里，有如鸭群泅食的怪音。

又我们是合食的，彼此势如抢夺一样凶猛，尤是对同学及外来人。一盘物件，彼此数箸即见清光，使缓食的人不到一碗饭后就不免食净饭，不见一点菜料了。最坏的，有些人的箸匙，一物食一下即移别物，有如在盘碗旅行，乱翻乱转，择好而食。食品到此卑贱实甚。又或在食时，吐痰打嚏，甚且大放其屁，臭味起，不能下咽，这些人的食品比禽兽猪狗尚且不如。

我人当然现在尚不能如文明人一样，穿起大礼服，女的艳妆浓抹，齐齐整整，袅袅婷婷，又有音乐助兴，赴食恍如瑶池玉宴，但衣服要清洁些，举动要温存些，自己总当想及别人，勿食饕，勿大声大嚼。举箸提匙于一碗菜中，以其面前的盘碗之一角为限，勿侵占至别人的份前，保存君子食的态度，斯文些，免犯野蛮人的粗放。

---

[1] 本文原载1948年7月8日《大光报》。

有些留学生回国后,稍学人好处了,故虽为家餐或是请客,则备有二种箸,两条匙干,一到公共的碗汤用,一为自己用,这是好规矩,家家可以取法的。

我又想起食饭粥,勿用碗改为盘盛更佳,因饭碗到口边,不免引起猛食的状态,使一碗饭粥不免一挥而尽,若将饭粥盛在盘中,用匙一匙一匙送到口内,自然可缓缓食,也食得温文典雅些。

就食时,各人当有一条食布——或用自己手巾,最少用一点洁纸,时不时抹净口边、鼻下或两颊间的食沫汗珠。

在家庭中,也可分食,尤是小孩辈,合食就引起贪馋,势至彼此抢夺与多食。在学校与公家更当分食,以免抢食与传染有病者的毒菌。我先前为"金中"校长时,即使学生分食,每餐各人各有一碗汤、一盘菜、一碟小菜,手续并不烦杂,然由此法可得许多益处。

纵在家庭,有犯了痼病的如肺痨之类,虽为家长也当自己分食,以免传染家人。自己不治至死就算了,连累家人及他人一代一代继续死去,于心岂忍?如遇大伤风的人也当使其分食,以免同食的人共受其患。

大家同食,最宜彼此谈笑,由此可以缓食些,多咀嚼些。但物未下喉时,切戒开口谈话。当谈笑时,切勿食物。当然,在食不是讲演,须费多少时间,只有些短谈,闲谈一些短短的笑谈罢了,并不妨碍谈后始行饮食的机会。

在家庭或熟人合食时,可以咬骨。在礼貌食中,切勿咬骨头,吮硬皮,宁可放下,少食些也何妨。

酒要一口一口饮的,汤要一口一口呷的,茶要一口一口尝的,如牛饮,如狼吞,这些是野人野食,不是文明人所为。

我希望主妇们于桌上,碗碟箸匙诸要净洁,在买食物时,又当买点花卉放在雅瓶,供在食桌引起食的美趣。"眼食"有时比肚食为重要,花卉是不能离开食桌与客人面的。

菜蔬、水果,无论生食熟食,总使来具有美术性。一小巧花篮或一件精致的瓷器，排布上一些好水果，红的、青的、黄的，有秩序地排列，放在食桌上，这是何等的雅趣，又能引起食的兴味啊！

总之，在食桌中一团和气，周遭都美术化、趣味化，礼貌彬彬，温语唧唧，这样食的意义也成为精神化了。

无论家人父子，或尤要的在对外人，凡有事要求人的必说一声"请"，如请你给我茶，请你代装饭、代取物之类；又凡人为我做事后，必须说一声"谢谢"，如谢谢你取烟给我，谢谢你给我饭食之类。

"请"与那个"谢谢"，纵父母对子女也当说及，子女对父母更当要说了，在社会上凡人彼此更是要说的。

礼貌是加助人类和气的，礼节出于自然，并不是一种虚伪，而是一种愉快的表情。一切行为都要礼节，在食时更为需要，古人所行的"乡饮酒礼"本是好的，然因出于繁文缛节，以致失却真意。我人所谓食礼，乃循乎自然所要求，此中大纲，为清洁，手、面、眼、牙都要清洁。他人穿衣服，我们至少也要穿上整洁的平民装。一身都涂泥，上餐桌不但令同食的讨厌，自己也食得不舒服，故礼节第一要清洁。昔张謇谓我国人肮脏，日本人干净，故他们能变新法，我们则不能。其言虽偏激，然其中却有理。

新食经（廿七）[1]

（一）烤的菜类，广州人学了西人多少食法。故烧猪、烧鱼、烧鸡鹅鸭极通行。这是好食品，好处已在上说及了。我潮人极少有这种做法，故当多多去仿效，我今所说的，乃素食的烧法，我记得民元时与友人同到烟台去帮助革命党起事，住在客栈，所食的"红焖白菜"实在比烧肉还佳胜。这次的红焖白菜所遗留我的终身纪念比革命事业还深刻得万倍之多。有一次被一大军人请到潮阳西岩食素菜大餐。中有许多面筋、面粉类，豆腐干等所做成的各种红烧，也有些好味道。（但他们仿效为烧肉、烧鹅鸭之形状则大可不必。）故素菜如为红烧，如各种豆、瓜、豆腐等都极可口，且也卫生。

（二）炒类的菜蔬，以保存原色及原味为主，能够生炒，使入口酥碎为佳制。故火要合度，油要多（豆油为佳）。

（三）汤类——豆类要煮得烂，但菜瓜等当如炒一样做法为佳。太过煮烂，菜色变黑，味道恶劣。西法中有合各种菜与番薯，煮到数点钟后，将渣滓隔去，剩下清或浓的汤料，甚可口且卫生。病人可常食的。凡头痛伤寒或发热，勿食他物，只饮这些汤料，包管可治愈的。

糖类（勿用机器白，台湾砂糖尚可用，本地乌糖软糖最佳，麦芽糖及蜜为上上品）在食品中当多用，愈文明人愈多食糖，野蛮人不适用，也无钱可买。故愈多食糖，愈加聪明，蚁与蜂为生物类之最大聪

---

[1] 本文原载1948年7月17日《大光报》。

明，乃是糖类动物呵。

故糖类应多食，但切忌集中的糖物如糖丸，如过甜的食物切不可用。但和以他物，做成各种点心饼食，或加多少于食物，如放在红烧品中，汤中菜中，使味道得到"清甜"为限。我说清甜，不是浓甜，即使糖量勿太集中的意思。

卵与乳也勿集中与食过多，总以和合他物为佳。要单食奶，当和以倍数的水分。要单和卵，当一次以一个为度，又当如西法，使卵到半生熟，即卵白虽熟而卵黄要生，庶乎较易消化。

菜类中如香菇类，我国人多食干藏，实难消化，故当食生菇而选其幼稚者。菇和他物合做为胜。单食则以红烧为好。生香菇豆腐汤确是好物，可惜不能人人食呵。

我在本篇所注重的为"活能的食物"。怎样使厨房学术，做成的食物多含有活能，这是极重要与难解决的问题了。各种菜中可多用"味精"，如此物太贵，则用各种芽、苗（豆芽、豆苗等等）加入食料，或多食生菜，生的只要加些调味就得。

人类食一切生物，乃其天性。自人类有火食比无火食的历史不及万分之一的时间，故人们仍然保存许多天然食生物的本性，那些野蛮人的嗜好生物不必说了。即如英美人最嗜好的为其半生熟的牛排，那些淋漓的血汁从刀叉流出来，十足表示出白人的残忍敢食。卵也生食的为时髦，我们也不免留下一点野蛮性，如潮州的鱼生（日人也嗜此）至江浙的醉虾蟹，也是半生熟的。

我说人生衣食住行，娱乐，唯食要野蛮化，余的则须文明化，食物愈野蛮，即愈初民化愈佳。你们那班喜食鱼肉的，敢如初民一样，把猪肉、鱼肉一撕一撕裂开，血淋漓、味野腥地就食吗？这样食得更易消化，有生素，与有天然的味道。

可是你们文明人又不敢这样野蛮，势必讲求厨房术，煮呵，炖呵，烤烧呵，务使肉质变成别质，使原来的禽兽形，变成一块一块的菜蔬形，以致生素消失了，蛋白质凝结难于消化了。故与其不敢如野蛮人一样的生啖鱼、肉，则不如仍然如野蛮人而实也是文明人，就是把菜蔬水果来充分生食为佳。

水果在我国多生食，这是对的，食未完时，干藏与做成蜜饯，也是好的，时不时或通常煮成熟的果类为菜料为点心也极相宜。

独至菜蔬我人是极少去生食，这真可惜。菜蔬也当如果实一样最好是生食。我记起在英国人家把极稚嫩的芹菜条，只夹些盐末，入口格外为香美。

北方人喜食生蒜、生葱也是极卫生的。菜头子（红萝卜等）生食多么合味。这些生菜或和以调味物，如些少椒末或味精之类也具一种味道。

我今来贡献一个新的厨房烹菜术。凡菜不能食生的，如要煮熟则当用"蒸"法，如生蒸鱼之法，将菜放在蒸笼内，和以调味物。蒸到将熟未熟时取用。这样生素多数保存，味道也别具一格。

今后，我国的厨房术，为普通人家说，就在多讲求果实的做法，与菜蔬的烹调法。多用蒜头、葱头加入菜类，蒜葱半生熟，或全生更佳。多用蒜葱头，虽食些市上不干净的菜蔬也不怕有毒菌。

在这结束中，我叮咛又叮咛，教君食法有三件：（一）多食生果；（二）多食生或半生熟的菜蔬；（三）多食生蒜头、生葱头。

附注： 关厨房术参考书约举二册，以概其余。

（一）《齐民要术》（商务版）

（二）《中西餐烹制法》（广州厨郇会编）

专在介绍素食法，其余的荤食，有所不敢。